Klausurbaukasten Statistik

Von
Dr. Andreas Kladroba

R. Oldenbourg Verlag München Wien

Bibliografische Information Der Deutschen Bibliothek

Die Deutsche Bibliothek verzeichnet diese Publikation in der Deutschen
Nationalbibliografie; detaillierte bibliografische Daten sind im Internet
über <http://dnb.ddb.de> abrufbar.

© 2005 Oldenbourg Wissenschaftsverlag GmbH
Rosenheimer Straße 145, D-81671 München
Telefon: (089) 45051-0
www.oldenbourg.de

Gedruckt auf säure- und chlorfreiem Papier
Gesamtherstellung: Druckhaus „Thomas Müntzer" GmbH, Bad Langensalza

ISBN 3-486-57791-3

Vorwort

„Noch ein Übungsbuch zur Statistik?" Die Frage scheint berechtigt, wenn man sich die Fülle der bereits im Handel angebotenen Bücher ansieht. Was unterscheidet das vorliegende Buch also von seinen Vorgängern (und vielleicht Nachfolgern)?

Neben der Beherrschung des Stoffes besteht sicherlich ein großes Problem bei der Bewältigung einer Klausur in Statistik darin, die vorgegebene Zeit einzuhalten. Geschwindigkeit beim Lösen von Statistik Klausuraufgaben ist aber sicherlich keine Hexerei sondern reine Übungssache. Allerdings beklagen sich viele Studierende immer wieder darüber, dass ihnen entsprechende Musterklausuren nicht oder nur in viel zu geringer Anzahl zur Verfügung stehen. Diesem Umstand möchte das vorliegende Buch Rechnung tragen. Die hier vorgestellten Aufgaben sind alle so angelegt, dass sie von einem gut vorbereiteten Studierenden innerhalb von 10 Minuten zu lösen sein müssten. Dabei sind die einzelnen Teilaufgaben mit Punkten bewertet, die gleichzeitig ein Maßstab für die Bearbeitungszeit sein können (1 Punkt = 1 Minute). Die Studierenden können sich also eigenständig aus den vorliegenden Aufgaben Musterklausuren in den üblichen Längen (1 Stunde, 2 Stunden, 4 Stunden usw.) zusammenstellen. Rein rechnerisch lassen sich aus den insgesamt 174 Aufgaben über 1 Trillion zweistündige Klausuren mit einer Gesamtbearbeitungszeit von fast 250 Billionen Jahren zusammenstellen. Anders ausgedrückt: Man könnte die aktuelle Erdbevölkerung über 40.000 Jahre ununterbrochen mit dem Lösen von Statistikklausuren beschäftigen.

Die Aufgaben sind absichtlich nicht thematisch sortiert, so dass man das Buch auch einfach von vorne nach hinten durchrechnen kann, ohne Gefahr zu laufen, dass sich die Themen allzu schnell wiederholen. Sollte der Leser aber ein Interesse daran haben bestimmte Themen auszuwählen, dann wird dies durch die auf den nächsten Seiten folgende Themenübersicht problemlos ermöglicht.

In der Regel ist es für das Lösen von Statistikaufgaben notwendig, eine Formelsammlung zu verwenden. Natürlich kann hier jede beliebige Formelsammlung benutzt werden. Sollte keine zur Hand sein, schließt das Buch mit einer Sammlung aller zur Lösung der hier gestellten Aufgaben notwendigen Formeln.

Die hier zusammengestellten Aufgaben wurden weitestgehend am Fachbereich Wirtschaftswissenschaften der Universität Duisburg Essen, Campus Essen (früher Universität Essen) bereits als Klausuraufgaben gestellt. Das heißt, sie haben den „Praxistest" bereits bestanden. Das heißt aber auch, dass die Aufgaben über mehr als 10 Jahre hinweg gesammelt worden sind. Wenn man über einen solchen Zeitraum immer wieder neue Aufgaben erstellen muss, kommt man natürlich ab und zu an einen Punkt, an dem man sich einmal von anderen Autoren inspirieren lässt. Oftmals weiß man nach einer gewissen Zeit nicht mehr, woher man sich seine Anregungen geholt hat. Ich möchte daher an dieser Stelle einerseits den Autorinnen und Autoren für ihre Ideen, die mit in dieses Buch eingeflossen sind, herzlich danken und mich gleichzeitig dafür entschuldigen, dass ich sie hier nicht namentlich aufführen kann. Darüber hinaus möchte ich meinen ehemaligen Kollegen Frau Dr. Karin Linnenbrink und Herrn Dipl.-Volkswirt Michael Westermann danken, dass sie mir verschiedene Aufgaben, die aus ihrer Feder stammen, bereitwillig überlassen haben. Mein letzter Dank gilt dem Oldenbourg Verlag und Herrn Dipl.-Volksw. Martin Weigert für die angenehme Zusammenarbeit.

Trotz aller Sorgfalt wird auch dieses Buch wohl leider nicht frei von Fehlern sein, die natürlich alle ausschließlich auf meine Kappe gehen. Ich wäre Ihnen als Leser daher sehr dankbar, wenn Sie mir Fehler, die Sie finden, über die Adresse klausurbaukasten@yahoo.de mitteilen könnten.

Essen, im Januar 2005   A. Kladroba

Themenübersicht

1. Deskriptive Statistik

Thema	Aufgaben
Eindimensionale Häufigkeitsverteilungen	
Absolute/relative Häufigkeiten	13a + b, 41a + c, 63a + b
Kreisdiagramm, Stabdiagramm	2b, 8b, 41b, 46c
Klassierte Daten	
Histogramm	1a, 7c, 23a, 34a, 51a, 66a, 76e, 77b
Lagemaße	5a, 7b, 19a, 23b + d, 34b, 53a, 66b – d, 76a, 76 c + d, 77b
Streuung	5b, 19b, 23c, 34c, 53b, 76b, 78
Lagemaße/Mittelwerte	
Arithmetisches Mittel	11a, 13c, 14a, 30a, 41d, 44, 47c, 51b, 52b + c, 63d, 72b
Geometrisches Mittel	2a, 11b, 16b, 29b, 47c
Harmonisches Mittel	67b
Median	13d, 14a, 41d, 51b, 63e
Modus	14a, 25a, 41d, 51b, 58f
Streuungsmaße	
Varianz	13c, 51c, 52b, 69b, 72, 74b
Spannweite	24, 72a, 74b
Quartilsabstand	24, 72a
Ginis Dispersionsmaß	24, 72a, 74b
Schiefe	14b + c, 41d, 68a, 74c
Disparität	10, 21, 31, 33, 42a, 50, 56, 65b, 70b, 73, 77a
Zweidimensionale Verteilungen	
Absolute/relative Häufigkeiten	25b + c, 35b, 58a + b
Bedingte Verteilungen	1b. 8a, 18c, 35c, 40b, 43b, 48a, 58c, 63c
Unabhängigkeit	1b, 8a, 35c, 58d
Kovarianz, Korrelation	3, 17, 27a, 30b, 40a, 43, 48c, 58e, 60b, 62a + c,
Regression	
Streuungsdiagramm	18a, 35a, 46b, 48b, 49, 60a

Regressionsgerade	4, 9, 18b, 26, 27a, 36, 42b, 62b
Bestimmtheitsmaß	60c, 69a
Messzahlen	12a + b, 22a, 38a, 79
Wachstumsraten/-faktoren	16, 29, 79
Indextheorie	6, 12c, 15, 20, 28, 37, 38b, 45, 46a, 47a + b, 55, 57, 61, 67a, 70a, 74a
Zeitreihen	
Gleitende Durchschnitte	11c, 22b, 39, 71a, 75a
Trend mit KQ-Methode	32 b + c, 54, 75b, 80a + b
Exponentielles Glätten	32d, 75c, 80c

2. Induktive Statistik

Thema	Aufgaben
Kombinatorik	91c, 103a, 106c, 108c, 118a, 135a, 150b, 152a, 164a, 169a, 174
Wahrscheinlichkeit von Ereignissen	
Venn-Diagramme	86d, 104a, 129a, 136a, 146c, 166a, 173a
Additionssatz	81a, 86c, 96a, 100a, 111c, 1^25a
Multiplikationssatz	81a, 91a, 104b, 119a, 146b, 165b
Unabhängigkeit	81b, 86b, 91b, 100b, 108a, 146d
Bedingte Wahrscheinlichkeit	81a, 86b, 91b, 96a, 100a, 104b, 108b, 111b, 119a, 125a, 136a, 164a, 165b
Totale Wahrscheinlichkeit	81c, 100b, 108d, 113b, 119b, 164a, 170b
Bayes'sches Theorem	86e, 166b
Eindimensionale Verteilungen	
Wahrscheinlichkeits-/Dichte-/ Verteilungsfunktion	83b, 87a, 87c + d, 93 c + d, 98a + c, 126c, 127a + c, 128a, 135b, 136b, 137a, 162, 168a
Erwartungswert	83a, 87b, 93a, 98b, 107a, 127b, 156a, 162b
Varianz	83b, 87b, 93b, 98b, 107a, 127b, 137b, 156a + b
Mehrdimensionale Verteilungen	
Wahrscheinlichkeits-/Dichtefunktion	89a, 106b, 115a, 124a + b, 130a +

	b, 140, 167a
Randverteilungen	84a, 89b, 115b, 118b, 130c, 167b
Bedingte Verteilungen	84e, 124c, 137d, 167d
Unabhängigkeit	84b, 167c
Kovarianz/Korrelation	89c, 102, 130d, 137c, 168b
Spezielle Verteilungen	
Binomialverteilung	82, 91d, 96b, 101a + c, 108d, 113b, 122a + b, 131b, 142b, 145, 151b, 157b, 165a, 169a, 171a
Hypergeometrische Verteilung	123c, 125b, 131a, 163a
Geometrische Verteilung	96b, 151b, 169a
Poissonverteilung	92a, 109a, 111d, 131c, 158a, 169a
Rechteckverteilung	109c, 117c, 120b, 142a, 153d
Normalverteilung	92b + c, 96b, 100c, 101b, 105b, 109b, 110a, 114a, b, d, 119c, 120c, 132b, 141, 153c, 157a, 168c
Tschebyscheff Ungleichung	101b, 105a, 112b, 117a, 120a, 128b, 132c, 138a, 153a + b
Grenzwertsätze	117b, 132c
Gesetz der großen Zahlen	147b
Stichprobenverteilungen	116a, 147a, 152b
Schätztheorie	
Gütekriterien	90, 99a, 112a, 122c, 133a, 139b, 144, 149, 154b, 160
ML-Schätzer	99b, 104c, 113a, 116b, 123a + b, 139a, 143, 150a, 154a, 159b, 163b, 170a
Konfidenzintervalle	85, 94, 103c, 105c, 110c, 116b, 126, 133b, 158b, 159a, 173b
Testtheorie	
Ein-Stichproben-Tests	88, 94b, 106a, 110b, 114c, 121a, 128b, 134b, 158c, 171b
Zwei-Stichproben-Tests	85b, 121b, 134a
Stichprobentheorie	
Notwendiger Stichprobenumfang	103b, 159a
Geschichtete Stichproben	95, 97, 107b, 126b, 134c, 138b, 148, 152c

Teil 1

Aufgaben zur

Deskriptiven
Statistik

Aufgabe 1

a) In 25 Monaten wurden folgende durchschnittliche Lufttemperaturen (in °C) gemessen:

-3	0	5	7	15
18	24	26	20	13
6	2	-5	-2	7
10	16	20	25	26
22	15	11	1	-4

i) Erstellen Sie eine klassierte Häufigkeitsverteilung in den Klassen

-5	bis unter 0°C
0	bis unter 10°C
10	bis unter 17,5°C
17,5	bis unter 25°C
25	bis unter 30°C

(3 Punkte)

ii) Stellen Sie die relativen Häufigkeiten in einem Histogramm graphisch dar.

(3 Punkte)

b) 100 Arbeitnehmer wurden nach ihrer Zufriedenheit mit ihrer Arbeit gefragt.

i) Ergänzen Sie die nachfolgende relative Häufigkeitstabelle anhand der folgenden Aussagen:

1. 25% der Befragten waren im öffentlichen Dienst beschäftigt.

2. Von den Beschäftigten im öffentlichen Dienst waren 10% sehr zufrieden.

3. Keiner der Befragten war mit seiner Arbeit sehr unzufrieden, jeweils ein Viertel war unzufrieden und zufrieden.

4. Von den Zufriedenen waren 50% nicht im öffentlichen Dienst.

(3 Punkte)

	Sehr zufrieden	zufrieden	unzufrieden	sehr unzufrieden	Summe
Im Öffentlichen Dienst					
Nicht im Öffentl. Dienst					
Summe					

ii) Sind die Merkmale „Beschäftigung im öffentlichen Dienst" und „Zufriedenheit" unabhängig?

(1 Punkt)

Aufgabe 2

a) Ein Einprodukthändler möchte seinen Umsatz der letzten fünf Monate analysieren und stellt folgende Statistik der Preise des Produkts mit den zugehörigen abgesetzten Mengen auf:

Monat	1	2	3	4	5
Preis	100	100	110	115	120
Menge in 1000 Stück	12,24	5,8	7,6	10,2	3,54

Wie groß sind die mittlere Preissteigerung, die mittlere Mengenveränderung und die mittlere Umsatzsteigerung? (4 Punkte)

b) Die Aktien einer Aktiengesellschaft werden von vier Gruppen wie folgt gehalten:

Gruppe	Anteil in %
Banken	10
Versicherungen	15
sonst. Unternehmen	25
Streubesitz	50

Bestimmen Sie die Winkel der Segmente des Kreisdiagramms und skizzieren Sie das Kreisdiagramm. (3 Punkte)

Die Variable „Anteilseigner der Bank" ist (bitte ankreuzen) (3 Punkte)

nominal skaliert ☐   ordinal skaliert ☐   metrisch skaliert ☐

diskret ☐   stetig ☐

latent ☐   manifest ☐

Aufgabe 3

Die Marketingabteilung eines Unternehmens will eine Analyse über den Zusammenhang zwischen der verkauften Stückzahl (Y) (in Mio.) eines ihrer Produkte und den dafür gemachten Ausgaben (in Mio. €) für Zeitungswerbung (X) durchführen. Für die Jahre 1996 - 2003 ergaben sich folgende Werte:

Jahr	y_i	x_i
1996	6	1
1997	7	2
1998	14	4
1999	20	8
2000	18	9
2001	20	4
2002	25	6
2003	10	6

Berechnen Sie die Korrelation zwischen der verkauften Stückzahl und den dafür gemachten Ausgaben für Zeitungswerbung. (10 Punkte)

Aufgabe 4

Die Marketingabteilung eines Unternehmens will eine Analyse über den Zusammenhang zwischen der verkauften Stückzahl (Y) (in Mio.) eines ihrer Produkte und den dafür gemachten Ausgaben (in Mio. €) für Zeitungswerbung (X) durchführen. Für die Jahre 1996 - 2003 ergaben sich folgende Werte:

Jahr	y_i	x_i
1996	6	1
1997	7	2
1998	14	4
1999	20	8
2000	18	9
2001	20	4
2002	25	6
2003	10	6

a) Die Marketingabteilung vermutet einen linearen Zusammenhang zwischen X und Y der Form:

$$y_i = \alpha + \beta x_i + u_i, \quad i = 1,...8$$

Dabei sind α und β die Regressionskoeffizienten und u die Störvariable.

Schätzen Sie die unbekannten Regressionskoeffizienten und bestimmen Sie die Regressionsgerade. (8 Punkte)

b) Für 2004 sind Werbeausgaben von 7 Mio. € vorgesehen. Mit welcher verkauften Stückzahl kann das Unternehmen rechnen? (2 Punkte)

Aufgabe 5

Bei 100 Studenten wurde die Zeit gestoppt, die sie zum Lösen einer bestimmten Statistikaufgabe benötigen:

Zeit in Minuten	Anzahl der Studenten
0 bis unter 4	20
4 bis unter 5	16
5 bis unter 7	50
7 bis unter 10	14

a) Berechnen Sie das arithmetische Mittel, den Median und den Modus dieser Verteilung. (5 Punkte)

b) Wie lautet die Standardabweichung? (3 Punkte)

c) Wie groß ist (approximativ) der Anteil der Studierenden, die zwischen 2 und 6 Minuten gebraucht haben? (2 Punkte)

Aufgabe 6

Eine Gruppe trifft sich im Juni und im Juli eines Jahres zu einem Grillabend. Sie kauft dafür die folgenden Lebensmittel zu den genannten Preisen ein:

	Preise (€/kg) Juni	Preise (€/kg) Juli	Mengen (kg) Juni	Mengen (kg) Juli
Würstchen	5,90	6,90	2	1,5
Kotelett	9,90	8,90	1,5	2
Kartoffeln	1,40	1,60	2,5	2,5
Maiskolben	1,50	1,40	1	1,5

a) Zeigen Sie die Veränderung der Kosten anhand eines geeigneten Indexes auf.

(3 Punkte)

b) Berechnen Sie je einen Preisindex nach Laspeyres und nach Paasche.

(4 Punkte)

c) Leiten Sie aus den Ergebnissen der Aufgaben a) und b) jeweils einen Mengenindex nach Laspeyres und nach Paasche ab. (3 Punkte)

Aufgabe 7

An der Kasse eines Supermarkts wurden für 30 aufeinanderfolgende Kunden folgende Bedienungszeiten in Sekunden gemessen:

40	20	22	15	18	51
37	42	31	58	33	39
49	22	23	62	42	53
43	44	19	49	39	36
37	38	22	24	32	29

a) Bestimmen Sie eine klassierte Verteilung der Bedienungszeiten unter Verwendung folgender Klassen:

$$(0,20], (20,30], (30,40], (40,50], (50,70]$$

Geben Sie die absoluten und die relativen Klassenhäufigkeiten, sowie die kumulierten relativen Klassenhäufigkeiten an. (4 Punkte)

b) Bestimmen Sie den interpolierten Median der klassierten Verteilung. (3 Punkte)

c) Stellen Sie die <u>absoluten</u> Häufigkeiten in einem Histogramm graphisch dar.

(3 Punkte)

Aufgabe 8

a) Eine Untersuchung der Abteilung für Familie und Soziales einer Stadtverwaltung ergab folgende gemeinsame Verteilung der Anzahl der Kinder pro Familie (X) und der Anzahl der PKW der Familie (Y):

X \ Y	1	2	3
0	0,08	0,28	0,04
1	0,10	0,14	0,06
2	0,13	0,08	0,04
3	0,04	0,01	0,00

i) Bestimmen Sie die Randhäufigkeiten. (2 Punkte)

ii) Sind die Merkmale X und Y unabhängig? (1 Punkt)

iii) Bestimmen Sie die mittlere Anzahl der Kinder einer Familie unter der Bedingung, dass die Familie 2 PKW hat. (4 Punkte)

b) Von 9 Millionen Objekten privaten Haus- und Wohnungsbesitzes entfallen 50% auf Einfamilienhäuser, 25% auf Zweifamilienhäuser, 10% auf Mehrfamilienhäuser und 15% auf Eigentumswohnungen.

Stellen Sie die relativen Häufigkeiten in einem Kreisdiagramm graphisch dar und beschriften Sie die Kreissegmente. (3 Punkte)

Aufgabe 9

Eine Unternehmensabteilung ist ausschließlich mit der Herstellung eines einzigen Produkts beschäftigt. Für t = 10 Perioden wurden folgende Produktionsmengen x und Gesamtkosten y der Abeilung registriert:

	1	2	3	4	5	6	7	8	9	10
x_i	9	12	14	12	12	13	10	11	12	15
y_i	1216	1300	1356	1288	1276	1292	1260	1244	1288	1360

Bestimmen Sie die Regressionsgerade $\hat{y}_t = a + bx_t$ und beurteilen Sie die Güte der Regression mittels des Bestimmheitsmaßes. (10 Punkte)

Aufgabe 10

Bei einer Lotterie mit 350 Teilnehmern gibt es drei verschiedene Gewinnbeträge $G_1 < G_2 < G_3$ (keine Nieten!). Dabei ist G_3 doppelt so hoch wie G_2 und dieser wiederum doppelt so hoch wie G_1. Den Betrag G_1 erhalten 200 Teilnehmer, den Betrag G_2 100 Teilnehmer und den Betrag G_3 entsprechend 50 Teilnehmer. Insgesamt werden 600.000 € ausgeschüttet.

a) Bestimmen Sie die drei Gewinnbeträge. (4 Punkte)

b) Zeichnen Sie die Lorenzkurve. (3 Punkte)

c) Berechnen Sie den Gini-Koeffizienten. (3 Punkte)

Aufgabe 11

Ein Unternehmen hat im Jahr 2003 für Büromaterial (in 1000 €) ausgegeben:

Jan	Feb	März	April	Mai	Juni	Juli	Aug	Sep	Okt	Nov	Dez
1,0	1,2	1,4	1,3	1,5	1,8	1,6	1,3	1,7	2,0	1,9	1,8

a) Wie hoch sind die mittleren Ausgaben? (2 Punkte)

b) Bestimmen Sie die Wachstumsfaktoren und die mittlere Ausgabensteigerung? (3 Punkte)

c) Berechnen Sie den Trend mit Hilfe gleitender Durchschnitte über drei Perioden, sowie die trendbereinigten Werte. (5 Punkte)

Aufgabe 12

Der für die Beschaffung von Büromaterial zuständige Mitarbeiter eines Unternehmens macht sich Gedanken über die Preisentwicklung von Büroklammern. Das Unternehmen bezieht große und kleine Büroklammern. Der Einkauf dieser Klammern entwickelte sich in den letzten vier Jahren wie folgt:

	Kleine	Große
Preis/Packung 2000 in €	1,-	1,40
Menge (Packungen) 2000	70	30
Preis/Packung 2001 in €	1,05	1,54
Menge (Packungen) 2001	75	28
Preis/Packung 2002 in €	1,12	1,47
Menge (Packungen) 2002	60	25
Preis/Packung 2003 in €	1,17	1,75
Menge (Packungen) 2003	40	50

a) Geben Sie eine Messzahlenreihe für die Preise der großen Büroklammern an (2000 = 100). (2 Punkte)

b) Basieren Sie diese Reihe auf das Jahr 2003 um. (3 Punkte)

c) Berechnen Sie einen Laspeyres-Index für die Preisentwicklung von Büroklammern für 2003 (2000 = 100). (2 Punkte)

d) Wie würde sich der unter c) berechnete Preisindex nach Laspeyres verändern, wenn man die Mengenangabe nicht in „Packungen" sondern in „1000 Stück" machen würde (in jeder Packung sind 2000 Büroklammern)? Begründung!

(1 Punkt)

e) Angenommen die Herstellerfirma der Büroklammern würde kleine Klammern aus ihrem Sortiment nehmen und unser Unternehmen müsste stattdessen zukünftig „mittlere" Klammern beziehen, die in der Vergangenheit immer gut 10% teurer waren als die kleinen. Beschreiben Sie kurz die Schwierigkeiten, die bei der Berechnung des Laspeyres Preisindex zukünftig damit auftreten. (2 Punkte)

Aufgabe 13

Ein Einzelhändler verkauft an 30 Tagen folgende Stückzahlen eines bestimmten Produktes.

22	28	29	24	23	24
22	32	24	24	25	24
25	28	23	24	25	26
27	25	23	26	27	28
30	26	25	31	27	33

a) Bestimmen Sie die absoluten und relativen Häufigkeiten der Stückzahlen.

(3 Punkte)

b) Wie hoch war der Anteil der Tage, an denen weniger als 25 Stück verkauft wurden? (2 Punkte)

c) Berechnen Sie die Standardabweichung. (3 Punkte)

d) Berechnen Sie das 0,25-Quantil. (2 Punkte)

Aufgabe 14

Ein Einzelhändler verkauft an 30 Tagen folgende Stückzahlen eines bestimmten Produktes.

x_i	n_i
22	2
23	3
24	6
25	5
26	3
27	3
28	3
29	1
30	1
31	1
32	1
33	1

a) Berechnen Sie das arithmetische Mittel, den Modus und den Median. (6 Punkte)

b) Bestimmen Sie die Richtung der Schiefe unter Verwendung der Fechner'schen Lageregel. (1 Punkte)

c) Überprüfen Sie das Ergebnis von Aufgabe b), indem Sie das 3. Zentrale Moment berechnen. (3 Punkte)

Aufgabe 15

Für die drei Güter eines Warenkorbes wurden in den Jahren 1999 bis 2003 folgende Preise und Mengen notiert:

	Gut 1		Gut 2		Gut 3	
Jahr	Preis	Menge	Preis	Menge	Preis	Menge
1999	10	100	60	100	30	100
2000	12	110	60	97	19	120
2001	12	100	50	100	18	100
2002	15	80	65	90	24	90
2003	20	50	70	80	30	60

a) Berechnen Sie einen Preisindex nach Laspeyres und einen Mengenindex nach Paasche für das Jahr 2003 zum Basisjahr 1999. (4 Punkte)

b) Leiten Sie aus den unter a) berechneten Indizes einen Wertindex ab. (2 Punkte)

c) Berechnen Sie einen Preisindex nach Laspeyres für 1999 zum Basisjahr 2003 und zeigen sie daran, dass der Laspeyresindex die Zeitumkehrprobe nicht erfüllt. (4 Punkte)

Aufgabe 16

Der Preis eines Gutes entwickelte sich in den Jahren 1999 – 2003 wie folgt:

Jahr	1999	2000	2001	2002	2003
Preis	10	12	12	15	20

a) Berechnen Sie für den Preis des Gutes die Wachstumsraten und Wachstumsfaktoren. (3 Punkte)

b) Berechnen Sie die durchschnittliche Wachstumsrate des Preises. (2 Punkte)

c) Angenommen der Preis wächst in den folgenden Jahren konstant um 10 % pro Jahr. Nach wie viel Jahren beträgt er 30 €? (3 Punkte)

d) Angenommen der Preis des Gutes wäre in einem Jahr um 10% gestiegen und im Folgejahr um 10% gefallen. Um wie viel Prozent hat sich der Preis dann insgesamt verändert? (2 Punkte)

Aufgabe 17

15 Schwimmer verschiedenen Alters erbrachten in Wettkämpfen über 50 m Brustschwimmen die folgenden Zeiten:

Alter	Zeiten in Sekunden		
28	37	40	42
30	39	40	45
32	40	38	42
34	42	44	45
36	42	46	48

a) Stellen Sie eine Häufigkeitstabelle auf und bestimmen Sie die Randhäufigkeiten. (3 Punkte)

b) Bestimmen Sie die Kovarianz zwischen dem Alter der Schwimmer (X) und der Zeit (Y). Sind die Variablen unabhängig? (7 Punkte)

Aufgabe 18

15 Schwimmer verschiedenen Alters erbrachten in Wettkämpfen über 50 m Brustschwimmen die folgenden Zeiten:

Alter	28	28	28	30	30	30	32	32	32	34	34	34	36	36	36
Zeit	37	40	42	39	40	45	38	40	42	42	44	45	42	46	48

a) Zeichnen Sie das Streuungsdiagramm. (2 Punkte)

b) Schwimmlehrer A vermutet einen linearen Zusammenhang zwischen dem Alter und der Leistungsfähigkeit der Schwimmer der Form

$$\hat{y}_i = a + bx_i$$

Schätzen Sie die unbekannten Regressionsparameter a und b und bestimmen Sie die Regressionsgerade $\hat{y}$. Hinweis: Es sind $\bar{y} = 42$ und $s_{xy} = 5,4\overline{6}$ (4 Punkte)

c) Bestimmen Sie die mittlere Schwimmzeit unter der Bedingung, dass nur die 30jährigen Schwimmer betrachtet werden. (4 Punkte)

Aufgabe 19

Der Chef eines Unternehmens möchte sich über die täglich anfallenden Anfahrts-wege seiner Mitarbeiter informieren. Vom Personalbüro wird ihm dazu folgende Tabelle übersandt:

km	Anzahl der Beschäftigte
[0,1)	7
[1,5)	24
[5,15)	35
[15,30)	18
[30,50)	16

a) Wie groß sind das arithmetische Mittel (näherungsweise!), der interpolierte Median und der Modus der klassierten Verteilung? (6 Punkte)

b) Bestimmen Sie näherungsweise die Varianz der klassierten Verteilung. Warum kann die Varianz nur näherungsweise bestimmt werden? (4 Punkte)

Aufgabe 20

a) Wie groß ist die folgende Kovarianz C zwischen Preismesszahlen a_i und Mengenmesszahlen b_i, gewogen mit den Ausgabenanteilen g_i zur Basiszeit?

$$C = \sum \left(a_i - P_{0t}^L\right)\left(b_i - Q_{0t}^L\right)g_i \qquad \text{mit:} \quad g_i = \frac{p_{i0}q_{i0}}{\sum p_{i0}q_{i0}} \qquad \text{(4 Punkte)}$$

b) Nach dem hiermit bestimmten Zusammenhang (nach L. v. Bortkiewicz) lässt sich aus den folgenden Angaben

- nominale Zunahme 50% (also $W_{0t} = 1{,}5$)

- reale (volumenmäßige) Zunahme 20% (also $Q_{0t}^L = 1{,}2$)

- Kovarianz C = +0,12

der Laspeyres-Preisindex wie folgt berechnen: (2 Punkte)

c) Wie groß ist P_{0t}^L, wenn für die Kovarianz gilt C = –0,24 (die anderen Angaben bleiben unverändert)? (1 Punkt)

d) Nennen Sie drei Situationen, in denen ein Laspeyres-Index den gleichen Zahlen-wert annimmt wie ein Paasche-Index? (3 Punkte)

Aufgabe 21

Fünf Personen A, B, C, D und E treffen sich zu einer Pokerpartie. Zu Beginn (t = 1) hat jeder 200 €. Nach einer Stunde (t = 2) sieht die Verteilung des Geldes wie folgt aus:

Person	A	B	C	D	E
€	50	100	150	200	500

Das Spiel endet nach zwei Stunden (t = 3) damit, dass E den gesamten Einsatz gewonnen hat und die anderen vier „pleite" sind.

Beschreiben Sie die Disparität zu den drei Zeitpunkten sowohl graphisch als auch numerisch. (10 Punkte)

Aufgabe 22

a) Über die Preisentwicklung eines Produktes in den letzten sechs Jahren sowie über die Preismesszahlenreihen $m_{00,t}$ und $m_{03,t}$ sei folgendes bekannt:

t	p_t	$m_{00,t}$	$m_{03,t}$
1998	8,80		
1999	9,20		
2000			
2001		1,1	
2002		1,28	1,024
2003	12,50		

Ergänzen Sie die Tabelle. (4 Punkte)

b) Das Sozialprodukt (in Mrd. US-$) eines Staates möge in den Jahren 1987 – 1996 die folgende Entwicklung genommen haben:

Jahr	Sozialprodukt
1987	400
1988	420
1989	428,4
1990	428,4
1991	449,82
1992	494,8
1993	534,39
1994	561,11
1995	572,33
1996	575,19

i) Bestimmen Sie den Trend in dieser Zeitreihe mit Hilfe eines gleitenden Durch-schnitts über drei Perioden sowie die trendbereinigten Werte. (4 Punkte)

ii) Wie groß ist die durchschnittliche Wachstumsrate des Sozialprodukts?

(2 Punkte)

Aufgabe 23

Gegeben sei die folgende Verteilung:

Klasse von... bis unter...	n_i	$\overline{x}_i$	s_i^2
0 - 20	20	12	0,3
20 - 35	12	25	1,4
35 - 50	6	42	2,6
50 - 90	10	70	3
90 - 120	2	100	4,2

a) Stellen Sie die relativen Häufigkeiten graphisch dar. (2 Punkte)

b) Berechnen Sie das arithmetische Mittel. (2 Punkte)

c) Berechnen Sie die Standardabweichung. (4 Punkte)

d) Bestimmen Sie den Modus der Verteilung. (2 Punkte)

Aufgabe 24

Student S arbeitet ein halbes Jahr als studentische Hilfskraft. Dabei verdient er im Monat (in €):

Januar	Februar	März	April	Mai	Juni
467	523	399	602	488	478

a) Bestimmen Sie den Median und den Modus. (3 Punkte)

b) Berechnen Sie die Spannweite, den Quartilsabstand und das Gini-Dispersions-maß. (7 Punkte)

Aufgabe 25

Bei einer Umfrage wurden 100 Personen gefragt, ob sie ein Auto (Variable X) und einen DVD-Player (Variable Y) besitzen. Dabei antworteten:

Auto	
ja	60
nein	40

DVD	
ja	45
nein	55

a) Bestimmen Sie für die Variable X ein <u>sinnvolles</u> Lagemaß. (2 Punkte)

b) Angenommen, es handele sich bei den beiden Verteilungen um die Randvertei-lungen einer zweidimensionalen Häufigkeitsverteilung. Wie müsste diese aus-sehen, wenn die beiden Variablen unabhängig wären? (2 Punkte)

c) Wie viel Prozent der Autobesitzer besitzen in diesem Fall (Unabhängigkeit) auch einen DVD-Player? (2 Punkte)

d) Handelt es sich bei der Variable Y um eine Bestands- oder Bewegungsmasse und um eine diskrete oder stetige Variable? Wie ist sie skaliert? (3 Punkte)

e) Zur leichteren Auswertung ordnet der Befrager der Antwort „nein" den Wert 0 und der Antwort „ja" den Wert 1 zu. Welcher Transformation dürfte er die Variablen unterziehen? Nennen Sie ein Beispiel. (1 Punkt)

Aufgabe 26

Zwei Variablen X und Y seien in der Form linear voneinander abhängig, dass folgende Regressionsgerade gilt:

$$\hat{y}_i = 100 + 5 \cdot x_i$$

Des weiteren ist $s_y^2 = 4000$ und $s_x^2 = 100$.

a) Welchen Wert hat das Bestimmtheitsmaß? (4 Punkte)

b) Bestimmen Sie die Kovarianz. (3 Punkte)

c) Erklären Sie in eigenen Worten kurz das Prinzip der Methode der kleinsten Quadrate. (3 Punkte)

Aufgabe 27

Für zwei Variablen X und Y gelten die Regressionsgeraden

$$\hat{y}_i = 3{,}5 + 0{,}5 \cdot x_i \text{ und}$$

$$\hat{x}_i = \frac{32}{22} + \frac{13}{22} y_i.$$

a) Bestimmen Sie den Korrelationskoeffizienten. (3 Punkte)

b) Bestimmen Sie $\bar{x}$ und $\bar{y}$. (4 Punkte)

c) Das Bestimmtheitsmaß einer Regression betrage 0,969. Kreuzen Sie bitte an, ob die folgenden Aussagen richtig oder falsch sind. (3 Punkte)

	richtig	falsch
Die Residuen sind nie größer als 96,9% der Differenz zwischen den beobachteten und den geschätzten Y-Werten.		
Wegen $\sum u = 0$ liegen 48,45% der beobachteten Y-Werte (96,9%:2) oberhalb und 48,45% entsprechend unterhalb der Regressionsgerade. Der Rest liegt auf ihr.		
Die Variation von $\hat{Y}$ beträgt genau 96,9% der Variation von Y.		

Aufgabe 28

Ein Warenkorb enthält fünf Produkte (A, B, C, D, E). Die folgende Tabelle gibt einen Überblick über die Preismesszahlen (m_{0t}) der einzelnen Produkte, sowie über ihren Anteil an den Gesamtausgaben zur Basisperiode (g_i).

Produkt	m_{0t}	g_i
A	1,1	0,1
B	0,9	0,3
C	1,2	0,05
D	1,15	0,45
E	0,95	0,1

a) Berechnen Sie einen Preisindex nach Laspeyres. (3 Punkte)

b) Der dazugehörige Mengenindex nach Laspeyres betrage $Q_{0t}^L = 1,1$, die Kovarianz zwischen Preis- und Mengenmesszahl sei $C = -0,25$. Wie hoch ist der Wertindex? (3 Punkte)

c) Beschreiben Sie die Aggregatformel und die Messzahlenmittelwertformel des Laspeyres-Preisindex mit eigenen Worten. (4 Punkte)

Aufgabe 29

a) Die Werbeagentur des Netzanbieters „Schnurlos glücklich" schätzt den diesjährigen Absatz von Handys anhand der folgenden stetigen Funktion:

$$y(t) = \frac{t^2}{4} - 2t + 10$$

wobei y(t) die im Zeitpunkt t verkaufte Anzahl von Handys (in Tausend) darstellt und t die Anzahl der Monate ist.

Welche Wachstumsrate ergibt sich nach genau einem Jahr (t = 12)? (3 Punkte)

b) Ein Mitarbeiter des Netzanbieters ist für die Überwachung der Vorhersagen der Werbeagentur zuständig. Ein Jahr nach der Prognose liegen ihm folgende Monatsverkaufszahlen vor.

t	1	2	3	4	5	6	7	8	9	10	11	12
y_t	10	8	7	6	4	5	8	10	12	14	16	20

Berechnen Sie die tatsächlichen Wachstumsraten und -faktoren. Wie hoch ist die mittlere Wachstumsrate? (5 Punkte)

c) Nach wie viel Jahren hat sich die gesamte Absatzmenge dieses Jahres bei einem konstanten Wachstum von 10% auf 300.000 erhöht? (2 Punkte)

Aufgabe 30

Das Personalbüro eines mittelgroßen Industriebetriebs hat die Personalentwicklung der Firma getrennt nach Angestellten (X) und Arbeitern (Y) ermittelt. Dummerweise sind die Daten nicht vollständig. Es ist jedoch bekannt, dass die mittlere Anzahl der Angestellten 577,50 beträgt.

t	1	2	3	4	5	6	7	8
Arbeiter (y_t)	68	75	84	93	86	72	66	54
Angestellte (x_t)	?	512	537	539	574	608	654	700

a) Ergänzen Sie den fehlenden Wert. (2 Punkte)

b) Bestimmen Sie die Korrelation zwischen der Anzahl der Arbeiter und der der Angestellten. (8 Punkte)

Aufgabe 31

Bei der Fußballweltmeisterschaft in Frankreich gab es einen Spieler, der sechs Tore geschossen hat, zwei mit fünf Treffern, drei mit vier, sieben mit drei Toren, 23 Spieler trafen zweimal und 72 Aktive je einmal ins Schwarze. Es gab also insgesamt 108 Torschützen, die 167 Treffer erzielten.

Anmerkung: Spieler, die gar nicht getroffen haben, werden natürlich nicht berücksichtigt.

a) Geben Sie die Punkte der Lorenzkurve und die Steigungen der einzelnen Abschnitte an (nicht zeichnen!) (5 Punkte)

b) Berechnen Sie den Gini-Koeffizienten. (3 Punkte)

c) Kreuzen Sie bitte an (2 Punkte)

FRANCE 98
Torschützen

Suker	Kroatien	6
Batistuta	Argentinien	5
Vieri	Italien	5
Hernandez	Mexiko	4
Ronaldo	Brasilien	4
Salas	Chile	4
Bebeto	Brasilien	3
Bergkamp	Niederlande	3
Blerhoff	Deutschland	3
C. Sampaio	Brasilien	3
Henry	Frankreich	3
Klinsmann	Deutschland	3
Rivaldo	Brasilien	3

23 Spieler erzielen 2 Tore
72 Spieler erzielen 1 Tor

WAZ vom 14.07.98

Würde man alle Spieler, die bei der WM zwar zum Einsatz gekommen sind, die aber kein Tor geschossen haben, mit in die Berechnung einbeziehen, dann würde der Gini-Koeffizient

| abnehmen | | zunehmen | |

Würde man die Berechnung des Gini-Koeffizienten nur auf die Spieler beschränken, die mindestens drei Tore geschossen haben, dann würde der Gini-Koeffizient

| abnehmen | | zunehmen | |

Aufgabe 32

Gegeben seien folgende Umsatzzahlen eines Unternehmens (in 1000 €):

Jahr	1995	1996	1997	1998	1999	2000	2001	2002	2003
Umsatz	187	175	184	205	193	226	217	229	202

a) Stellen Sie die Zeitreihe graphisch dar. (2 Punkte)

b) Ermitteln Sie die Trendgerade mittels der Methode der kleinsten Quadrate.

(5 Punkte)

c) Geben Sie mit Hilfe der Trendgeraden aus Aufgabe b) eine Prognose für das Jahr 2003 ab. (1 Punkt)

d) Geben Sie mit Hilfe der Methode des exponentiellen Glättens eine Prognose für das Jahr 2004 ab. Verwenden Sie dabei den unter c) errechneten Schätzwert und den tatsächlich beobachteten Wert für das Jahr 2003. Gewichten Sie beide Werte gleich. (2 Punkte)

Aufgabe 33

Der Hochschulhaushalt der Universität Essen (ohne medizinische Einrichtungen) gestaltete sich 2001 wie folgt (in Tsd. €):

Personalausgaben	88.811
Sachausgaben	19.805
Bauinvestitionen	128
Geräteinvestitionen	1.387

a) Stellen Sie die Disparität der Ausgaben in einer Lorenzkurve graphisch dar.

(4 Punkte)

b) Berechnen Sie den Gini-Koeffizienten (3 Punkte)

c) Wie ändert sich der Gini-Koeffizient, wenn man die Punkte „Bauinvestitionen" und „Geräteinvestitionen" in einer Ausgabengruppe „Investitionen" zusammenfasst? (3 Punkte)

Aufgabe 34

Die folgende Tabelle gibt den Altersaufbau der Bevölkerung der Bundesrepublik Deutschland 2002 wieder.

Altersklasse (von ... bis unter ...)	Bevölkerung in Tsd.
0 – 6	4.623,5
6 – 15	7.792,1
15 – 25	9.514,5
25 – 45	24.763,8
45 – 65	21.404,1
über 65	82.536,7

Hinweis: Schließen Sie für die folgenden Berechnungen die letzte Klasse bei „100".

a) Stellen Sie die relativen Häufigkeiten dieser Verteilung sinnvoll graphisch dar. (3 Punkte)

b) Bestimmen Sie den Median und den Modus der Verteilung. (5 Punkte)

c) Bestimmen Sie näherungsweise die Varianz. (2 Punkte)

Aufgabe 35

Der angehende Volkswirt V aus E hat im Verlauf seines Studiums so oft gehört, dass zwischen dem Einkommen und dem Konsum ein positiver Zusammenhang bestehen soll. Er befragt deshalb seinen Bekanntenkreis (n=20) nach dem wöchentlichen Einkommen X und den wöchentlichen Konsumausgaben Y. Er gelangt zu den folgenden Daten:

Einkommen X	Konsumausgaben Y			
100	65	70	80	85
120	80	85	90	100
140	80	90	95	110
160	100	105	110	115
180	110	120	125	130

a) Zeichnen Sie das Streuungsdiagramm! (3 Punkte)

b) Welche gemeinsame relative Häufigkeitsverteilung und welche Randverteilungen ergeben sich aus diesen Daten? (4 Punkte)

c) Berechnen Sie die bedingte Verteilung der Konsumausgaben unter der Bedingung, daß das wöchentliche Einkommen 100 € beträgt. Was können Sie dann über die Unabhängigkeit der beiden Merkmale aussagen? (3 Punkte)

Aufgabe 36

Der angehende Volkswirt V aus E hat im Verlauf seines Studiums so oft gehört, dass zwischen dem Einkommen und dem Konsum ein positiver Zusammenhang bestehen soll. Er befragt deshalb seinen Bekanntenkreis (n=20) nach dem wöchentlichen Einkommen X und den wöchentlichen Konsumausgaben Y. Er gelangt zu den folgenden Daten:

Einkommen X	Konsumausgaben Y			
100	65	70	80	85
120	80	85	90	100
140	80	90	95	110
160	100	105	110	115
180	110	120	125	130

Berechnen Sie die Regressionsgerade $\hat{y} = a + bx$.

Der befreundete Diplom-Kaufmann K stellte bei dieser Befragung folgende Daten zur Verfügung:

Einkommen: 180 €; Konsumausgaben: 110 €

Berechnen Sie für diese Beobachtung die Gesamtabweichung, die erklärte Abweichung und die Residualabweichung. (10 Punkte)

Aufgabe 37

Ein Pkw-Hersteller vertreibt drei Pkw-Typen A, B, und C. Im Jahr 2003 wird das Modell B_1 durch ein verbessertes Modell B_2 ersetzt.

Modell	2002 Preis	2002 Menge	2003 Preis	2003 Menge
A	18.000	40.000	20.000	38.000
B_1	25.000	25.000		
B_2			30.000	30.000
C	35.000	12.000	38.000	11.000

a) Welches Problem entsteht 2003 bei der Berechnung eines Preisindexes nach Laspeyres zum Basisjahr 2002? (2 Punkte)

b) Berechnen Sie einen Laspeyres-Preisindex für das Jahr 2003 für die Modelle A und C. Angenommen, der Preis des Modells B_1 wäre entsprechend diesem Index gestiegen. Wieviel würde das Modell B_1 im Jahr 2003 kosten? (4 Punkte)

c) Nehmen Sie an, dass der Preisunterschied im Jahr 2003 zwischen dem Modell B_2 und dem unter b) berechneten fiktiven Preis des Modells B_1 allein auf Qualitätsunterschiede zurückzuführen ist. Weiterhin sei bekannt, daß das Modell B_2 im Jahr 2004 32.500 € kostet. Berechnen Sie für dieses Modell einen vom Qualitätsunterschied bereinigten Preis für 2004. (3 Punkte)

d) Wie man sieht, gehen für die Modelle A und C bei steigenden Preisen die Absatzzahlen zurück. Kann man daraus schließen, dass gemäß der Formel von Ladislaus von Bortkiewicz (negative Kovarianz) somit der Paasche Preisindex kleiner als der Laspeyres Preisindex sein muss? (1 Punkt)

Aufgabe 38

Gegeben seien für die Produkte A, B und C für die Jahre 1995 und 2000 die folgenden Preise und Mengen:

	1995		2000	
	Preis	Menge	Preis	Menge
A	10	100	5	200
B	20	80	30	60
C	40	150	44	180

a) Berechnen Sie die Preis- und die Mengenmesszahlen der drei Produkte. Geben Sie die Kovarianz zwischen den Preis- und den Mengenmesszahlen an. Kann man aus dieser Berechnung schließen, ob der Preisindex nach Paasche größer oder kleiner als der Preisindex nach Laspeyres sein muß? (7 Punkte)

b) Gegeben seien die Warenkörbe 1 (mit den Produkten A, B, C) und 2 (mit den Produkten D, E)

Warenkorb 1	1995		2000	
	Preis	Menge	Preis	Menge
A	10	100	5	
B	20		30	
C	40		44	30

	1995		2000	
Warenkorb 2	Preis	Menge	Preis	Menge
D	10	100	5	200
E	20	50		60

Ergänzen Sie die beiden Tabellen so, dass gilt:

- für Warenkorb 1: $P^L_{95,00} = P^P_{95,00}$
- für Warenkorb 2: $P^L_{95,00} = 1$ (3 Punkte)

Aufgabe 39

a) Die Zahl der Arbeitslosen und der Erwerbspersonen in den alten Bundesländern entwickelte sich in den Jahren 1998 - 2003 wie folgt (in Mio.)

Jahr	Erwerbs-personen	Arbeitslose
1998	32,08	2,9
1999	32,35	2,76
2000	32,28	2,53
2001	32,55	2,48
2002	32,23	2,65
2003	32,46	2,75

a) Berechnen Sie die Arbeitslosenquote gemäß der Formel

$$ALQ = \frac{Arbeitslose}{Erwerbspersonen}$$ (2 Punkte)

b) Um welche Art von Verhältniszahlen handelt es sich bei der „Arbeitslosenquote"? (1 Punkt)

c) Stellen Sie die Arbeitslosenquote als Zeitreihe graphisch dar. (2 Punkte)

d) Bestimmen Sie für die Arbeitslosenquote den Trend mittels gleitender Drei-Jahres-Durchschnitte sowie die trendbereinigten Werte. (5 Punkte)

Aufgabe 40:

In einer deutschen Großstadt wurden für 50 Wohnungen die folgenden Mietpreise Y in € in Abhängigkeit der Wohnfläche X in qm ermittelt:

X \ Y	400	500	600	800
40	10	5	0	0
60	0	22	1	1
80	0	1	4	6

a) Berechnen Sie die Kovarianz zwischen X und Y. (4 Punkte)

b) Berechnen und zeichnen Sie die empirische Regressionslinie $\bar{y}\,|\,x$ und treffen Sie aus ihrem Verlauf eine Aussage bezüglich der Unabhängigkeit der beiden Merkmale. (6 Punkte)

Aufgabe 41

Professor P. verfolgt seit 20 Semestern die stark schwankende Zahl der Teilnehmer an der Abschlussprüfung seines Schwerpunktfaches:

10 5 8 3 7 14 13 12 10 2

8 4 10 12 10 12 5 13 2 2

a) Stellen Sie die absoluten und relativen Häufigkeiten, sowie die Werte der empirischen Verteilungsfunktion tabellarisch dar. (2 Punkte)

b) Stellen Sie die absoluten Häufigkeiten graphisch dar. (2 Punkte)

c) Wie groß ist der Anteil der Prüfungen, bei denen höchstens 8 Prüflinge eine Klausur geschrieben haben? (1 Punkt)

d) Errechnen Sie aus der Häufigkeitsverteilung den Modus, den Median und das arithmetische Mittel und urteilen Sie über die Schiefe der Verteilung, indem Sie die Lageregel von Fechner anwenden. (5 Punkte)

Aufgabe 42

a) Vor der Osterweiterung waren im Ministerrat der Europäischen Union 15 Länder vertreten. Der Stimmenanteil in diesem Gremium richtete sich nach der Bevölkerungszahl in dem entsprechenden Land.

Land	Stimmen im Ministerrat
Deutschland	10
Vereinigtes Königreich	10
Frankreich	10
Italien	10
Spanien	8

Niederlande	5
Griechenland	5
Belgien	5
Portugal	5
Schweden	4
Österreich	4
Dänemark	3
Finnland	3
Irland	3
Luxemburg	2
	87

Bestimmen Sie die Disparität der Stimmenverteilung mit Hilfe der Lorenzkurve und des Gini-Koeffizienten. (7 Punkte)

b) Angenommen zwischen zwei Variablen X und Y bestehe der Zusammenhang

$$y_i = \alpha + \beta x_i + u_i.$$

Kreuzen Sie in der nachfolgenden Tabelle bitte die jeweils richtige Aussage an

(3 Punkte)

nennt man	\multicolumn{6}{c}{Die Größe}
	α	β	y_i	x_i	u_i	$\hat{u}_i$
endogene Variable						
exogene Variable						
Achsenabschnitt						
Steigung						
Störvariable						
Residuum						

Aufgabe 43

a) Gegeben seien die folgenden Daten:

X	-4	-3	-2	-1	0	1	2	3	4
Y	11	7,5	5	3,5	3	3,5	5	7,5	11

Bestimmen Sie die Kovarianz. Was können Sie aufgrund Ihres Ergebnisses über die Regressionsgerade aussagen? (6 Punkte)

b) Die Variablen X und Y haben die gemeinsame (absolute) Häufigkeitsverteilung:

X \ Y	2	4
1	2	3
2	4	1

Berechnen Sie die bedingten Mittelwerte $\bar{x}|y$, zeichnen Sie die Regressionslinie und interpretieren Sie die Graphik hinsichtlich Abhängigkeit/Unabhängigkeit der beiden Variablen. (4 Punkte)

Aufgabe 44

a) Angenommen für die folgenden Beispiele sollen sinnvolle Lagemaße gebildet werden. Kreuzen Sie bitte in der nachfolgenden Tabelle an, welche Lagemaße jeweils berechnet werden können. (5 Punkte)

1. Die Variable ist X = Geschlecht mit den Ausprägungen „männlich" und „weiblich"

2. Wie 1. nur werden die Ausprägungen mit 1 = männlich und 2 = weiblich verschlüsselt.

3. Die Frage lautet: „Wie wichtig sind für Sie Fußballübertragungen im Fernsehen?" mit den Antwortmöglichkeiten *sehr wichtig – wichtig – unwichtig – sehr unwichtig*

4. Student S fährt jeden Tag eine Stunde Fahrrad. Dabei schafft er naturgemäß unterschiedliche Strecken. Die zu betrachtende Variable ist seine *Geschwindigkeit*.

5. Student S legt 10.000 € für mehrere Jahre zu einem variablen Zins an. Sobald die Zinsen am Jahresende ausgezahlt werden, entnimmt er diese, lässt sein Kapital aber unangetastet. Gesucht sind hier Lagemaße für den *Zinssatz*.

Beispiel	Modus	Median	arithmetisches Mittel	geometrisches Mittel	harmonisches Mittel
			gebildet werden können		
1					
2					
3					
4					
5					

b) Weisen Sie die „Schwerpunkteigenschaft des arithmetischen Mittels" nach und erklären Sie kurz, inwiefern sie bei der Konstruktion von Streuungsmaßen von Bedeutung ist. (5 Punkte)

Aufgabe 45

a) Schreiben Sie die folgende Aussage als Formel: „Ein Preisindex setzt sich als Quotient der Ausgaben für einen konstanten Warenkorb zusammen. Im Nenner wird der Warenkorb mit den Preisen einer Basisperiode 0, im Zähler mit den Preisen einer Berichtsperiode t bewertet." Um welche Art von Index handelt es sich dabei? (3 Punkte)

b) Für ein Streuungsmaß wird im allgemeinen gefordert, dass es nur positive Werte (und den Wert null, wenn keine Streuung vorliegt) annehmen kann. Ein Schiefemaß darf dagegen auch negativ sein. Welche Überlegung steckt dahinter?

(2 Punkte)

c) Gegeben sei ein Warenkorb mit den Waren A, B und C und den folgenden Euro-Preisen zu den Zeitpunkten 0 und t. Zeigen Sie, dass der Preisindex von Laspeyres das Axiom der Dimensionalität erfüllt, indem Sie die Preise in DM-Preise (Wechselkurs 1 : 2) umrechnen. (5 Punkte)

Ware	p_0	p_t	q_0
A	10	12	100
B	12	10	120
C	15	15	150

Aufgabe 46

a) In einer Statistik „Kaufkraft der Lohnminute" (Quelle: Institut der Deutschen Wirtschaft) findet man für die Jahre 1960 und 1998 folgende benötigte Arbeitszeit (in Minuten) für den Kauf einer Mengeneinheit (ME) bestimmter Güter

Gut/Dienstleistung	Mengeneinheit	Arbeitszeit in Minuten	
		1960	1998
Mischbrot	1 kg	19,5	11,21
Brathähnchen	1 kg	133	13,35
Damen-Pumps	1 Paar	867,47	401,42
Normalbenzin	1 Liter	14,46	4,08
Kühlschrank	1 Stück	9373,5	1882,76
Herrenschuhe besohlen	1 Paar	246	90,8
Haarschnitt Damen	1 mal	87,95	73,22

i) Welche Preise *(DM-Preise)* wurden hier unterstellt, wenn der Stundenlohn 1960 2,49 DM und 1998 22,38 DM betrug? (2 Punkte)

ii) Angenommen ein Warenkorb des Jahres 1960 habe folgende Mengen enthalten

Gut/Dienstleistung	Mengen
Mischbrot	10 kg
Brathähnchen	4 kg
Damen-Pumps	1 Paar
Normalbenzin	50 Liter
Kühlschrank	1 Stück
Herrenschuhe besohlen	1 Paar
Haarschnitt Damen	1 mal

i) Berechnen Sie einen Preisindex nach Laspeyres zur Basis 1960. (2 Punkte)

ii) In diesem Preisindex wird auch Normalbenzin verglichen. Erläutern Sie kurz, welches Problem dabei bezüglich des Prinzips des reinen Preisvergleichs entstehen könnte. (1 Punkt)

b) Für zwei Variablen X und Y gelte der Zusammenhang $y_i = a + bx_i$. Zeigen Sie, dass dann für die Varianz von Y gilt: $s_y^2 = b^2 s_x^2$. (3 Punkte)

c) In Nordrhein-Westfalen verließen 1998 305.460 Schüler die Schule. Davon erreichten

keinen Abschluss 11.482

Hauptschulabschluss 44.127

Realschulabschluss 92.236

Hochschulreife 82.472

Abschluss einer Berufsschule 75.143

(Quelle: Bundesministerium für Bildung und Forschung)

Stellen Sie die entsprechenden relativen Häufigkeiten <u>sinnvoll</u> graphisch dar. (2 Punkte)

Aufgabe 47

In einem Unternehmen gibt es drei Hierarchieebenen. In den Jahren 1990, 1995 und 2000 ergab sich die folgende Entwicklung der Bruttogehälter (pro Jahr und Mitarbeiter) und der Zahl der Mitarbeiter in den drei Ebenen:

Ebene	1990		1995		2000	
	Gehalt	Mitarbeiter	Gehalt	Mitarbeiter	Gehalt	Mitarbeiter
1	30.000	1.000	32.000	800	35.000	900
2	80.000	200	85.000	200	90.000	220
3	200.000	5	220.000	6	300.000	8

a) Berechnen Sie für die Jahre 1995 und 2000 einen Laspeyres-Index, der die Entwicklung des Gehaltsniveaus im Unternehmen verdeutlicht, jeweils zur Basis 1990.　　　　　　　　　　　　　　　　　　　　　　　　　　　(4 Punkte)

b) Berechnen Sie einen Index für die Lohnkosten des Unternehmens für das Jahr 2000 zur Basis 1995.　　　　　　　　　　　　　　　　　　　　(2 Punkte)

c) Wie hoch war der <u>durchschnittliche</u> Anstieg des Bruttogehalts pro Jahr (1990 – 2000) in der höchsten Hierarchieebene in DM und in Prozent?　　(2 Punkte)

d) Ein Preisindex habe die folgende Eigenschaft.

$$P(\Lambda p_0, \Lambda p_t, \Lambda^{-1} q_0, \Lambda^{-1} q_t) = P(p_0, p_t, q_0, q_t),$$

wobei p jeweils Preisvektoren und q Mengenvektoren mit n Einzelpreisen bzw. – mengen sind und Λ eine Matrix mit den Diagonalelementen $\lambda_1, \lambda_2, ..., \lambda_n$ ist.

Wie nennt man diese Eigenschaft? Erklären Sie sie mit eigenen Worten.

　　　　　　　　　　　　　　　　　　　　　　　　　　　　(2 Punkte)

Aufgabe 48

Der passionierte Skatspieler S notiert an 10 Skatabenden penibel die von ihm gewonnenen Spiele sowie die von ihm konsumierten Glas Bier:

Spiele	10	12	8	15	13	12	14	15	16	9
Bier	3	4	2	5	2	1	0	3	4	3

S stellt daraufhin die Vermutung auf, dass er sich zu mehr Bier verleiten lässt je öfter er gewinnt.

a) Wie viele Glas Bier hat S im Schnitt getrunken, wenn er mehr als 12 Spiele gewonnen hat?　　　　　　　　　　　　　　　　　　　　　(2 Punkte)

b) Zeichnen Sie das Streuungsdiagramm. Lässt sich daraus ein erster Eindruck gewinnen, ob die Vermutung des S begründet ist (kurze Erläuterung!)? (3 Punkte)

c) Berechnen Sie den Korrelationskoeffizienten. Sehen Sie Ihre Vermutung aus Aufgabe b) bestätigt?　　　　　　　　　　　　　　　　　　　(5 Punkte)

Aufgabe 49

Eine Variable Y sei wie folgt verteilt:

y_i	0	1	2	3	4	5
n_i	1	1	2	3	2	1

Betrachten Sie Y als abhängige Variable in einer Regressionsanalyse. Desweiteren sei bekannt: $\bar{x} = 12,4$; $s_x^2 = 6,64$; $r_{xy} = 0,2245$.

a) Bestimmen Sie die Steigung der Regressionsgerade. (4 Punkte)

b) Bestimmen Sie aus der in Aufgabe a) berechneten Regressionsgerade die geschätzten Werte der abhängigen Variable ($\hat{y}$). Berechnen Sie die erklärte Varianz und leiten Sie daraus das Bestimmtheitsmaß ab. (6 Punkte)

Aufgabe 50

a) Aus dem Wirtschaftsteil einer Zeitung erfährt man, *dass bei der in den USA anstehenden Steuerreform das obere Prozent der Steuerzahler ein Viertel aller Entlastungen bekommt* und weiter, *dass das reichste Prozent der Amerikaner (über) 40 Prozent aller Vermögenswerte hält.* (DIE ZEIT Nr. 24, 31. Mai 2001, S. 24)

Stellen Sie für sowohl für die Steuerentlastung als auch für die Vermögenswerte die Disparität graphisch dar und berechnen Sie den Gini-Koeffizienten. (6 Punkte)

b) Weiterhin ist dort zu lesen: *Zählte eine Familie 1979 zu jenen fünf Prozent, die am meisten verdienen, dann hatte sie zehnmal so viel wie eine Familie im untersten Fünftel.* Weiterhin gelte, dass die mittleren 75 Prozent der Einkommensempfänger dreimal so viel verdienen wie jene untersten 20 Prozent.

Berechnen Sie auch hierfür den Gini-Koeffizient und zeichnen Sie die Lorenzkurve. (4 Punkte)

Aufgabe 51

Die folgende Tabelle stellt die täglichen Zugriffszahlen auf die Internetseite eines Unternehmens dar:

	n_i	$\bar{x}_i$	s_i^2
400 – 900	11	709,6364	16.684,0496
900 - 1300	5	1.050,4	12.783,44
1300 – 2000	7	1.479,1429	22.932,1224
2000 – 2500	3	2.206,6667	330,8889

a) Stellen Sie die relativen Häufigkeiten graphisch dar. (2 Punkte)

b) Bestimmen Sie das arithmetische Mittel, den Modus und den Median.   (5 Punkte)

c) Bestimmen Sie die Varianz der wöchentlichen Anfragen!   (3 Punkte)

Aufgabe 52

a) Aus der Bilanzanalyse sind u.a. die folgenden Kennzahlen bekannt. Kreuzen Sie bitte an, ob es sich dabei jeweils um eine Gliederungszahl (GZ) oder um eine Beziehungszahl (BZ) handelt.   (5 Punkte)

Kennzahl	Definition	GZ	BZ
Anlagenintensität	$\dfrac{\text{Anlagevermögen}}{\text{Gesamtvermögen}}$		
Statischer Verschuldungsgrad	$\dfrac{\text{Fremdkapital}}{\text{Eigenkapital}}$		
Liquidität 1. Grades	$\dfrac{\text{Zahlungsmittel}}{\text{kurzfr. Verbindlichkeiten}}$		
Price-Earnings-Ratio	$\dfrac{\text{Preis je Aktie}}{\text{Gewinn je Aktie}}$		
Personalaufwandsquote	$\dfrac{\text{Personalaufwand}}{\text{Gesamtaufwand}}$		

b) Für einen Datensatz vom Umfang n = 10 ist bekannt, dass das arithmetische Mittel und die Varianz jeweils den Wert 10 annehmen. Welche Werte nehmen diese beiden Größen an, wenn ein 11. Wert $x_{11} = 10$ hinzukommt?   (4 Punkte)

c) Was bedeutet "Ausreißerempfindlichkeit" des arithmetischen Mittels im Vergleich zum Median? Zeigen Sie dies an einem einfachen Beispiel.   (1 Punkt)

Aufgabe 53

Eine Klausur ergab folgende Punkteverteilung (von ... bis unter ...):

Punkte	0 – 35	35 – 46	46 – 54	54 – 61	61 – 120
Teilnehmer	27	26	29	25	23

a) Bestimmen Sie (näherungsweise) das arithmetische Mittel, den Modus und den Median   (5 Punkte)

b) Bestimmen Sie (näherungsweise) den Quartilsabstand.   (5 Punkte)

Aufgabe 54

Eine Zeitreihe für 10 Zeitpunkte bestehe aus folgenden Komponenten (Komponentenmodell mit additiver Verknüpfung):

❖ Trend mit der Trendfunktion $m_t = 5 + 0{,}5t$ für $t = 1, 2, ..., 10$

❖ Saison mit der Saisonfigur $s_t = \begin{cases} 0{,}2 & \text{für } t = 2, 6, 10 \\ -0{,}2 & \text{für } t = 4, 8 \\ 0 & \text{sonst} \end{cases}$

a) Berechnen Sie die Werte y_t der Zeitreihe für $t = 1, 2, ..., 10$ und stellen Sie sie graphisch dar. (4 Punkte)

b) Bestimmen Sie die Trendgerade mit Hilfe der Methode der kleinsten Quadrate. (4 Punkte)

c) Wieso unterscheidet sich die unter b) ermittelte Funktion von der in der Aufgabenstellung angegebenen (wenn auch nur minimal)? (2 Punkte)

Aufgabe 55

a) Student S hat zu Beginn seines ersten Semesters im Jahr 1995 folgende Bücher gekauft:

Buch	Preis
Mark E. Ting, BWL für Anfänger	40,- DM
M. Pirie, Statistik leicht gemacht	50,- DM
K. Pital, Wie schaffe ich die VWL-Scheine?	80,- DM

Sein jüngerer Bruder, der das Studium 5 Jahre später (also im Jahr 2000) beginnt, kauft die gleichen Bücher (neuere Auflagen!) zu folgenden Preisen:

Buch	Preis
Mark E. Ting, BWL für Anfänger	50,- DM
M. Pirie, Statistik leicht gemacht	60,- DM
K. Pital, Wie schaffe ich die VWL-Scheine?	110,- DM

i) Wenn man mit diesen Zahlen den Laspeyres- und den Paasche Preisindex berechnet, erhält man den gleichen Wert. Warum? (2 Punkte)

ii) Berechnen Sie den Laspeyres-Preisindex (1995 = 100) mit Hilfe der Messzahlenmittelwertformel. (3 Punkte)

iii) Aufgrund welchen Axioms lässt sich der Paasche-Mengenindex unmittelbar bestimmen (Wert?)? (2 Punkte)

b) Wie sind die folgenden Merkmale skaliert? (3 Punkte)

Merkmal	Skala
Benzinverbrauch eines Pkws	
Uhrzeit	
Qualität eines Restaurants (gemessen in „Sterne")	
Anzahl der eingeschriebenen Studenten einer Universität	
Geschwindigkeit	
Matrikelnummern von Studenten	

Aufgabe 56

Das amtliche Endergebnis der Bundestagswahl 1998 lieferte folgende Sitzverteilung für den Deutschen Bundestag:

Partei	Sitze
CDU/CSU	245
SPD	298
Bündnis90/Die Grünen	47
FDP	43
PDS	36

a) Errechnen Sie aus den Angaben den Gini-Koeffizienten für die Sitzverteilung des Deutschen Bundestages und zeichnen Sie die Lorenzkurve! (6 Punkte)

b) Im Zuge der Regierungsbildung werden Koalitionen geschlossen, so dass man die Parteien nachher einteilen kann in *Regierung* und *Opposition*. Die Regierung bestand nach der Wahl aus den Parteien SPD/Grüne und die Opposition aus CDU/FDP/PDS. Wie verändert sich der Gini-Koeffizient, wenn man lediglich die Gruppen Regierung und Opposition betrachtet? (4 Punkte)

Aufgabe 57

Student S war am 28.12.2001 einkaufen:

Ware	S hat bezahlt (in DM)
1 kg Brot	4,99
1 kg Tomaten	3,99
3 Liter Milch	2,97
200 g Frischwurst	3,18
500 g Butter	3,58

Sein nächster Einkauf fand am 02.01.2002 statt:

Ware	S hat bezahlt (in €)
750 g Brot	1,99
1,5 kg Tomaten	2,99
2 Liter Milch	1,18
300 g Frischwurst	2,67
250 g Butter	0,92

a) Berechnen Sie mit Hilfe eines Laspeyres-Preisindex die Teuerung, die S aufgrund der Euro-Einführung erfahren musste (1 € = 1,95583 DM). (5 Punkte)

b) Zeigen Sie anhand des hier vorliegenden Beispiels, dass Preismesszahlen die Eigenschaften der Identität und der Zeitumkehrbarkeit erfüllen. (3 Punkte)

c) Erklären Sie die Messzahlenmittelwertformel des Laspeyres-Preisindexes mit eigenen Worten. (2 Punkte)

Aufgabe 58

Im Jahr 2000 galt in der Bundesrepublik Deutschland folgende „Stellung im Erwerbsleben" (jeweils in 1000 Personen):

	Frauen	Männer
Selbständige	1012	2631
Mithelfende Familienangehörige	243	80
Beamte	738	1577
Angestellte	10096	7549
Arbeiter	3835	8843

Quelle: Statistisches Bundesamt

a) Bestimmen Sie die Randverteilungen (1 Punkt)

b) Wie groß war der Anteil der angestellten Frauen? (2 Punkt)

c) Wie groß war der Anteil der Angestellten unter den Frauen? (2 Punkte)

d) Sind die beiden Variablen „Stellung im Erwerbsleben" und „Geschlecht" unabhängig? (1 Punkte)

e) Warum macht es keinen Sinn für die hier verwendeten Variablen „Stellung im Erwerbsleben" und „Geschlecht" einen Korrelationskoeffizienten (nach Bravais-Pearson) zu berechnen. (2 Punkte)

f) Bestimmen Sie für die Variable „Stellung im Erwerbsleben" ein sinnvolles Lagemaß. (2 Punkte)

Aufgabe 59

Welche der folgenden Aussagen ist richtig, welche ist falsch? Kreuzen Sie bitte entsprechend an. (10 Punkte)

	richtig	falsch
Da der Fisher'sche „Idealindex" $P_{0t}^F = \sqrt{P_{0t}^P P_{0t}^L}$ die Faktorumkehrprobe erfüllt, müssen auch die Preisindizes von Paasche und Laspeyres diese erfüllen.		
Unabhängige Variablen sind <u>immer</u> unkorreliert.		
Unkorrelierte Variablen sind <u>immer</u> unabhängig.		
Eine Variable, bei der die Ausprägungen $x_1 = 5$ und $x_2 = 7$ (ohne Informationsverlust!!) in $x_1 = 0$ und $x_2 = -4$ transformiert werden dürfen, bezeichnet man als nominalskaliert.		
Die Schwerpunkteigenschaft des arithmetischen Mittels sagt aus, dass sich positive und negative Abweichungen der Beobachtungen vom Mittelwert insgesamt ausgleichen.		
Eine negative interne Varianz im Rahmen einer Streuungszerlegung bei klassierten Daten ist in den meisten Fällen ein Zeichen dafür, dass einige Klassen „unterbesetzt" sind, also im Vergleich zu den anderen zu wenig Beobachtungen haben.		
Das Bestimmtheitsmaß ist definiert als $B_{yx} = \dfrac{s_{\hat{y}}^2}{s_y^2}$. Eine weitere mögliche Berechnung ist $B_{yx} = \dfrac{b^2 s_x^2}{s_y^2}$.		
Das Axiom der Dimensionalität besagt, dass ein Laspeyres Preisindex, der aus Euro-Preisen gewonnen wurde, mit Hilfe des amtlichen Wechselkurses (1 € = 1,95583 DM) in einen Laspeyres Preisindex überführt werden kann, der aus DM-Preisen gewonnen wurde.		

Das harmonische Mittel einer ordinalskalierten Variablen kann bei unbekannter Varianz approximativ als Interpolation zwischen dem arithmetischen und dem geometrischen Mittel bestimmt werden.		
Bei der Methode der Kleinsten Quadrate gilt: $r_{ux} = r_{u\hat{y}} = 0$. Dann gilt auch $r_{x\hat{y}} = 0$.		

Aufgabe 60

Die Variablen

    X = Produktivität (BIP in Preisen von 1995 je Erwerbstätigenstunde)

    Y = Arbeitskosten je Arbeitnehmerstunde

haben in den Jahren 1995 - 2000 in der Bundesrepublik Deutschland die folgende Entwicklung genommen

Jahr	1995	1996	1997	1998	1999	2000
X	31,5	32,2	32,8	33,1	33,4	34,3
Y	20,4	21,0	21,3	21,5	21,8	22.5

Quelle: Institut der deutschen Wirtschaft, Köln

a) Zeichnen Sie das Streuungsdiagramm.   (2 Punkte)

b) Bestimmen Sie den Korrelationskoeffizienten und erklären Sie den Begriff der „Scheinkorrelation" an einem Beispiel.   (6 Punkte)

c) Die Regressionsgerade beträgt $\hat{y} = -2 + 0,712\,x$. Bestimmen Sie die erklärte Varianz.   (2 Punkte)

Aufgabe 61

BWL-Student S hat von seinem Lieblingsonkel 10.000 € geschenkt bekommen mit der Auflage „damit etwas Vernünftiges zu machen". Nachdem er von dem Geld einen Sommerurlaub, eine Autoreparatur sowie eine Party anlässlich des Bestehens der Statistik Klausur finanziert hat, beschließt er von dem Rest Aktien zu kaufen. Sein besonderes Interesse gilt dabei den Unternehmen RWE, Daimler-Chrysler, Deutsche Telekom, VW und Deutsche Bank. Am 02.01.2002 hat er der Einfachheit halber in jedes dieser Unternehmen **den gleichen Betrag** investiert. Zu diesem Zeitpunkt wurden folgende Kurse (in €) notiert.

RWE	Daimler	Telekom	VW	Dt. Bank
41,80	47,90	19,18	51,35	79,10

Am 28.06.2002 zieht er eine erste Bilanz und stellt zu seinem blanken Entsetzen folgende Kursentwicklungen seiner Aktien fest

RWE	Daimler	Telekom	VW	Dt. Bank
-4,4%	+2,3%	-50,4%	-4,2%	-11,1%

a) S möchte einen Preisindex für den 28.06.2002 auf der Basis der von ihm am 02.01.2002 erworbenen Stückzahlen errechnen. Welchen Wert nimmt der Index an? (3 Punkte)

b) Wie würde dieser Index aussehen, wenn S nicht in jede Aktie den gleichen Betrag investiert hätte, sondern von jeder Aktie 10 Stück gekauft hätte? (3 Punkte)

c) Wie würde sich der unter a) berechnete Index verändern, wenn S seine Telekom-Aktien bereits am 15.04.02 wieder komplett verkauft hätte? (2 Punkt)

d) Wie würde sich der unter a) errechnete Index verändern, wenn die Kurse an den Börsen noch in DM statt in Euro notiert wären (1 € = 1,95583 DM)? (2 Punkt)

Aufgabe 62

Gegeben seien die folgenden Streuungsdiagramme jeweils zweier Variablen X und Y.

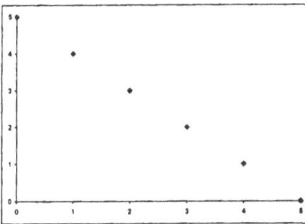 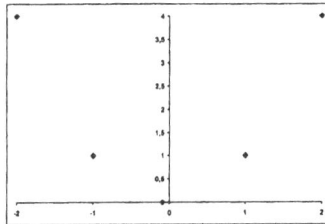 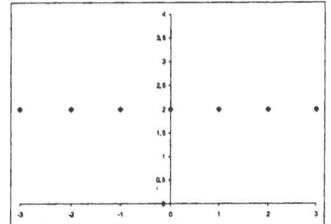

| A | B | C |

a) Welche Aussagen können Sie über die Korrelationskoeffizienten der drei Verteilungen machen? (6 Punkte)

b) Zeichnen Sie in Streuungsdiagramm B die Regressionsgerade ein. (1 Punkt)

c) Von zwei Variablen X und Y sei bekannt, dass $s_{xy} = 10$ und $s_x^2 = 25$ gilt. Wie groß muss s_y^2 dann mindestens sein? (3 Punkte)

Aufgabe 63

Der Fußballregionalligist Rot-Weiß Essen (RWE) hat in den 17 Heimspielen der Saison 2001/2002 folgende Ergebnisse erzielt

Gegner	Ergebnis	Zuschauer
Eintracht Braunschweig	3:1	10.069
Wattenscheid 09	4:0	8.704

Fortuna Düsseldorf	1:1	14.071
SC Verl	3:3	7.401
VfL Osnabrück	0:0	8.011
KFC Uerdingen	0:0	11.055
Dresdner SC	3:0	6.021
SC Paderborn	2:1	7.853
Preußen Münster	1:2	8.685
Holstein Kiel	1:0	5.743
Erzgebirge Aue	1:0	7.008
1. FC Magdeburg	5:1	8.037
Bayer Leverkusen (A)	1:1	8.720
VfB Lübeck	0:1	13.669
Chemnitzer FC	3:2	7.818
Fortuna Köln	1:1	12.547
Werder Bremen (A)	4:2	6.712

a) Stellen Sie für die von RWE erzielten Tore eine Häufigkeitstabelle auf. (2 Punkte)

b) Wie groß war der Anteil der Spiele, bei denen RWE mindestens zwei Tore geschossen hat? (2 Punkte)

c) Wie groß war der Anteil der Spiele, bei denen RWE mindestens zwei Tore geschossen hat, wenn das Spiel gewonnen wurde? (2 Punkte)

d) Wie viele Tore hat RWE im Schnitt geschossen? (2 Punkte)

e) Bestimmen Sie für die Zuschauerzahl den Median. (2 Punkte)

Aufgabe 64

Welche der folgenden Aussagen sind richtig, welche sind falsch? Kreuzen Sie bitte entsprechend an. (10 Punkte)

	richtig	falsch
Die Steigungskoeffizienten b und d der Regressionsgeraden $\hat{y} = a + bx$ und $\hat{x} = c + dy$ ergeben als Summe 1.		
Ein diskretes Merkmal <u>kann</u> unendlich viele Ausprägungen haben, ein stetiges Merkmal hat <u>immer</u> unendlich viele Ausprägungen.		
Bei einer klassierten Verteilung mit fünf Klassen liegt das arithmetische Mittel immer in der mittleren (also der dritten) Klasse		
Der Median heißt auch „Zentralwert" und „0,5-Quantil"		

47

Die mit Hilfe der Methode der gleitenden Durchschnitte berechneten trendbereinigten Werte liegen immer auf einer Geraden.		
Der Laspeyres Preisindex kann als arithmetisches Mittel von Preismesszahlen berechnet werden, während der Paasche Index ein harmonisches Mittel bildet. Nach der Ungleichung von Cauchy gilt $\bar{x}_H < \bar{x}$. Daher muss auch gelten $P^P < P^L$.		
Die Summe der Residuen ist im Rahmen einer Kleinst-Quadrate-Schätzung immer gleich null.		
Bei einer Lineartransformation $y = a + bx$ einer intervallskalierten Variable mit $b > 1$ nimmt die Varianz immer zu.		
Flachgewölbte Verteilungen sind meist symmetrisch.		
Die Lorenzkurve einer Einkommensverteilung mit negativem Gini-Koeffizienten ist monoton steigend.		

Aufgabe 65

a) Kreuzen Sie in der folgenden Tabelle bitte an, ob die genannten Merkmale diskret oder stetig sind und wie sie skaliert sind. (5 Punkte)

	diskret	stetig	nominal	ordinal	Intervall-skala	Ratio-skala	Absolut-skala
Augenfarbe							
Fahrtzeit zur Arbeit							
Zufriedenheit mit Studiensituation							
Beschäftigtenzahl							
Jahreszeit							
Entfernung							

b) In einer Stadt gibt es 10 Arztpraxen, die im Jahr 2002 einen Gesamtumsatz von 3.000.000 € erzielten. Die Praxen lassen sich in „klein", „mittel" und „groß" unterteilen. Auf die einzige große Praxis entfielen 40% des Gesamtumsatzes, während die fünf kleinen Praxen insgesamt 600.000 € einnahmen.

Zeichnen Sie die Lorenzkurve und bestimmen Sie den Gini-Koeffizienten für die Umsatzdisparität der Arztpraxen. (5 Punkte)

48

Aufgabe 66

In einer Selbsthilfegruppe für Übergewichtige wurden folgende Gewichtsverluste in kg (jeweils von ... bis unter ...) von 100 Personen in einem bestimmten Zeitraum registriert:

Gewichtsverlust	0 - 1	1 - 3	3 - 5	5 - 8	8 - 15
H(x)	0,25	0,65	0,75	0,95	1

a) Stellen Sie die <u>relativen Häufigkeiten</u> geeignet graphisch dar. (3 Punkte)

b) Bestimmen Sie den Median und das 0,1-Quantil der Verteilung. (4 Punkte)

c) Bestimmen Sie approximativ das arithmetische Mittel. (2 Punkte)

d) Welche Voraussetzung müsste erfüllt sein, wenn der unter iii) berechnete Wert nicht das approximative sondern das tatsächliche arithmetische Mittel darstellen soll? (1 Punkt)

Aufgabe 67

a) In einer Klausur zur Deskriptiven Statistik wird die folgende Aufgabe gestellt:

„*Für einen Warenkorb bestehend aus drei Gütern gelten für die Jahre 2000, 2001 und 2002 folgende Mengen und Preise:*

	2000		2001		2002	
	Preis	Menge	Preis	Menge	Preis	Menge
Gut 1	5	100	8	120	6	110
Gut 2	8	80	7	60	8	70
Gut 3	12	20	14	15	6	18

Bestimmen Sie die Preisveränderung von 2000 auf 2002 mittels des Preisindexes nach Laspeyres."

Die Studenten A, B und C bieten bei der Bearbeitung der Klausur folgende Lösungen an:

Student A: $P^L_{00,02} = \frac{6 \cdot 100}{5 \cdot 100} + \frac{8 \cdot 80}{8 \cdot 80} + \frac{6 \cdot 20}{12 \cdot 20} = 2,7$

Student B: $P^L_{00,02} = \frac{6 \cdot 100 + 8 \cdot 80 + 6 \cdot 20}{5 \cdot 100 + 8 \cdot 80 + 12 \cdot 20} = 0,9855$

Student C: Gut 1: $P^L_{00,02} = \frac{6 \cdot 100}{5 \cdot 100} = 1,2$

49

$$\text{Gut 2: } P_{00,02}^{L} = \frac{8 \cdot 80}{8 \cdot 80} = 1$$

$$\text{Gut 3: } P_{00,02}^{L} = \frac{6 \cdot 20}{12 \cdot 20} = 0,5$$

Richtig ist die Lösung (bitte ankreuzen): (2 Punkte)

A ☐   B ☐   C ☐   keine ☐

Kommentieren Sie die übrigen Ergebnisse: (5 Punkte)

b) In einem Unternehmen werden auf drei Maschinen Kugelschreiber gefertigt. Es gelten folgende Maschinenlaufzeiten in Minuten und Fertigungszeiten pro Kugelschreiber.

Maschine	Laufzeit	Fertigungszeit
A	500	2
B	200	3
C	300	4

Bestimmen Sie die durchschnittliche Fertigungszeit. (3 Punkte)

Aufgabe 68

a) Gegeben Sei die folgende Verteilung

i	x_i	n_i
1	2	2
2	5	
3		

Ergänzen Sie die Tabelle so, dass $x_1 < x_2 < x_3$ gilt und dass die Verteilung gemäß der Fechner'schen Lageregel symmetrisch ist. (3 Punkte)

b) In einer Umfrage wurden Studenten nach ihrem Studiengang (Chemie, Physik, Mathematik, BWL, Soziologie), nach ihrer Zufriedenheit mit dem Studium (sehr zufrieden - zufrieden - mittelmäßig - unzufrieden - sehr unzufrieden) und die Zahl ihrer Semester gefragt.

Ordnen Sie die Ausdrücke „Merkmal", „Merkmalsausprägung", „Masse" und „Einheit" den folgenden Begriffen zu (7 Punkte)

Chemie

Zufriedenheit mit Studium

alle befragten Studenten

Studiengang

die befragte Studentin Susanne W.

mittelmäßig

5. Semester

Aufgabe 69

a) Von zwei Merkmalen X und Y sind folgende Informationen bekannt: Der Korrelationskoeffizient beträgt $r_{xy} = 0,9$. Die Varianz von Y beträgt $s_y^2 = 2500$. Bestimmen Sie die erklärte Varianz sowie die Varianz der Störgröße! (5 Punkte)

b) Die Teile eines Puzzle-Spiels bestehen aus 20 Quadraten unterschiedlicher Größe. Das arithmetische Mittel der Seitenlänge beträgt 6cm. Der Variationskoeffizient beträgt 0,5. Welche Wert hat die in cm^2 gemessene Summe der Quadratflächen aller Puzzle-Teile? (5 Punkte)

Aufgabe 70

a) Student S geht in seiner Freizeit gerne ins Kino, ins Schwimmbad oder besucht ein Fußballspiel des örtlichen Zweitligisten. Er stellt fest, dass sich im Jahr 2000 die Gesamtausgaben für diese drei Aktivitäten zu 20% auf die Kinobesuche, zu 50% auf die Schwimmbadbesuche und entsprechend zu 30% auf die Fußballspiele verteilten. Im Jahr 2002 notiert er folgende Preisveränderungen gegenüber dem Jahr 2000:

Kino	+5%
Schwimmbad	+10%
Fußball	-5%

i) Berechnen Sie einen geeigneten Preisindex für 2002 zum Basisjahr 2000.

(2 Punkte)

ii) Angenommen die realen Freizeitausgaben des S hätten im Jahr 2002 im Vergleich zu 2000 um 3,5% abgenommen, während die nominalen Ausgaben konstant geblieben sind. Berechnen Sie wiederum einen geeigneten Preisindex. (2 Punkte)

b) Die Mitarbeiter eines Unternehmens sind in drei Lohngruppen aufgeteilt, wobei Lohngruppe 1 (L1) am wenigsten verdient und Lohngruppe 3 (L3) am meisten. Die Zahl der Mitarbeiter von L2 beträgt das Dreifache der Zahl der Mitarbeiter von L3. Außerdem gehören der Gruppe L1 1/3 Mitarbeiter mehr an als der Gruppe L2.

Der gesamte in den drei Gruppen ausgezahlte Lohn verhält sich wie
$L1:L2:L3 = 2:3:3$.

i) Bestimmen Sie die Disparität innerhalb des Unternehmens mit Hilfe der
Lorenzkurve und des Gini-Koeffizienten. (4 Punkte)

ii) Wie würde sich der Gini-Koeffizient ändern, wenn alle Mitarbeiter eine
Gehaltserhöhung von 10% bekämen? (2 Punkte)

Aufgabe 71

a) Gegeben sei die folgende Zeitreihe

t	1	2	3	4	5	6	7	8	9	10	11	12
y_t	108	100	92	108	100	92	108	100	92	108	100	92

i) Bestimmen Sie mit Hilfe von gleitenden Durchschnitten (p = 3) den Trend
dieser Zeitreihe. Wie kann dieser charakterisiert werden? (4 Punkte)

ii) Angenommen, Sie haben bei einer Zeitreihe y_t den Trend mittels zentrierter
gleitender Durchschnitte $\tilde{y}_t^z$ (p = 4) berechnet. Wenn $\tilde{y}_t^z$ aus 20 Werten
besteht, wie viele Werte hat dann y_t? (1 Punkt)

b) In einer Klausur zur Deskriptiven Statistik wurde folgende Aufgabe gestellt:

„Kreuzen Sie in der folgenden Tabelle bitte an, ob die
genannten Merkmale diskret oder stetig sind und wie sie
skaliert sind."

Studentin L. lieferte die folgende Lösung

	diskret	stetig	nominal	ordinal	Intervall-skala	Ratio-skala	Absolut-skala
Telefonvorwahl	X			X			
Regenmenge in einer Stunde		X			X		
Absolventenzahl einer Universität		X				X	
Sitzplatznummer in einem Theater	X		X				
Farbe eines VW Golf Baujahr 2003	X						X

Korrigieren Sie bitte die Lösung der Kommilitonin, indem Sie die richtigen
Antworten abhaken und falsche Antworten durch die entsprechende richtige
Antwort ersetzen. (5 Punkte)

Aufgabe 72

a) Im allgemeinen werden zur Konstruktion eines Streuungsmaßes folgende Prinzipien genannt:

Prinzip 1: Abstände der Merkmalswerte von einem Lageparameter

Prinzip 2: Abstand zweier Ordnungsstatistiken

Prinzip 3: Abstände der Merkmalswerte untereinander

Berechnen Sie für jedes dieser Prinzipien ein Streuungsmaß für den folgenden Datensatz: (7 Punkte)

| 10 | 11 | 13 | 14 | 17 |

b) Bei einer Waage ist der linke Arm 56 cm lang und der rechte 24 cm (vgl. Zeichnung). Am äußeren Ende des linken Arms hängt ein Gewicht von 3 kg.

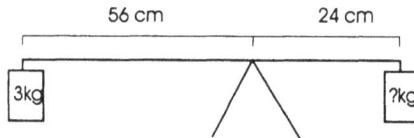

Wie viel Kilogramm muss man an das äußere Ende des rechten Arms hängen, damit die Waage im Gleichgewicht ist? (3 Punkte)

Aufgabe 73

Seit der Gründung der Fußball-Bundesliga im Jahr 1963 haben folgende Mannschaften den Titel des Deutschen Fußballmeisters gewonnen:

17 Titel: FC Bayern München

5 Titel: Borussia Mönchengladbach

4 Titel: Werder Bremen

3 Titel: Borussia Dortmund, Hamburger SV

2 Titel: 1. FC Kaiserslautern, VfB Stuttgart, 1. FC Köln

1 Titel: 1. FC Nürnberg, Eintracht Braunschweig, TSV 860 München

a) Stellen Sie die Disparität der Titelgewinne graphisch in einer Lorenzkurve und analytisch mit Hilfe des Gini-Koeffizienten dar. (5 Punkte)

b) Wiederholen Sie die Berechnungen von Aufgabe a). Beachten Sie aber diesmal dabei auch, dass 37 Vereine, die in diesen Jahren der Bundesliga angehört haben, keinen Titel gewonnen haben. (5 Punkte)

Aufgabe 74

a) Ein in Essen und Hamburg ansässiges Unternehmen möchte verdienten Mitarbeitern Karten für die Musicals „Aida" (Essen) und „König der Löwen" (Hamburg) schenken. In beiden Musical-Theatern gibt es vier Preiskategorien. Das Unternehmen kauft die folgende Menge an Karten in den jeweiligen Kategorien:

	Essen		Hamburg	
	Preis/Karte	Menge	Preis/Karte	Menge
Kategorie 1	98,70	5	123,90	8
Kategorie 2	88,20	10	112,40	10
Kategorie 3	77,70	10	89,40	12
Kategorie 4	60,90	15	66,40	20

Berechnen Sie einen Preisindex und einen Mengenindex jeweils nach Laspeyres für Essen auf der Basis Hamburg. (4 Punkte)

b) Betrachten Sie die Streuungsmaße Varianz, Spannweite und Ginis Dispersionsmaß. Kreuzen Sie bitte an, welche Streuungsmaße bei den folgenden Merkmalen berechnet werden dürfen. (3 Punkte)

	Varianz	Spannweite	Ginis Maß	Keines der Genannten
Geschlecht				
Klausurnoten				
Umsatz				

c) Gegeben seien die beiden folgenden Verteilungen

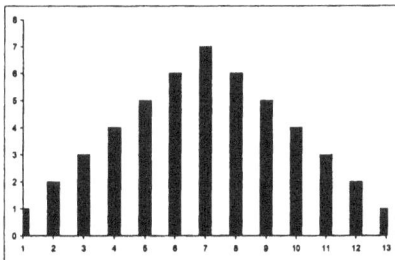

Verteilung 1

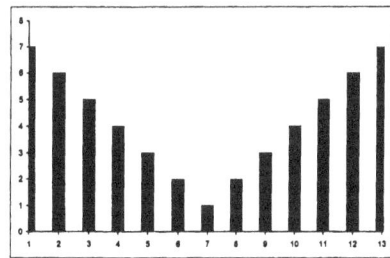

Verteilung 2

Angenommen Sie wollten die Schiefe der beiden Verteilungen mittels des Momentenkoeffizienten der Schiefe (SK_M) und der Fechner'schen Lageregel bestimmen. Was bekommen Sie heraus (bitte ankreuzen)? (2 Punkte)

Verteilung 1	linkssteil	symmetrisch	rechtssteil	Nicht anwendbar
SK$_M$				
Fechner'sche Regel				

Verteilung 2	linkssteil	symmetrisch	rechtssteil	Nicht anwendbar
SK$_M$				
Fechner'sche Regel				

Kreuzen Sie bitte ebenfalls an: Welche der beiden Aussagen ist richtig?

(1 Punkt)

	Bei symmetrischen Verteilungen gilt immer $\bar{x} = \tilde{x}_{0,5}$.
	Verteilungen, bei denen $\bar{x} = \tilde{x}_{0,5}$ gilt, sind immer symmetrisch.

Aufgabe 75

In der Fußball-Bundesliga wurde seit der Saison 1994/95 folgende Anzahl an Toren pro Saison geschossen:

Saison	Tore
1994/95	923
1995/96	831
1996/97	911
1997/98	883
1998/99	866
1999/2000	885
2000/01	897
2001/02	893
2002/03	821

a) Bestimmen Sie zentrierte gleitende Durchschnitte über vier Perioden. (3 Punkte)

b) Bestimmen Sie die Trendgerade mit Hilfe der Methode der kleinsten Quadrate und prognostizieren Sie die Zahl der geschossenen Tore für die Saison 2003/04 mit Hilfe dieser Trendgeraden. (5 Punkte)

c) In der Saison 2003/04 sind tatsächlich 909 Tore gefallen. Verwenden Sie diesen Wert und den in Aufgabe b) errechneten Prognosewert für eine Prognose der geschossenen Tore in der Saison 2004/05 mit Hilfe des exponentiellen Glättens ($\alpha = 0,7$). (2 Punkte)

Aufgabe 76

Gegeben sei die folgende klassierte Häufigkeitsverteilung.

Klasse	0 - 10	10 - 25	25 - 40	40 - 50	50 - 80	80 - 100
n_i	12	12	14	16	30	16
$\overline{x}_i$	5	17	33	44	65	92
s_i^2	8	18	27	7	59	36

a) Bestimmen Sie das arithmetische Mittel der Verteilung. (2 Punkte)

b) Bestimmen Sie die Varianz der Verteilung (3 Punkte)

c) Bestimmen Sie den Modus. (2 Punkte)

d) Bestimmen Sie das 0,8-Quantil (2 Punkte)

e) Wie nennt man das Prinzip, nach dem bei der Darstellung von absoluten oder relativen Häufigkeiten einer klassierten Verteilung in einem Histogramm diese Häufigkeiten als Fläche dargestellt werden? (1 Punkt)

Aufgabe 77

a) Die 100 reichsten Menschen der Welt verteilen sich gemäß der Forbes-Liste der Dollar-Milliardäre 2004 folgendermaßen auf verschiedene Länder:

42 Milliardäre: USA

14 Milliardäre: Deutschland

5 Milliardäre: Frankreich, Schweden, Russland

4 Milliardäre: Japan

3 Milliardäre: Kanada, Hong Kong, Italien, Indien

2 Milliardäre: Großbritannien

1 Milliardär: Saudi Arabien, Mexiko, Spanien, Kuwait, Schweiz,

Dänemark, Brasilien, Israel, Venezuela, Niederlande,

Taiwan

Bestimmen Sie die Disparität der Milliardäre graphisch und analytisch mit Hilfe der Lorenzkurve und dem Gini-Koeffizienten. (6 Punkte)

b) Die Vermögen der oben genannten 100 reichsten Menschen der Erde verteilen sich wie folgt (von ... bis unter ... Mrd. US-$):

x_i	20 - 50	12 - 20	10 - 12	8 - 10	7 - 8	6 - 7	5 - 6	4,5 - 5
n_i	10	11	9	12	12	13	17	16

i) Stellen Sie die absoluten Häufigkeiten sinnvoll graphisch dar.   (3 Punkte)

ii) Bestimmen Sie den Modus.   (1 Punkt)

Aufgabe 78

Die Vermögen der 100 reichsten Menschen der Erde verteilen sich wie folgt (von ... bis unter ... Mrd. US-$):

	n_i	$\bar{x}_i$	s_i^2
4,5 - 5	16	4,72	0,02
5 - 6	17	5,46	0,09
6 - 7	13	6,38	0,12
7 - 8	12	7,51	0,06
8 - 10	12	8,72	0,32
10 - 12	9	10,97	0,61
12 - 20	11	15,47	7,89
20 - 50	10	25,5	94,17

a) Bestimmen Sie das arithmetische Mittel und die Varianz der Verteilung   (5 Punkte)

b) Bestimmen Sie den Quartilsabstand   (5 Punkte)

Aufgabe 79

Das Vermögen des Microsoft-Gründers Bill Gates war seit 1996 starken Schwankungen ausgesetzt und entwickelte sich wie folgt (in Mrd. US-$):

t	Jahr	Vermögen
1	1996	18,5
2	1997	36,4
3	1998	51
4	1999	90
5	2000	60
6	2001	58,7
7	2002	52,8
8	2003	40,7
9	2004	46,6

a) Stellen Sie die Zeitreihe graphisch dar. (2 Punkte)

b) Bilden Sie eine Messzahlenreihe zur Basis 2000. (2 Punkte)

c) Bilden Sie die Wachstumsfaktoren und Wachstumsraten (3 Punkte)

d) Angenommen das Vermögen würde auch in Zukunft mit der gleichen Rate wie zwischen 2003 und 2004 wachsen. Wann erreicht Bill Gates dann wieder das Niveau von 1999? (3 Punkte)

Aufgabe 80

Das Vermögen des Microsoft-Gründers Bill Gates war seit 1996 starken Schwankungen ausgesetzt und entwickelte sich wie folgt (in Mrd. US-$):

t	Jahr	Vermögen
1	1996	18,5
2	1997	36,4
3	1998	51
4	1999	90
5	2000	60
6	2001	58,7
7	2002	52,8
8	2003	40,7
9	2004	46,6

a) Bestimmen Sie die Trendgerade mit Hilfe der Methode der kleinsten Quadrate. (5 Punkte)

b) Prognostizieren Sie mit Hilfe der unter a) bestimmten Trendgerade den Zeitpunkt, an dem Gates wieder den Vermögensstand von 1999 erreicht. (2 Punkte)

c) Prognostizieren Sie den Vermögensstand für 2005 aus <u>allen</u> bisherigen Werte mit Hilfe des exponentiellen Glättens. Nehmen Sie $y^P_{1996} = y_{1996}$ und $\alpha = 0{,}5$.

(3 Punkte)

Teil 2

Lösungen zur

Deskriptiven
Statistik

Aufgabe 1

a)

Klassen	n_i	h_i	h_i^*
-5 – 0	4	0,16	0,032
0 – 10	7	0,28	0,028
10 – 17,5	6	0,24	0,032
17,5 – 25	5	0,2	$0,02\overline{6}$
25 - 30	3	0,12	0,024

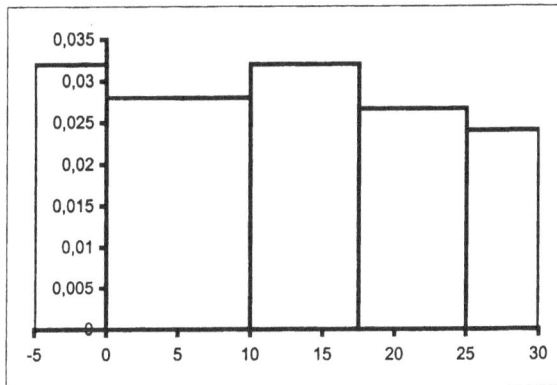

b)

i)

Y \ X	Sehr zufrieden	zufrieden	unzufrieden	sehr unzufrieden	Summe
Im Öffent-lichen Dienst	0,025	0,125	0,1	0	0,25
Nicht im öffentl. Dienst	0,475	0,125	0,15	0	0,75
Summe	0,5	0,25	0,25	0	1

Die Hinweise 2 und 4 werden wie folgt umgesetzt:

- Hinweis 2:

$$h(X = sz | Y = \text{öff}) = \frac{h(X = sz; Y = \text{öff.})}{h(Y = \text{öff})}$$

$$\Rightarrow h(X = sz; Y = \text{öff.}) = h(X = sz | Y = \text{öff}) \cdot h(Y = \text{öff}) = 0,1 \cdot 0,25 = 0,025$$

- Hinweis 4:

$$h(Y = \text{nöff}|X = z) = \frac{h(Y = \text{nöff}; X = z)}{h(X = z)}$$

$$\Rightarrow h(Y = \text{nöff}; X = z) = h(Y = \text{nöff}|X = z) \cdot h(X = z) = 0.5 \cdot 0.25 = 0.125$$

ii) Für empirische Unabhängigkeit muss gelten: $h_{ij} = h_{i.} \cdot h_{.j}$ für alle i und j

Hier ist

$h(x = uz) \cdot h(y = \text{öff}) = 0.25 \cdot 0.25 = 0.0625 \neq h(x = uz; y = \text{öff}) = 0.1$

$\Rightarrow$ Die Variablen sind abhängig

Aufgabe 2

a) Bestimmung der Umsätze als Produkt von Preis und Menge:

Monat	1	2	3	4	5
Umsatz (in 1000 GE)	1224	580	836	1173	424,8

Es gelten folgende Durchschnittswerte für die jeweiligen Wachstumsraten (jeweils als geometrisches Mittel):

Preise: $\quad \overline{p}_G = \sqrt[4]{\dfrac{120}{100}} \approx 1{,}0466 = 4{,}66\%$

Mengen: $\quad \overline{q}_G = \sqrt[4]{\dfrac{3{,}54}{12{,}24}} \approx 0{,}733 = -26{,}7\%$

Umsätze: $\quad \overline{u}_G = \sqrt[4]{\dfrac{424{,}8}{1224}} \approx 0{,}7675 = -23{,}25\%$

b)

Gruppe	Anteil in %	Kreissegment
Banken	10	36°
Versicherungen	15	54°
sonst. Unternehmen	25	90°
Streubesitz	50	180°

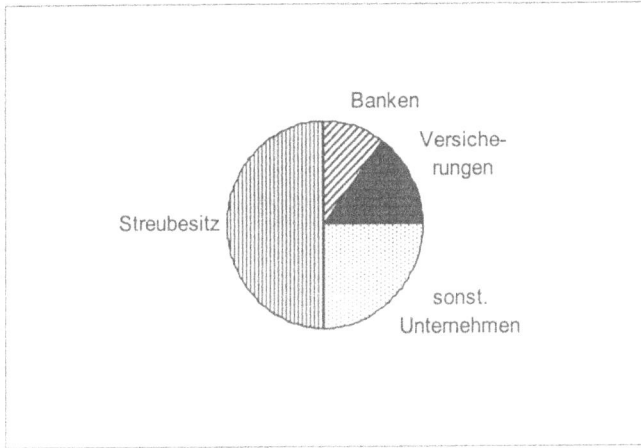

nominal skaliert [X]   ordinal skaliert [ ]   metrisch skaliert [ ]

diskret [X]   stetig [ ]

latent [ ]   manifest [X]

Aufgabe 3

y_i	x_i	y_i^2	x_i^2	$x_i y_i$
6	1	36	1	6
7	2	49	4	14
14	4	196	16	56
20	8	400	64	160
18	9	324	81	162
20	4	400	16	80
25	6	625	36	150
10	6	100	36	60
120	40	2130	254	688

Arithmetische Mittel:

$$\bar{x} = \frac{1}{n}\sum x_i = \frac{1}{8}40 = 5$$

$$\bar{y} = \frac{1}{n}\sum y_i = \frac{1}{8}120 = 15$$

Kovarianz:

$$s_{xy} = \frac{1}{n}\sum x_i y_{i\cdot} - \bar{x}\cdot\bar{y} = \frac{1}{8}688 - 5\cdot 15 = 86 - 75 = 11$$

Varianzen:

$$s_x^2 = \frac{1}{n}\sum x_i^2 - \bar{x}^2 = \frac{1}{8}254 - 5^2 = 31{,}75 - 25 = 6{,}25$$

$$s_y^2 = \frac{1}{n}\sum y_i^2 - \bar{y}^2 = \frac{1}{8}2130 - 15^2 = 266{,}25 - 225 = 41{,}25$$

Korrelationskoeffizient:

$$r_{xy} = \frac{s_{xy}}{s_x\cdot s_y} = \frac{11}{\sqrt{6{,}25\cdot 41{,}25}} = 0{,}685$$

Aufgabe 4

y_i	x_i	x_i^2	$x_i y_i$
6	1	1	6
7	2	4	14
14	4	16	56
20	8	64	160
18	9	81	162
20	4	16	80
25	6	36	150
10	6	36	60
120	40	254	688

Arithmetische Mittel:

$$\bar{x} = \frac{1}{n}\sum x_i = \frac{1}{8}40 = 5$$

$$\bar{y} = \frac{1}{n}\sum y_i = \frac{1}{8}120 = 15$$

Kovarianz:

$$s_{xy} = \frac{1}{n}\sum x_i y_{i\cdot} - \bar{x}\cdot\bar{y} = \frac{1}{8}688 - 5\cdot 15 = 86 - 75 = 11$$

Varianz von X:

$$s_x^2 = \frac{1}{n}\sum x_i^2 - \bar{x}^2 = \frac{1}{8}254 - 5^2 = 31{,}75 - 25 = 6{,}25$$

Schätzer der Regressionsgerade $\hat{y} = a + bx$:

$$b = \frac{s_{xy}}{s_x^2} = \frac{11}{6{,}25} = 1{,}76$$

$$a = \bar{y} - b\bar{x} = 15 - 1{,}76\cdot 5 = 6{,}2$$

$$\Rightarrow \hat{y} = 6{,}2 + 1{,}76\cdot x$$

Aufgabe 5

Zeit	m_i	n_i	h_i	$m_i n_i$	h_i^*	H_i	$m_i^2 n_i$
0 – 4	2	20	0,2	40	0,05	0,2	80
4 – 5	4,5	16	0,16	72	0,16	0,36	324
5 – 7	6	50	0,5	300	0,25	0,86	1800
7 - 10	8,5	14	0,14	119	0,0467	1	1011,5
Summe		100		531			3215,5

a) Arithmetisches Mittel (approximativ mit Klassenmitten):

$$\bar{x} = \bar{m} = \frac{1}{n}\sum m_i n_i = \frac{1}{100} 531 = 5,31$$

Median:

$$\tilde{x}_{0,5} = x_k' + b_k \frac{0,5 - H_{k-1}}{h_k} = 5 + 2\frac{0,5 - 0,36}{0,5} = 5 + 0,56 = 5,56$$

(mit k = Medianklasse)

Modus (Klassenmitte der Klasse mit $h^* = \max$):

$$\bar{x}_M = 6$$

b) Standardabweichung nur approximativ (externe Varianz unter Verwendung der Klassenmitten)

$$s^2 = \frac{1}{n}\sum m_i n_i - \bar{m}^2 = \frac{1}{100} 3215,15 - 5,31^2 = 32,1515 - 28,1961 = 3,9554$$

c) $h(2 < X < 6) = \frac{0,2}{2} + 0,16 + \frac{0,5}{2} = 0,51$

Aufgabe 6

Im folgenden wird der Juni als Basiszeit (0) und der Juli als Berichtszeit (t) genommen.

	$p_0 q_0$	$p_0 q_t$	$p_t q_0$	$p_t q_t$
Würstchen	11,80	8,85	13,80	10,35
Kotelett	14,25	19,80	13,35	17,80
Kartoffeln	3,50	3,50	4,00	4,00
Maiskolben	1,50	2,25	1,40	2,10
Summe	31,05	34,40	32,55	34,25

a) Wertindex: $W_{0t} = \frac{\sum p_t q_t}{\sum p_0 q_0} = \frac{34,25}{31,05} = 1,103$

b) Laspeyres: $P_{0t}^L = \dfrac{\sum p_t q_0}{\sum p_0 q_0} = \dfrac{32,55}{31,05} = 1,0483$

Paasche: $P_{0t}^P = \dfrac{\sum p_t q_t}{\sum p_0 q_t} = \dfrac{34,25}{34,40} = 0,9956$

c) Es gilt $P_{0t}^L Q_{0t}^P = P_{0t}^P Q_{0t}^L = W_{0t}$

Laspeyres: $Q_{0t}^L = \dfrac{W_{0t}}{P_{0t}^P} = \dfrac{1,103}{0,9956} = 1,1079$

Paasche: $Q_{0t}^P = \dfrac{W_{0t}}{P_{0t}^L} = \dfrac{1,103}{1,0483} = 1,052$

Aufgabe 7
a)

Klasse	n_i	h_i	H_i	$n_i^{'}$
0 – 20	4	0,133	0,133	0,2
20 – 30	6	0,2	0,333	0,6
30 – 40	10	0,333	0,666	1
40 – 50	6	0,1	0,766	0,6
50 - 70	4	0,133	1	0,2

b) $\tilde{x}_{0,5} = x_{k-1}^{'} + b_k \dfrac{0,5 - H_{k-1}}{h_k} = 30 + 10 \dfrac{0,5 - 0,333}{0,333} = 30 + 15 = 45$

(mit k = Medianklasse)

c)

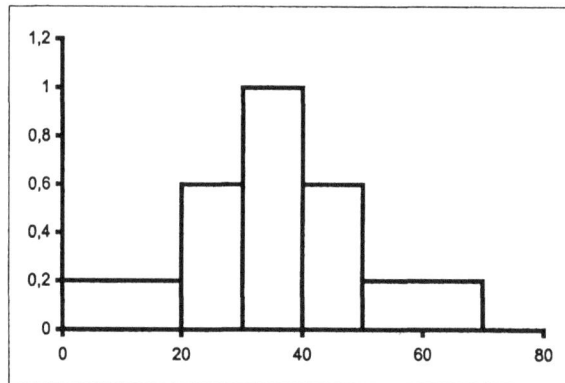

Aufgabe 8

a)

i)

X \ Y	1	2	3	Summe
0	0,08	0,28	0,04	0,4
1	0,10	0,14	0,06	0,3
2	0,13	0,08	0,04	0,25
3	0,04	0,01	0	0,05
Summe	0,35	0,51	0,14	1

ii) Für Unabhängigkeit muss gelten: $h_{ij} = h_{i.} \cdot h_{.j}$ für alle i, j

Hier gilt: $h_{1.} \cdot h_{.1} = 0,4 \cdot 0,35 = 0,14 \neq h_{11} = 0,08$

Die Variablen sind also abhängig.

iii)

x_i	$h(X = x_i \vert Y = 2)$
0	0,55
1	0,27
2	0,16
3	0,02

$$(\bar{x}\vert Y = 2) = \sum x_i h(x_i \vert Y = 2) = 0 \cdot 0,55 + 1 \cdot 0,27 + 2 \cdot 0,16 + 3 \cdot 0,02 = 0,65$$

b)

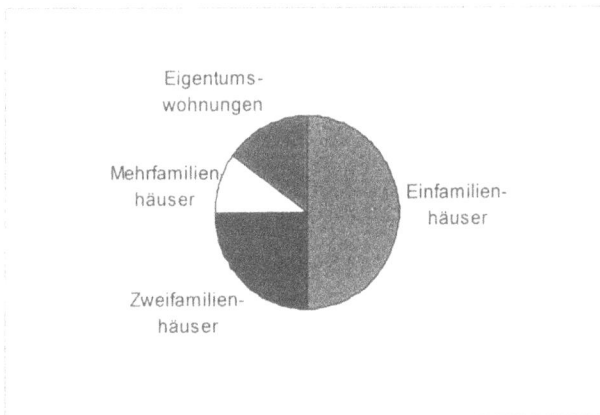

Aufgabe 9

t	x_i	y_i	x_i^2	y_i^2	$x_i y_i$
1	9	1216	81	1478656	10944
2	12	1300	144	1690000	15600
3	14	1356	196	1838736	18984
4	12	1288	144	1658944	15456
5	12	1276	144	1628176	15312
6	13	1292	169	1669264	16796
7	10	1260	100	1587600	12600
8	11	1244	121	1547536	13684
9	12	1288	144	1658944	15456
10	15	1360	225	1849600	20400
Σ	120	12880	1468	16607456	155232

$$b = \frac{s_{xy}}{s_x^2}$$

$$s_{xy} = \frac{1}{n}\sum x_i y_i - \overline{x}\cdot\overline{y}$$

$$\overline{x} = \frac{1}{10}\cdot 120 = 12$$

$$\overline{y} = \frac{1}{10}\cdot 12880 = 1288$$

$$s_{xy} = \frac{1}{10}\cdot 155232 - 12\cdot 1288 = 67,2$$

$$s_x^2 = \frac{1}{n}\sum x_i^2 - \overline{x}^2$$

$$= \frac{1}{10}\cdot 1468 - 12^2 = 2,8$$

$$b = \frac{67,2}{2,8} = 24$$

$$a = \overline{y} - b\overline{x} = 1288 - 24\cdot 12 = 1000$$

$$\Rightarrow \hat{y} = 1000 + 24x$$

$$r_{xy} = \frac{s_{xy}}{s_x s_y}$$

$$s_y = \frac{1}{n}\sum y_i^2 - \overline{y}^2$$

$$= \frac{1}{10}\cdot 16607656 - 1288^2 = 1801,6$$

$$r_{xy} = \frac{67,2}{\sqrt{2,8 \cdot 1801,6}} = 0,946$$

$$\Rightarrow B_{yx} = r_{xy}^2 = 0,946^2 = 0,8949$$

Aufgabe 10

a) $G_3 = 2G_2 = 4G_1$

$\quad 600.000 = 200G_1 + 100G_2 + 50G_3$

$$= 200G_1 + 100 \cdot 2G_1 + 50 \cdot 4G_1$$

$$= 600G_1$$

$\quad \Rightarrow \quad G_1 = 1000, \ G_2 = 2000, \ G_3 = 4000$

b)

	x_i	n_i	h_i	$x_i n_i$	q_i	Q_i	H_i
G_1	1000	200	0,5714	200000	$0,\overline{3}$	$0,\overline{3}$	0,5714
G_2	2000	100	0,2857	200000	$0,\overline{3}$	$0,\overline{6}$	0,8571
G_3	4000	50	0,1429	200000	$0,\overline{3}$	1	1

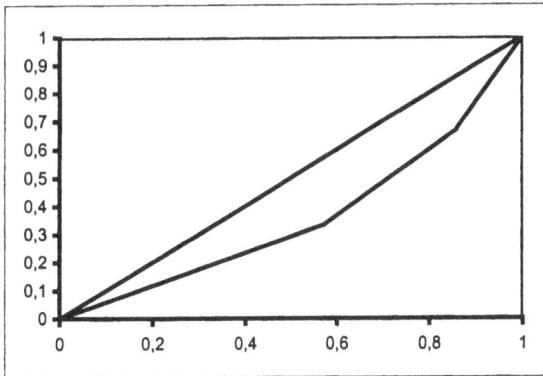

c)

	H_i	$H_i + H_{i-1}$	$(H_i + H_{i-1})q_i$
G_1	0,5714	0,5714	0,1905
G_2	0,8571	1,4285	0,4762
G_3	1	1,8571	0,619
			1,2857

$$D_G = \sum q_i(H_i + H_{i-1}) - 1 = 1,2857 - 1 = 0,2857$$

Aufgabe 11

a) $\bar{x} = \frac{1}{n}\sum x_i = \frac{1}{12} \cdot 18{,}5 = 1{,}541\overline{6}$ $(= 1.541{,}66 \text{ €})$

b)

Jan	Feb	März	April	Mai	Juni	Juli	Aug	Sep	Okt	Nov	Dez
1	1,2	1,4	1,3	1,5	1,8	1,6	1,3	1,7	2	1,9	1,8
w_t	1,2	1,1667	0,9286	1,1538	1,2	0,8889	0,8125	1,3077	1,1765	0,95	0,9474

$\bar{x}_G = \sqrt[11]{\frac{1{,}8}{1{,}0}} = 1{,}0549 \hat{=} 5{,}49\%$

c)

y_t	$\tilde{y}_t$	$y_t - \tilde{y}_t$
1,0	-	-
1,2	1,2	0
1,4	1,3	0,1
1,3	1,4	-0,1
1,5	1,53	-0,03
1,8	1,63	0,17
1,6	1,57	0,03
1,3	1,53	-0,23
1,7	1,67	0,03
2,0	1,87	0,13
1,9	1,9	0
1,8	-	-

Aufgabe 12

a) $m_{00,00} = 1$ $m_{00,02} = \frac{1{,}47}{1{,}4} 1{,}05$

$m_{00,01} = \frac{1{,}54}{1{,}4} = 1{,}1$ $m_{00,03} = \frac{1{,}75}{1{,}4} = 1{,}25$

b) $m_{st} = \frac{m_{0t}}{m_{0s}}$

$m_{03,00} = \frac{m_{00,00}}{m_{00,03}} = \frac{1}{1{,}25} = 0{,}8$ $m_{03,02} = \frac{1{,}05}{1{,}25} = 0{,}84$

$m_{03,01} = \frac{1{,}1}{1{,}25} = 0{,}88$ $m_{03,03} = 1$

c) $P^L_{00,03} = \dfrac{\sum p_{03}q_{00}}{\sum p_{00}q_{00}} = \dfrac{1{,}17 \cdot 70 + 1{,}75 \cdot 30}{1{,}00 \cdot 70 + 1{,}40 \cdot 30} = \dfrac{134{,}4}{112} = 1{,}2$

d) Gar nicht, da der Laspeyres-Index das Axiom der Kommensurabilität erfüllt.

e) Problem bei der Erfüllung des Prinzips des reinen Preisvergleichs: Offensichtlich sind mittlere Büroklammern teurer als kleine. Ein reiner Preisvergleich mit der Vergangenheit ist also nicht möglich.

Aufgabe 13

a)

x_i	n_i	h_i	H_i	$x_i n_i$	$(x_i - \bar{x})^2$	$(x_i - \bar{x})^2 n_i$
22	2	0,067	0,067	44	16	32
23	3	0,1	0,167	69	9	27
24	6	0,2	0,367	144	4	24
25	5	0,167	0,533	125	1	5
26	3	0,1	0,633	78	0	0
27	3	0,1	0,733	81	1	3
28	3	0,1	0,833	84	4	12
29	1	0,033	0,867	29	9	9
30	1	0,033	0,9	30	16	16
31	1	0,033	0,933	31	25	25
32	1	0,033	0,967	32	36	36
33	1	0,033	1	33	49	49
Summe	30			780		238

b) $h(X < 25) = 0{,}067 + 0{,}1 + 0{,}2 = 0{,}367$

c) $\bar{x} = \dfrac{1}{n}\sum x_i n_i = \dfrac{1}{30} \cdot 780 = 26$

$s^2 = \dfrac{1}{n}\sum (x_i - \bar{x})^2 n_i = \dfrac{1}{30} \cdot 238 = 7{,}9\overline{3}$

$s = \sqrt{s^2} = \sqrt{7{,}9\overline{3}} \approx 2{,}8166$

d) $\tilde{x}_{0,25} = 24$ (direkt an H_i ablesbar)

Aufgabe 14

x_i	n_i	h_i	H_i	$x_i n_i$	$(x_i - \bar{x})^3$	$(x_i - \bar{x})^3 n_i$
22	2	0,067	0,067	44	-64	-128
23	3	0,1	0,167	69	-27	-81
24	6	0,2	0,367	144	-8	-48
25	5	0,167	0,533	125	-1	-5
26	3	0,1	0,633	78	0	0
27	3	0,1	0,733	81	1	3
28	3	0,1	0,833	84	8	24
29	1	0,033	0,867	29	27	27
30	1	0,033	0,9	30	64	64
31	1	0,033	0,933	31	125	125
32	1	0,033	0,967	32	216	216
33	1	0,033	1	33	343	343
Summe	30			780		540

a) Arithmetisches Mittel: $\bar{x} = \frac{1}{n}\sum x_i n_i = \frac{1}{30}\cdot 780 = 26$

Modus: $\bar{x}_M = 24$ (häufigster Wert)

Median: $\tilde{x}_{0,5} = \frac{1}{2}(x_{(15)} + x_{(16)}) = \frac{1}{2}(25 + 25) = 25$

b) $\bar{x}_M < \tilde{x}_{0,5} < \bar{x} \Rightarrow$ Die Verteilung ist linkssteil.

c) 3. Zentrales Moment:

$z_3 = \frac{1}{n}\sum(x_i - \bar{x})^3 n_i = \frac{1}{30}\cdot 540 = 18 > 0$

$\Rightarrow$ Die Verteilung ist linkssteil.

Aufgabe 15

a) $P^L_{99,03} = \frac{\sum p_t q_0}{\sum p_0 q_0} = \frac{20\cdot100 + 70\cdot100 + 30\cdot100}{10\cdot100 + 60\cdot100 + 30\cdot100} = \frac{12000}{10000} = 1,2$

$Q^P_{99,03} = \frac{\sum p_t q_t}{\sum p_t q_0} = \frac{20\cdot50 + 70\cdot80 + 30\cdot60}{20\cdot100 + 70\cdot100 + 30\cdot100} = \frac{8400}{12000} = 0,7$

b) $W_{99,03} = P^L_{99,03} \cdot Q^P_{99,03} = 1,2\cdot0,7 = 0,84$

c) $P^L_{03,99} = \frac{\sum p_t q_0}{\sum p_0 q_0} = \frac{10\cdot50 + 60\cdot80 + 30\cdot60}{20\cdot50 + 70\cdot80 + 30\cdot60} = \frac{7100}{8400} = 0,8452$

Zeitumkehrprobe heißt $P_{0t} = (P_{t0})^{-1}$

Hier ist aber $\left(P^L_{99,03}\right)^{-1} = \frac{1}{1,2} = 0,8\overline{3} \neq 0,8452 = P^L_{03,99}$

Aufgabe 16

a)

Jahr	1999	2000	2001	2002	2003
Preis	10	12	12	15	20
w_t	-	1,2	1	1,25	1,33
r_t	-	0,2	0	0,25	0,33

b) $\overline{w}_t = \sqrt[4]{\frac{20}{10}} = 1,1892 \Rightarrow \overline{r}_t = 0,1892 = 18,92\%$

c) $20 \cdot 1,1^t = 30$

$\Leftrightarrow 1,1^t = 1,5$

$\Leftrightarrow t \cdot \ln 1,1 = \ln 1,5$

$\Leftrightarrow t = \frac{\ln 1,5}{\ln 1,1} = 4,25$

Nach 4,25 Jahren

d) $1,1 \cdot 0,9 = 0,99$

Der Preis ist um 1% gefallen.

Aufgabe 17

a)

Zeit (Y)	28	30	32	34	36	Summe
			Alter			
37	1					1
38			1			1
39		1				1
40	1	1	1			3
42	1		1	1	1	4
44				1		1
45		1		1		2
46					1	1
48					1	1
Summe	3	3	3	3	3	15

b) $\overline{x} = \frac{1}{n}\sum x_i n_i = \frac{1}{15} \cdot 3 \cdot (28 + 30 + 32 + 34 + 36) = \frac{160}{5} = 32$

$$\bar{y} = \frac{1}{n}\sum y_j n_j = \frac{1}{15}(37 + 38 + 39 + 40 \cdot 3 + 42 \cdot 4 + 44 + 45 \cdot 2 + 46 + 48) = \frac{630}{15} = 42$$

$$s_{xy} = \frac{1}{n}\sum\sum x_i y_j n_{ij} - \bar{x} \cdot \bar{y}$$

$$= \frac{1}{15}(28 \cdot 37 + 32 \cdot 38 + 30 \cdot 39 + 28 \cdot 40 + 30 \cdot 40 + 32 \cdot 40 + 28 \cdot 42 + 32 \cdot 42$$

$$+ 34 \cdot 42 + 36 \cdot 42 + 34 \cdot 44 + 30 \cdot 45 + 34 \cdot 45 + 36 \cdot 46 + 36 \cdot 48) - 32 \cdot 42$$

$$= \frac{1}{15} \cdot 20242 - 1344 = 5{,}4\overline{6}$$

Die Variablen sind also abhängig.

Aufgabe 18

a)

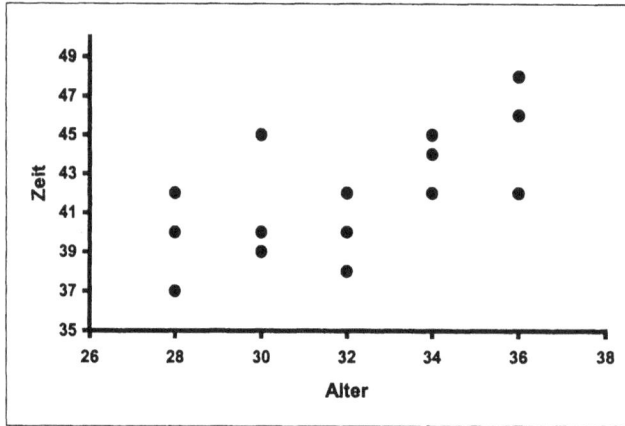

b) $\bar{x} = \frac{1}{n}\sum x_i n_i = \frac{1}{15} \cdot 3 \cdot (28 + 30 + 32 + 34 + 36) = \frac{160}{5} = 32$

$s_x^2 = \frac{1}{n}\sum x_i^2 n_i - \bar{x}^2 = \frac{1}{15} \cdot 3 \cdot (28^2 + 30^2 + 32^2 + 34^2 + 36^2) - 32^2 = \frac{5160}{5} = 1032 - 32^2 = 8$

$b = \frac{s_{xy}}{s_x^2} = \frac{5{,}4\overline{6}}{8} = 0{,}68\overline{3}$

$a = \bar{y} - b\bar{x} = 42 - 0{,}68\overline{3} \cdot 32 = 20{,}1\overline{3}$

$\Rightarrow \hat{y} = 20{,}1\overline{3} + 0{,}68\overline{3} \cdot x$

c)

y_j	$h(y_j | X = 30)$
39	$0{,}\overline{3}$
40	$0{,}\overline{3}$
45	$0{,}\overline{3}$

$$(\bar{y}|X = 30) = \sum y_j h(y_j|X = 30) = \frac{1}{3}(39 + 40 + 45) = 41{,}\overline{3}$$

Aufgabe 19

km	m_i	n_i	$m_i n_i$	h_i	H_i	$h_i^{\bullet}$	$m_i^2 n_i$
0 - 1	0,5	7	3,5	0,07	0,07	0,07	1,75
1 – 5	3	24	72	0,24	0,31	0,06	216
5 - 15	10	35	350	0,35	0,66	0,035	3500
15 – 30	22,5	18	405	0,18	0,84	0,012	9112,5
30 - 50	40	16	640	0,16	1	0,008	25600
Summe		100	1470,5				38430,25

a) Arithmetisches Mittel: $\bar{x} = \bar{m} = \dfrac{1}{n}\sum m_i n_i = \dfrac{1}{100} 1470,5 = 14,705$

Median: $\tilde{x}_{0,5} = x_k' + b_k \dfrac{0,5 - H_{k-1}}{h_k} = 5 + 10 \dfrac{0,5 - 0,31}{0,35} = 10,43$

(mit k = Medianklasse)

Modus: $\bar{x}_M = 0,5$ (Klassenmitte der Klasse mit $h_i^{\bullet} = \max$)

b) $s^2 = \dfrac{1}{n}\sum m_i^2 n_i - \bar{m}^2 = \dfrac{1}{100} 38430,25 - 14,705^2 = 168,065$

Eine exakte Bestimmung der Varianz würde die Anwendung des Streuungszerlegungssatzes $s^2 = s_{ext}^2 + s_{int}^2$ erfordern. Dazu fehlen aber Informationen über die Klassenvarianzen und die Klassenmittelwerte.

Aufgabe 20

a) $C = \sum \left(a_i b_i g_i - a_i g_i Q_{0t}^L - b_i g_i P_{0t}^L + P_{0t}^L Q_{0t}^L g_i \right)$

Es ist:

$\sum a_i b_i g_i = \sum \dfrac{p_t}{p_0} \dfrac{q_t}{q_0} \dfrac{p_0 q_0}{\sum p_0 q_0} = \dfrac{\sum p_t q_t}{\sum p_t q_t} = W_{0t}$

$\sum a_i g_i = \sum \dfrac{p_t}{p_0} \dfrac{p_0 q_0}{\sum p_0 q_0} = \dfrac{\sum p_t q_0}{\sum p_0 q_0} = P_{0t}^L$

$\sum b_i g_i = \sum \dfrac{q_t}{q_0} \dfrac{p_0 q_0}{\sum p_0 q_0} = \dfrac{\sum p_0 q_t}{\sum p_0 q_0} = Q_{0t}^L$

$\sum P_{0t}^L Q_{0t}^L g_i = P_{0t}^L Q_{0t}^L \sum g_i = P_{0t}^L Q_{0t}^L$

$\Rightarrow C = W_{0t} - P_{0t}^L Q_{0t}^L - P_{0t}^L Q_{0t}^L + P_{0t}^L Q_{0t}^L = W_{0t} - P_{0t}^L Q_{0t}^L$

b) $P_{0t}^L = \dfrac{W_{0t} - C}{Q_{0t}^L} = \dfrac{1,5 - 0,12}{1,2} = 1,15$

c) $P_{0t}^L = \dfrac{W_{0t} - C}{Q_{0t}^L} = \dfrac{1,5 + 0,24}{1,2} = 1,45$

d)
- Preise steigen alle um den gleichen Prozentsatz (z.B. +5%)
- Mengen sind zur Berichts- und Basiszeit gleich
- Kovarianz zwischen Preis- und Mengenmesszahlen ist null (C = 0)

Aufgabe 21

Für t = 1:

Alle haben den gleichen Betrag, es herrscht also absolute Parität. Damit entspricht die Lorenz der Gleichverteilungsgeraden und der Gini-Koeffizient ist $D_G = 0$.

Für t = 2:

Person	x_i	n_i	h_i	H_i	q_i	Q_i	$(H_i + H_{i-1})q_i$
A	50	1	0,2	0,2	0,05	0,05	0,01
B	100	1	0,2	0,4	0,1	0,15	0,06
C	150	1	0,2	0,6	0,15	0,3	0,15
D	200	1	0,2	0,8	0,2	0,5	0,28
E	500	1	0,2	1	0,5	1	0,9
	1000						1,4

Gini-Koeffizient: $D_G = \sum (H_i + H_{i-1})q_i - 1 = 1,4 - 1 = 0,4$

Lorenzkurve:

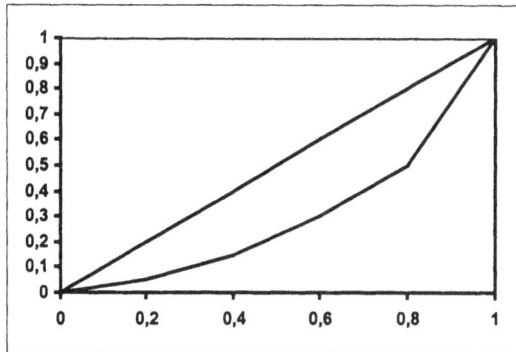

Für t = 3:

Person	x_i	n_i	h_i	H_i	q_i	Q_i	$(H_i + H_{i-1})q_i$
A, B, C, D	0	4	0,8	0,8	0	0	0
E	1000	1	0,2	1	1	1	1,8
	1000						1,8

Gini-Koeffizient: $D_G = 1,8 - 1 = 0,8$

Lorenzkurve:

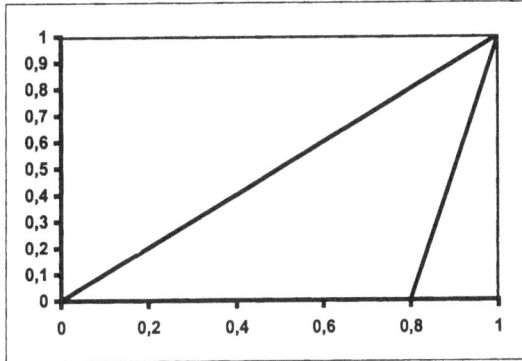

Aufgabe 22

a)

t	p_t	$m_{00,t}$	$m_{03,t}$
1998	8,80	0,88	0,733
1999	9,20	0,92	0,736
2000	10,00	1	0,8
2001	11,00	1,1	0,88
2002	12,80	1,28	1,024
2003	12,50	1,25	1

b)

i)

t	y_t	$\tilde{y}_t$	$y_t - \tilde{y}_t$
1987	400	-	-
1988	420	416,13	3,87
1989	428,4	425,6	2,8
1990	428,4	435,54	-7,14
1991	449,82	457,67	-7,85
1992	494,8	493	1,8
1993	534,39	530,1	4,29
1994	561,11	555,94	5,17
1995	572,33	569,54	2,79
1996	575,19	-	-

ii) $\overline{w}_t = \sqrt[9]{\dfrac{575,19}{400}} = 1,0412 \Rightarrow \overline{r}_t = 0,0412 = 4,12\%$

Aufgabe 23

	n_i	h_i	h_i^*	$(\overline{x}_i - \overline{x})^2 h_i$	H_i
0 - 20	20	0,4	0,02	190,79	0,4
20 - 35	12	0,24	0,016	18,75	0,64
35 - 50	6	0,12	0,008	7,99	0,76
50 - 90	10	0,2	0,005	261,51	0,96
90 - 120	2	0,04	0,0013	175,09	1
Σ	50	1		654,13	

a)

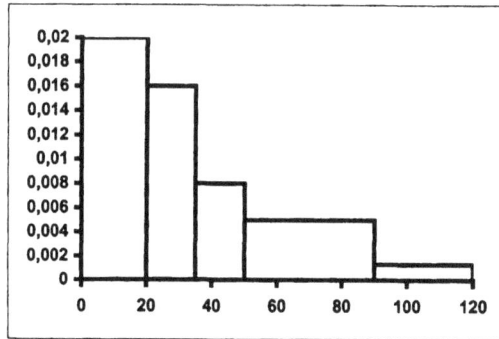

b) $\overline{x} = \sum \overline{x}_i h_i = 12 \cdot 0,4 + 25 \cdot 0,24 + 42 \cdot 0,12 + 70 \cdot 0,2 + 100 \cdot 0,04 = 33,84$

c) $s_{int}^2 = \sum s_i^2 h_i = 0,3 \cdot 0,4 + 1,4 \cdot 0,24 + 2,6 \cdot 0,12 + 3 \cdot 0,2 + 4,2 \cdot 0,04 = 1,536$

$s_{ext}^2 = 654,13$ (vgl. Tabelle)

$s^2 = s_{int}^2 + s_{ext}^2 = 1,536 + 654,13 = 655,666$

$s = \sqrt{655,666} = 25,61$

d) Modus: $\overline{x}_M = 10$ (Klassenmitte der Klasse mit $h_i^* = $ max)

Median: $\tilde{x}_{0,5} = x_k' + b_k \dfrac{0,5 - H_{k-1}}{h_k} = 20 + 15 \dfrac{0,5 - 0,4}{0,24} = 26,25$

(mit k = Medianklasse)

Aufgabe 24

Spannweite: $R = x_{(n)} - x_{(1)} = 602 - 399 = 203$

Quartilsabstand: $Q_{0,25} = \tilde{x}_{0,75} - \tilde{x}_{0,25}$

$\tilde{x}_{0,25} = x_{([6 \cdot 0,25+1])} = x_{(2)} = 467$

$$\tilde{x}_{0,75} = x_{([6\cdot0,75+1])} = x_{(5)} = 523$$
$$Q_{0,25} = 523 - 467 = 56$$

Ginis Dispersionsmaß: $S_G = \dfrac{2}{n(n-1)}\sum_{v<w}|x_v - x_w|$

	399	467	478	488	523	602
399	-	68	79	89	124	203
467	-	-	11	21	56	135
478	-	-	-	10	45	124
488	-	-	-	-	35	114
523	-	-	-	-	-	79
602	-	-	-	-	-	-

$$S_G = \frac{2}{6\cdot5}1193 = 79,53$$

Aufgabe 25

a) $\bar{x}_M =$ "ja"

b)

X＼Y	ja	nein	Σ
ja	27	33	60
nein	18	22	40
Σ	45	55	100

c) $h(Y = ja|X = ja) = h(Y = ja) = 0,45 = 45\%$

d) Bestandsmasse, diskret, nominal

e) ein-eindeutige Transformation, denkbar wäre z.B. auch ja = 185 und nein = -32
(Ausprägungen müssen nur unterschiedliche sein)

Aufgabe 26

a) $B_{yx} = \dfrac{s_{\hat{y}}^2}{s_y^2}$

$\hat{y} = 100 + 5x$

$\Rightarrow s_{\hat{y}}^2 = 5^2 s_x^2 = 25 \cdot 100 = 2500$

$B_{xy} = \dfrac{2500}{4000} = 0,625$

b) $s_{xy} = r_{xy}s_x s_y = \sqrt{0,625}\sqrt{100}\sqrt{4000} = 500$

Die Kovarianz muss positiv sein, weil die Regressionsgerade eine positive Steigung hat.

c) Die Regressionsgerade wird so in die Punktewolke gelegt, dass die Summe der quadrierten Differenzen zwischen den tatsächlich beobachteten Ausprägungen der abhängigen Variablen und deren Schätzwerten minimal ist.

$$S = \sum (y_i - \hat{y}_i)^2 = \sum (y_i - a - bx_i)^2 \to \min_{a,b}$$

Aufgabe 27

a) $r_{xy} = \sqrt{bd} = \sqrt{0,5 \cdot \dfrac{13}{22}} = 0,54$

b) Die Geraden schneiden sich im Schwerpunkt $(\bar{x}, \bar{y})$

I. $\bar{y} = 3,5 + 0,5\bar{x} \Rightarrow \bar{x} = 2\bar{y} - 7$

II. $\bar{x} = \dfrac{32}{22} + \dfrac{13}{22}\bar{y}$

$2\bar{y} - 7 = \dfrac{32}{22} + \dfrac{13}{22}\bar{y}$

$2\bar{y} - \dfrac{13}{22}\bar{y} = \dfrac{32}{22} + 7$

$\bar{y} = 6$

$\bar{x} = 2 \cdot 6 - 7 = 5$

c)

	richtig	falsch
Die Residuen sind nie größer als 96,9% der Differenz zwischen den beobachteten und den geschätzten Y-Werten.		X
Wegen $\sum u = 0$ liegen 48,45% der beobachteten Y-Werte (96,9%:2) oberhalb und 48,45% entsprechend unterhalb der Regressionsgerade. Der Rest liegt auf ihr.		X
Die Variation von $\hat{Y}$ beträgt genau 96,9% der Variation von Y.	X	

Aufgabe 28

a) $P_{ot}^L = \sum \dfrac{p_t}{p_0} \dfrac{p_0 q_0}{\sum p_0 q_0} = 1,1 \cdot 0,1 + 0,9 \cdot 0,3 + 1,2 \cdot 0,05 + 1,15 \cdot 0,45 + 0,95 \cdot 0,1 = 1,0525$

b) $W = P_{ot}^L Q_{ot}^L + C = 1,0525 \cdot 1,1 - 0,25 = 0,90775$ (nach der Formel von L. von Bortkiewicz)

c) Aggregatformel: Der Laspeyresindex in der Aggregatformel ist das Verhältnis der fiktiven Ausgaben zur Berichtszeit zu den tatsächlichen Ausgaben zur Basiszeit bei konstantem Warenkorb.

Messzahlenmittelwertformel: Der Laspeyresindex in der Messzahlenmittelwertformel ist ein gewogenes arithmetisches Mittel von Preismesszahlen, wobei die Gewichte durch die Ausgabenanteile zur Basiszeit gegeben sind.

Aufgabe 29

a) Wachstumsrate (stetige Zeit): $r(t) = \dfrac{y'(t)}{y(t)}$

$$y'(t) = \frac{1}{2}t - 2$$

$$r(t) = \frac{\dfrac{1}{2}t - 2}{\dfrac{t^2}{4} - 2t + 10}$$

$$r(12) = \frac{\dfrac{1}{2} \cdot 12 - 2}{\dfrac{12^2}{4} - 2 \cdot 12 + 10} = \frac{6 - 2}{36 - 24 + 10} = \frac{4}{22} = 0,\overline{18}$$

b)

t	1	2	3	4	5	6	7	8	9	10	11	12
y_t	10	8	7	6	4	5	8	10	12	14	16	20
r_t	-	-0,2	-0,12	-0,14	-0,33	0,25	0,6	0,25	0,2	0,17	0,14	0,25
w_t	-	0,8	0,88	0,86	0,67	1,25	1,6	1,25	1,2	1,17	1,14	1,25

$$\overline{w}_t = \sqrt[11]{\frac{20}{10}} = 1{,}065 \Rightarrow \overline{r}_t = 0{,}065 = 6{,}5\%$$

c) Gesamtabsatz: 120.000 Stück
Bei einer jährlichen Steigerung von 10%:
$120.000 \cdot 1{,}1^t = 300.000$
$\Leftrightarrow 1{,}1^t = 2{,}5$
$\Leftrightarrow t \cdot \ln 1{,}1 = \ln 2{,}5$
$\Leftrightarrow t = \dfrac{\ln 2{,}5}{\ln 1{,}1} = 9{,}61$ Jahre

Aufgabe 30

a) $\overline{x} = \dfrac{1}{n}\sum x_i$

$$577{,}5 = \frac{x_1}{8} + \frac{1}{8}(512 + 537 + 539 + 574 + 608 + 654 + 700) = \frac{x_1}{8} + 515{,}5$$

$$\Rightarrow x_1 = 8 \cdot (577{,}7 - 515{,}5) = 496$$

b)

t	y_t	x_t	$x_t y_t$	x_t^2	y_t^2
1	68	496	33728	246016	4624
2	75	512	38400	262144	5625
3	84	537	45108	288369	7056
4	93	539	50127	290521	8649

5	86	574	49364	329476	7396
6	72	608	43776	369664	5184
7	66	654	43164	427716	4356
8	54	700	37800	490000	2916
Summe	598	4620	341467	2703906	45806

$\bar{x} = 577{,}5$ (Aufgabenstellung)

$\bar{y} = \dfrac{1}{n}\sum y_t = \dfrac{1}{8}598 = 74{,}75$

$s_{xy} = \dfrac{1}{n}\sum x_t y_t - \bar{x} \cdot \bar{y} = \dfrac{1}{8}341.467 - 577{,}5 \cdot 74{,}75 = -484{,}75$

$s_x^2 = \dfrac{1}{n}\sum x_t^2 - \bar{x}^2 = \dfrac{1}{8}2.703.906 - 577{,}5^2 = 4482$

$s_y^2 = \dfrac{1}{n}\sum y_t^2 - \bar{y}^2 = \dfrac{1}{8}45.806 - 74{,}75^2 = 138{,}1875$

$r_{xy} = \dfrac{s_{xy}}{s_x \cdot s_y} = -\dfrac{484{,}75}{\sqrt{4482 \cdot 138{,}1875}} = -0{,}616$

Aufgabe 31

a)

x_i	n_i	h_i	H_i	$x_i n_i$	q_i	Q_i	s_i
1	72	0,6667	0,6667	72	0,4311	0,4311	0,6467
2	23	0,2130	0,8796	46	0,2754	0,7066	1,2934
3	7	0,0648	0,9444	21	0,1257	0,8323	1,9401
4	3	0,0278	0,9722	12	0,0719	0,9042	2,5868
5	2	0,0185	0,9907	10	0,0599	0,9641	3,2335
6	1	0,0093	1	6	0,0359	1	3,8802
	108	1		167	1		

Anmerkung: Die Steigungen der einzelnen Abschnitte der Lorenzkurve berechnen sich als $s_i = \dfrac{q_i}{h_i}$.

b) Gini-Koeffizient: $D_G = \sum (H_i + H_{i-1})q_i - 1$

$H_i + H_{i-1}$	$(H_i + H_{i-1})q_i$
0,6667	0,2874
1,5463	0,4259
1,8241	0,2294
1,9167	0,1377
1,9629	0,1175
1,9907	0,0715
	1,270

$$D_G = 1{,}27 - 1 = 0{,}27$$

c) zunehmen, abnehmen

Aufgabe 32

a)

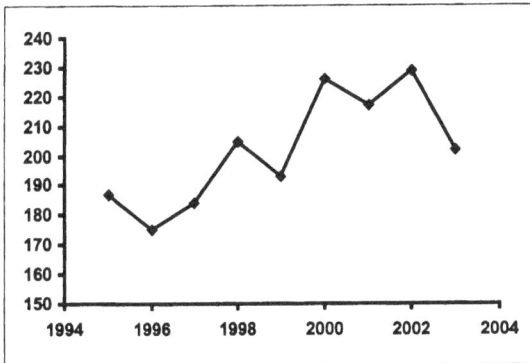

b)

Jahr	t	y_t	ty_t	t^2
1995	1	187	187	1
1996	2	175	350	4
1997	3	184	552	9
1998	4	205	820	16
1999	5	193	965	25
2000	6	226	1356	36
2001	7	217	1519	49
2002	8	229	1832	64
2003	9	202	1818	81
Summe	45	1818	9399	285

Zur leichteren Berechnung bietet es sich an nicht mit t = , 1995, 1996, ... sondern mit t = 1, 2, ..., 9 zu rechnen.

$$\bar{t} = \frac{1}{n}\sum t = \frac{45}{9} = 5$$

$$\bar{y} = \frac{1}{n}\sum y_t = \frac{1818}{9} = 202$$

$$s_{ty} = \frac{1}{n}\sum t \cdot y_t - \bar{t} \cdot \bar{y} = \frac{1}{9}9399 - 5 \cdot 202 = 34,\overline{3}$$

$$s_t^2 = \frac{1}{n}\sum t^2 - \bar{t}^2 = \frac{1}{9}285 - 5^2 = 6,\overline{6}$$

$$b = \frac{s_{ty}}{s_t^2} = \frac{34,\overline{3}}{6,\overline{6}} = 5,15$$

$$a = \bar{y} - b\bar{t} = 202 - 5,15 \cdot 5 = 176,25$$

$$\Rightarrow \hat{y}_t = 176,25 + 5,15 \cdot t$$

c) $\hat{y} = 176,25 + 5,15 \cdot 9 = 222,6$

d) $y_{t+1}^P = \alpha y_t + (1-\alpha)y_t^P$ (y^P = „y prognostiziert")

$$y_{2004}^P = 0,5 \cdot 202 + 0,5 \cdot 222,6 = 212,3$$

Aufgabe 33
a)

x_i	h_i	H_i	q_i	Q_i	$(H_i + H_{i-1})q_i$
128	0,25	0,25	0,0012	0,0012	0,003
1387	0,25	0,5	0,0126	0,0138	0,01035
19805	0,25	0,75	0,18	0,1938	0,24225
88811	0,25	1	0,8064	1	1,4112
110131					1,6668

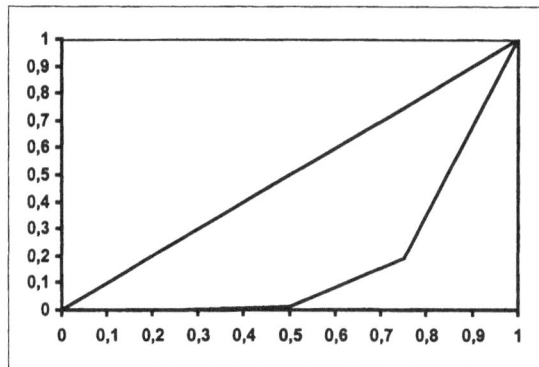

b) $D_G = \sum (H_i + H_{i-1})q_i - 1 = 1,6668 - 1 = 0,6668$ (s. Tabelle)

c)

xi	h_i	H_i	q_i	Q_i	$(H_i + H_{i-1})q_i$
1515	0,3333	0,3333	0,0138	0,0138	0,0046
19805	0,3333	0,6667	0,1798	0,1936	0,1798
88811	0,3333	1,0000	0,8064	1,0000	1,3440
110131					1,5284

$D_G = 0,5284$

Aufgabe 34

	m_i	n_i	h_i	H_i	$h_i^{\cdot}$	$m_i h_i$	$m_i^2 h_i$
0 - 6	3	4623,5	0,0565	0,0565	0,0094	0,1696	0,509
6 – 15	10,5	7792,1	0,0953	0,1518	0,0106	1,0003	10,507
15 - 25	20	9514,5	0,1163	0,2681	0,0116	2,3265	46,52
25 - 45	35	24763,8	0,3028	0,5709	0,0151	10,5968	370,93
45 - 65	55	21404,1	0,2617	0,8326	0,0131	14,3929	791,64
65 - 100	82,5	13694	0,1674	1,0000	0,0048	13,8125	1139,37
Summe		81792				42,2986	2359,476

a)

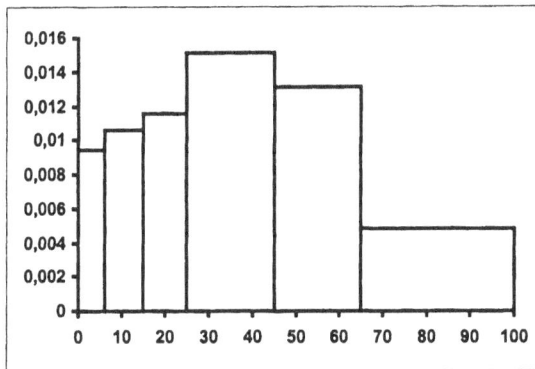

b) $\bar{x}_M = 35$ (Klassenmitte der Klasse mit $h^{\cdot} = max$)

$$\tilde{x}_{0,5} = x_k' + b_k \frac{0,5 - H_{k-1}}{h_k} = 25 + 20 \frac{0,5 - 0,281}{0,3028} = 25 + 14,465 = 39,465$$

(mit k = Medianklasse)

c) $s^2 = \sum m_k^2 h_k - \bar{m}^2 = 2359,476 - 42,2986^2 = 570,3$

Aufgabe 35

a)

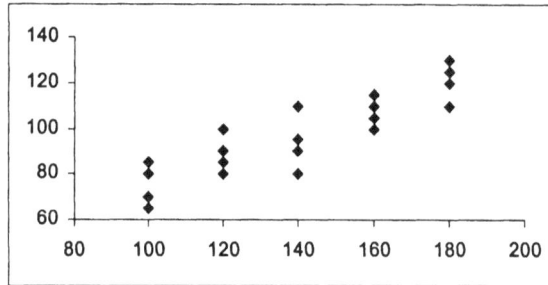

b)

Y \ X	100	120	140	160	180	Σ
65	0,05					0,05
70	0,05					0,05
75						
80	0,05	0,05	0,05			0,15
85	0,05	0,05				0,1
90		0,05	0,05			0,1
95			0,05			0,05
100		0,05		0,05		0,1
105				0,05		0,05
110			0,05	0,05	0,05	0,15
115				0,05		0,05
120					0,05	0,05
125					0,05	0,05
130					0,05	0,05
Σ	0,2	0,2	0,2	0,2	0,2	1

c)

y_i	$h(y_i \mid X = 100)$
65	0,25
70	0,25
80	0,25
85	0,25
Σ	1

Die Variablen sind abhängig wegen $h(y_i \mid X = 100) \neq h(y_i)$.

Aufgabe 36

i	x_i	y_i	x_i^2	x_iy_i
1	100	65	10000	6500
2	100	70	10000	7000
3	100	80	10000	8000
4	100	85	10000	8500
5	120	80	14400	9600
6	120	85	14400	10200
7	120	90	14400	10800
8	120	100	14400	12000
9	140	80	19600	11200
10	140	90	19600	12600
11	140	95	19600	13300
12	140	110	19600	15400
13	160	100	25600	16000
14	160	105	25600	16800
15	160	110	25600	17600
16	160	115	25600	18400
17	180	110	32400	19800
18	180	120	32400	21600
19	180	125	32400	22500
20	180	130	32400	23400
Summe	2800	1945	408000	281200

$\bar{x} = \frac{1}{20}2800 = 140$, $\bar{y} = \frac{1}{20}1945 = 97{,}25$,

$s_{xy} = \frac{1}{20}281200 - 140 \cdot 97{,}25 = 445$, $s_x^2 = \frac{1}{20}408000 - 140^2 = 800$

$b = \frac{445}{800} = 0{,}55625$, $a = 97{,}25 - 0{,}55625 \cdot 140 = 19{,}375$

$\Rightarrow \hat{y}_i = 19{,}375 + 0{,}55625 \cdot x_i$

Für x = 180 ergibt sich:

$\hat{y} = 19{,}375 + 0{,}55625 \cdot 180 = 119{,}5$

Somit ist:

Gesamtabweichung: $y - \bar{y} = 110 - 97{,}25 = 12{,}75$

erklärte Abweichung: $\hat{y} - \bar{y} = 119{,}5 - 97{,}25 = 22{,}25$

Residualabweichung: $y - \hat{y} = 110 - 119,5 = -9,5$

Aufgabe 37

a) Verstoß gegen das Prinzip des reinen Preisvergleichs wegen der Qualitäts-
änderung bei Produkt B

b) $P^L_{90,91} = \dfrac{\sum p_{03}q_{02}}{\sum p_{02}q_{02}} = \dfrac{20.000 \cdot 40.000 + 38.000 \cdot 12.000}{18.000 \cdot 40.000 + 35.000 \cdot 12.000} = 1,1$

$p^{B_1}_{03} = 1,1 \cdot 25.000 = 27.500$

c) $\dfrac{27.500}{30.000} \cdot 32.500 = 29.792$

d) Nein, da die Formel von von Bortkiewicz nicht die Kovarianz zwischen Preisen und
Mengen, sondern zwischen Preis- und Mengen<u>messzahlen</u> betrachtet. Diese ist
hier aber sogar ganz leicht positiv. Die Güter A und C sind offensichtlich keine
Substitute.

Aufgabe 38

a)

	$m^p_{95,00}$	$m^q_{95,00}$	$(m^p_{95,00} - \overline{m}^p_{95,00})$	$(m^q_{95,00} - \overline{m}^q_{95,00})$	$(m^p_{95,00} - \overline{m}^p_{95,00})(m^q_{95,00} - \overline{m}^q_{95,00})$
A	0,5	2	-0,533	0,683	-0,364
B	1,5	0,75	0,467	-0,567	-0,265
C	1,1	1,2	0,067	-0,117	-0,008
					-0,637

$\overline{m}^p_{95,00} = \dfrac{1}{3}(0,5 + 1,5 + 1,1) = 1,033$; $\overline{m}^q_{95,00} = \dfrac{1}{3}(2 + 0,75 + 1,2) = 1,317$

$s_{m^p_{95,00}m^q_{95,00}} = -\dfrac{0,637}{3} = -0,212$

Da die Kovarianz zwischen Preis- und Mengenmeßzahlen negativ ist, muß der
Paasche-Peisindex kleiner als der Laspeyres-Preisindex sein.

b) Für Warenkorb 1 gibt es zwei Lösungsmöglichkeiten:

	1995		2000	
	Preis	Menge	Preis	Menge
A	10	100	5	30
B	20	100	30	30
C	40	100	44	30

oder

89

	1995		2000	
	Preis	Menge	Preis	Menge
A	10	100	5	100
B	20	*	30	*
C	40	30	44	30

* = beliebig, aber zu beiden Zeitpunkten gleich.

Für Warenkorb 2 gilt:

$$P^L_{90,95} = \frac{100 \cdot 5 + 50 \cdot p}{100 \cdot 10 + 50 \cdot 20} = 1$$

$\Leftrightarrow 500 + 50p = 2000$

$\Leftrightarrow 50p = 1500$

$\Rightarrow p = 30$

Aufgabe 39

Zu den Aufgaben a) und d)

Jahr	Erwerbs-personen	Arbeitslose	ALQ	$\tilde{y}$	$y - \tilde{y}$
1998	32,08	2,9	9,0	-	-
1999	32,35	2,76	8,5	8,43	0,07
2000	32,28	2,53	7,8	7,97	-0,17
2001	32,55	2,48	7,6	7,87	-0,27
2002	32,23	2,65	8,2	8,1	0,1
2003	32,46	2,75	8,5	-	-

b) Gliederungszahl

c)

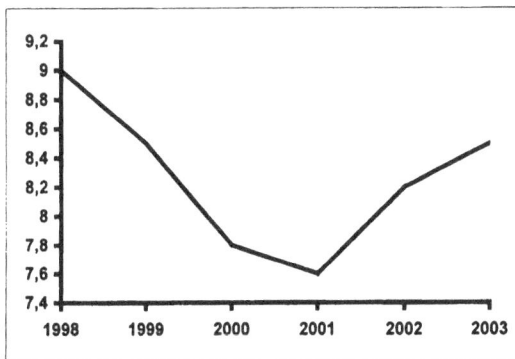

Aufgabe 40

X \ Y	400	500	600	800	Σ
40	10	5	0	0	15
60	0	22	1	1	24
80	0	1	4	6	11
Σ	10	28	5	7	50

a) $\bar{x} = \dfrac{1}{n}\sum x_i n_{i\cdot} = \dfrac{1}{50}(40\cdot 15 + 60\cdot 24 + 80\cdot 11) = \dfrac{2920}{50} = 58{,}4$

$\bar{y} = \dfrac{1}{n}\sum y_j n_{\cdot j} = \dfrac{1}{50}(400\cdot 10 + 500\cdot 28 + 600\cdot 5 + 800\cdot 7) = \dfrac{26600}{5} = 532$

$s_{xy} = \dfrac{1}{n}\sum\sum x_i y_j n_{ij} - \bar{x}\cdot\bar{y}$

$= \dfrac{1}{50}(400\cdot 40\cdot 10 + 500\cdot 40\cdot 5 + 500\cdot 60\cdot 22 + 600\cdot 60 + 800\cdot 60$

$\qquad + 500\cdot 80 + 600\cdot 80\cdot 4 + 800\cdot 80\cdot 6) - 58{,}4\cdot 532$

$= \dfrac{1.524.000}{50} - 58{,}4\cdot 532 = 30480 - 31068{,}8 = -588{,}8$

b) Die bedingten Verteilungen von Y sind:

X \ Y	400	500	600	800
40	0,667	0,333		
60		1		
80		0,09	0,36	0,55

Die bedingten Mittelwerte sind dann:

$(\bar{y}\mid X = 40) = \sum y_j h(y_j \mid X = 40) = 400\cdot 0{,}667 + 500\cdot 0{,}333 = 433{,}333$

$(\bar{y}\mid X = 60) = \sum y_j h(y_j \mid X = 60) = 500$

$(\bar{y}\mid X = 80) = \sum y_j h(y_j \mid X = 80) = 500\cdot 0{,}09 + 600\cdot 0{,}36 + 800\cdot 0{,}55 = 572{,}27$

Die Variablen sind nicht unabhängig. An der folgenden Regressionslinie ist zu erkennen, dass die Durchschnittsmieten mit der Wohnungsgröße steigen (was ja wohl auch zu erwarten war).

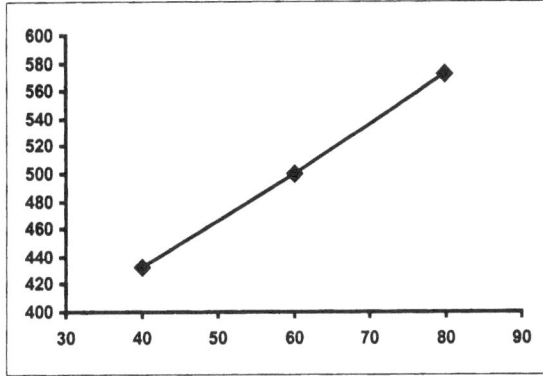

Aufgabe 41

a)

x_i	n_i	h_i	H_i
2	3	0,15	0,15
3	1	0,05	0,20
4	1	0,05	0,25
5	2	0,10	0,35
7	1	0,05	0,40
8	2	0,10	0,50
10	4	0,20	0,70
12	3	0,15	0,85
13	2	0,10	0,95
14	1	0,05	1
Summe	20		

b)

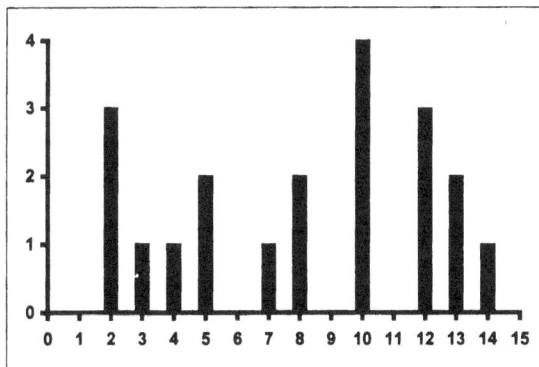

c) H(8) = 0,5 (vgl. Tabelle)

d) Modus: $\bar{x}_M = 10$.

   Median: $\tilde{x}_{0,5} = \frac{1}{2}\left(x_{(10)} + x_{(11)}\right) = \frac{1}{2}(8 + 10) = 9$

   arithmetisches Mittel:

$$\bar{x} = \frac{1}{n}\sum x_i n_i = \frac{1}{20}(2\cdot 3 + 3 + 4 + 5\cdot 2 + 7 + 8\cdot 2 + 10\cdot 4 + 12\cdot 3 + 13\cdot 2 + 14)$$

$$= \frac{1}{20}\cdot 162 = 8,1$$

Lageregel von Fechner: Wegen $\bar{x} \leq \tilde{x}_{0,5} \leq \bar{x}_M$ ist die Verteilung rechtssteil.

Aufgabe 42

a)

x_i	n_i	h_i	H_i	$x_i n_i$	q_i	Q_i	$(H_i + H_{i+1})q_i$
2	1	0,0667	0,0667	2	0,023	0,023	0,0015
3	3	0,2	0,2667	9	0,1034	0,1264	0,0345
4	2	0,1333	0,4	8	0,092	0,2184	0,0613
5	4	0,2667	0,6667	20	0,2299	0,4483	0,2452
8	1	0,0667	0,7333	8	0,092	0,5402	0,1287
10	4	0,2667	1	40	0,4598	1	0,7969
Summe	15			87		2,3563	1,2682

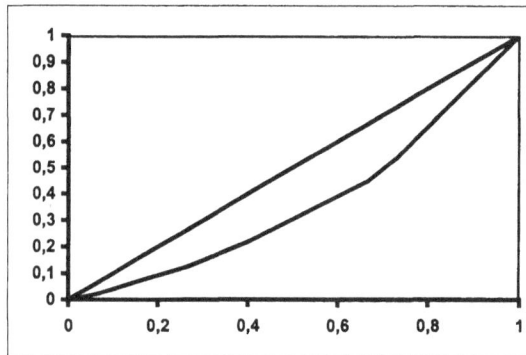

Gini-Koeffizient: $D_G = \sum (H_i + H_{i+1})q_i - 1 = 1{,}2682 - 1 = 0{,}2682$

b)

nennt man	Die Größe					
	α	β	y_i	x_i	u_i	$\hat{u}_i$
endogene Variable			X			
exogene Variable				X		
Achsenabschnitt	X					
Steigung		X				
Störvariable					X	
Residuum						X

Aufgabe 43

a) $s_{xy} = \sum x_i y_i - \overline{x} \cdot \overline{y}$

mit: $\sum x_i y_i = 0$ (Das sieht man!!!!)

$\Rightarrow s_{xy} = 0$

Damit ist natürlich die Regressionsgerade eine Parallele zur Abszisse.

c)

X \ Y	2	4	Σ
1	2	3	5
2	4	1	5
Σ	6	4	10

$(\overline{x}|Y = 2) = \dfrac{1}{6}(2 \cdot 1 + 4 \cdot 2) = \dfrac{10}{6} = \dfrac{5}{3}$

$(\overline{x}|Y = 4) = \dfrac{1}{4}(3 \cdot 1 + 1 \cdot 2) = \dfrac{5}{4}$

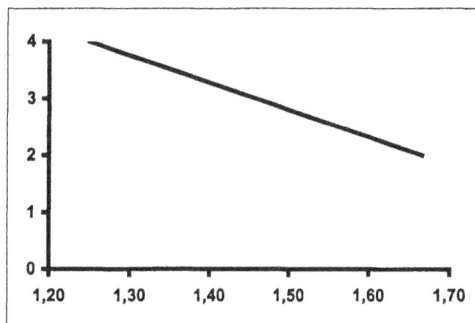

Variablen sind abhängig, weil die Regressionslinie nicht parallel zur Abszisse verläuft.

Aufgabe 44

a)

Beispiel	Modus	Median	arithmetisches Mittel	geometrisches Mittel	harmonisches Mittel
1	X				
2	X				
3	X	X			
4	X	X	X		
5	X	X	X		

gebildet werden können

b) „Schwerpunkteigenschaft des arithmetischen Mittels" heißt, dass sich positive und negative Abweichungen der Beobachtungswerte vom arithmetischen Mittel gegenseitig aufheben.

Beweis: $\sum(x_i - \bar{x}) = \sum x_i - \sum \bar{x} = \sum x_i - n\bar{x} = n\bar{x} - n\bar{x} = 0$

Ein Streuungsmaß kann nicht einfach als Summe der Abweichungen vom arithmetischen Mittel konstruiert werden, sondern höchstens als Summe der quadrierten oder absoluten Abweichungen.

Aufgabe 45

a) $P_{0t}^L = \dfrac{\sum q_0 p_t}{\sum q_0 p_0}$ Preisindex nach Laspeyres

b) Ein Streuungsmaß zeigt nur die Stärke der Streuung an. Ein Schiefemaß zeigt dagegen die Stärke und die Richtung der Schiefe an. Die Stärke wird dabei (wie bei der Streuung auch) durch den Absolutwert der Maßzahl und die Richtung zusätzlich durch das Vorzeichen dargestellt.

c) $P_{0t}^L = \dfrac{\sum p_t q_0}{\sum p_0 q_0} = \dfrac{10\cdot100 + 12\cdot120 + 15\cdot150}{12\cdot100 + 10\cdot120 + 15\cdot150} = \dfrac{4690}{4650} = 1{,}0086$

Der Index mit DM-Preisen:

$P_{0t}^L = \dfrac{\sum p_t q_0}{\sum p_0 q_0} = \dfrac{20\cdot100 + 24\cdot120 + 30\cdot150}{24\cdot100 + 20\cdot120 + 30\cdot150} = \dfrac{9380}{9300} = 1{,}0086$

Man könnte auch im Zähler oder Nenner einfach den Faktor 2 ausklammern und kürzen. Dann hat man das gleiche wie oben.

Aufgabe 46

a)

i)

Gut/Dienstleistung	Mengeneinheit	DM/ME	
		1960	1998
Mischbrot	1 kg	0,81	4,18
Brathähnchen	1 kg	5,52	4,98
Damen-Pumps	1 Paar	36	149,73
Normalbenzin	1 Liter	0,60	1,52
Kühlschrank	1 Stück	389	702,27
Herrenschuhe besohlen	1 Paar	10,21	33,87
Haarschnitt Damen	1 mal	3,65	27,31

ii)

Gut/Dienstleistung	q_0	p_0	p_t	$p_0 q_0$	$p_t q_0$
Mischbrot	10	0,81	4,18	8,1	41,8
Brathähnchen	4	5,52	4,98	22,08	19,92
Damen-Pumps	1	36	149,73	36	149,73
Normalbenzin	50	0,60	1,52	30	76
Kühlschrank	1	389	702,27	389	702,27
Herrenschuhe besohlen	1	10,21	33,87	10,21	33,87
Haarschnitt Damen	1	3,65	27,31	3,65	27,31
				499,04	1050,9

$$P^L_{60,98} = \frac{\sum p_t q_0}{\sum p_0 q_0} = \frac{1050,9}{499,04} = 2,11$$

Problem: Heute wird nur bleifreies Benzin getankt, das es 1960 noch nicht gab. Damit liegt eine Qualitätsveränderung vor, die dem Prinzip des reinen Preisvergleichs widerspricht.

b) $s_y^2 = \frac{1}{n} \sum (y_i - \bar{y})^2 = \frac{1}{n} \sum [(a + bx_i) - (a + b\bar{x})]^2$

$= \frac{1}{n} \sum (a + bx_i - a - b\bar{x})^2 = \frac{1}{n} \sum [b(x_i - \bar{x})]^2 = b^2 \left[\frac{1}{n} \sum (x_i - \bar{x})^2 \right] = b^2 s_x^2$

c) Kreissegmente:

kein Abschluss: $\frac{11482}{305460} \cdot 360 = 13,5°$

Hauptschule: $\frac{44127}{305460} \cdot 360 = 52,0°$

Realschule: $\dfrac{92236}{305460} \cdot 360 = 108{,}7°$

Hochschulreife $\dfrac{82472}{305460} \cdot 360 = 97{,}2°$

Berufsschule: $\dfrac{75143}{305460} \cdot 360 = 88{,}6°$

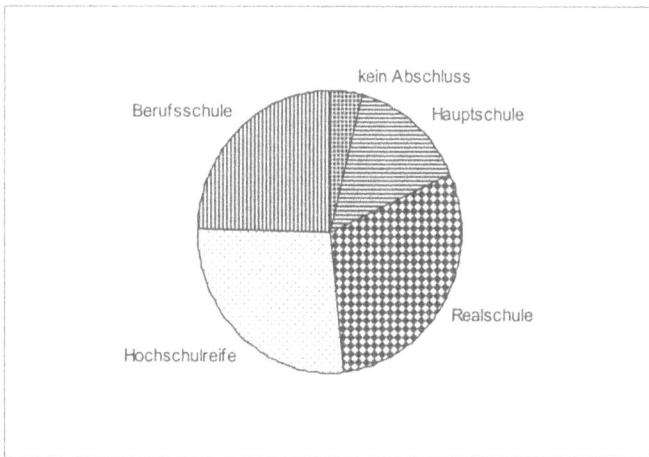

Aufgabe 47

a) $P^L_{90,95} = \dfrac{32.000 \cdot 1.000 + 85.000 \cdot 200 + 220.000 \cdot 5}{30.000 \cdot 1.000 + 80.000 \cdot 200 + 200.000 \cdot 5} = \dfrac{50.100.000}{47.000.000} = 1{,}066$

$P^L_{90,00} = \dfrac{35.000 \cdot 1.000 + 90.000 \cdot 200 + 300.000 \cdot 5}{30.000 \cdot 1.000 + 80.000 \cdot 200 + 200.000 \cdot 5} = \dfrac{54.500.000}{47.000.000} = 1{,}1596$

b) $W_{95,00} = \dfrac{35.000 \cdot 900 + 90.000 \cdot 220 + 300.000 \cdot 8}{32.000 \cdot 800 + 85.000 \cdot 200 + 220.000 \cdot 6} = \dfrac{53.700.000}{43.920.000} = 1{,}2227$

c) $\overline{x} = \dfrac{300.000 - 200.000}{10} = \dfrac{100.000}{10} = 10.000 \, \text{DM}$

$\overline{x}_G = \sqrt[10]{\dfrac{300.000}{200.000}} = 1{,}0414 = 4{,}14\%$

d) Kommensurabilität: Ein Index ist unabhängig von der Mengeneinheit, auf die sich die Preise beziehen.

Aufgabe 48

a) $(\bar{y}|x > 12) = \dfrac{5 + 2 + 0 + 3 + 4}{5} = \dfrac{14}{5} = 2{,}8$

b)

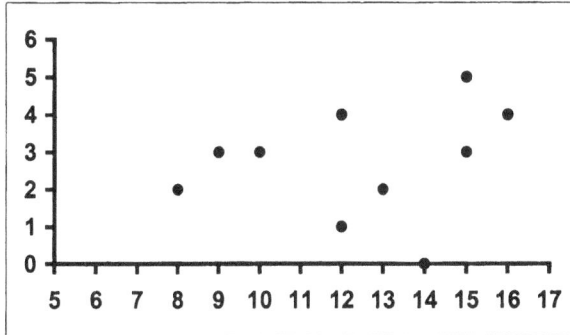

Ein linearer Zusammenhang könnte vorhanden sein.

c)

x_i	y_i	$x_i y_i$	x_i^2	y_i^2
10	3	30	100	9
12	4	48	144	16
8	2	16	64	4
15	5	75	225	25
13	2	26	169	4
12	1	12	144	1
14	0	0	196	0
15	3	45	225	9
16	4	64	256	16
9	3	27	81	9
124	27	343	1604	93

$\bar{x} = \dfrac{1}{n}\sum x_i = \dfrac{124}{10} = 12{,}4; \quad \bar{y} = \dfrac{1}{n}\sum y_i = \dfrac{27}{10} = 2{,}7$

$s_{xy} = \dfrac{1}{n}\sum x_i y_i - \bar{x}\,\bar{y} = \dfrac{1}{10}343 - 12{,}4 \cdot 2{,}7 = 0{,}82$

$s_x^2 = \dfrac{1}{n}\sum x_i^2 - \bar{x}^2 = \dfrac{1}{10}1604 - 12{,}4^2 = 6{,}64$

$s_y^2 = \dfrac{1}{n}\sum y_i^2 - \bar{y}^2 = \dfrac{1}{10}93 - 2{,}7^2 = 2{,}01$

$r_{xy} = \dfrac{s_{xy}}{s_x s_y} = \dfrac{0{,}82}{\sqrt{6{,}64 \cdot 2{,}01}} = 0{,}2245$

Der lineare Zusammenhang ist nur relativ schwach.

Aufgabe 49

a) $\bar{y} = \frac{1}{n}\sum y_i n_i = \frac{1}{10}(1 + 2\cdot 2 + 3\cdot 3 + 4\cdot 2 + 5) = \frac{27}{10} = 2{,}7$

$s_y^2 = \frac{1}{n}\sum y_i^2 n_i - \bar{y}^2 = \frac{1}{10}(1 + 2^2\cdot 2 + 3^2\cdot 3 + 4^2\cdot 2 + 5^2) - 2{,}7^2 = 2{,}01$

$r_{xy} = \frac{s_{xy}}{s_x \cdot s_y} \Rightarrow s_{xy} = r_{xy}\cdot s_x\cdot s_y = 0{,}2245\cdot\sqrt{6{,}64\cdot 2{,}01} = 0{,}82$

$b = \frac{s_{xy}}{s_x^2} = \frac{0{,}82}{6{,}64} = 0{,}1235;\ a = \bar{y} - b\bar{x} = 2{,}7 - 0{,}1235\cdot 12{,}4 = 1{,}1686$

$\Rightarrow \hat{y} = 1{,}1686 + 0{,}1235\cdot x$

b)

x	y	$\hat{y}$	$\hat{y} - \bar{y}$	$(\hat{y} - \bar{y})^2$
10	3	2,40	-0,30	0,09
12	4	2,65	-0,05	0,00
8	2	2,16	-0,54	0,30
15	5	3,02	0,32	0,10
13	2	2,77	0,07	0,01
12	1	2,65	-0,05	0,00
14	0	2,90	0,20	0,04
15	3	3,02	0,32	0,10
16	4	3,14	0,44	0,20
9	3	2,28	-0,42	0,18
				1,01

$s_{\hat{y}}^2 = \frac{1}{n}\sum(\hat{y}_i - \bar{y})^2 = \frac{1{,}01}{10} = 0{,}101$

$\Rightarrow B_{yx} = \frac{0{,}101}{2{,}01} = 0{,}05$

Aufgabe 50

a) Steuerentlastung:

i	h_i	H_i	q_i	Q_i	$(H_i + H_{i-1})q_i$
1	0,99	0,99	0,75	0,75	0,7425
2	0,01	1	0,25	1	0,4975
					1,24

$D_G = \sum(H_i + H_{i-1})q_i - 1 = 1{,}24 - 1 = 0{,}24$

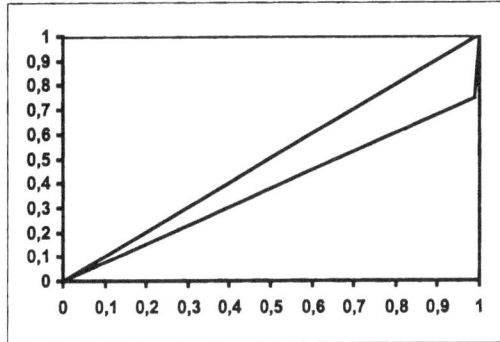

Vermögenswerte:

i	h_i	H_i	q_i	Q_i	$(H_i + H_{i-1})q_i$
1	0,99	0,99	0,6	0,6	0,594
2	0,01	1	0,4	1	0,796
					1,39

$D_G = 1,39 - 1 = 0,39$

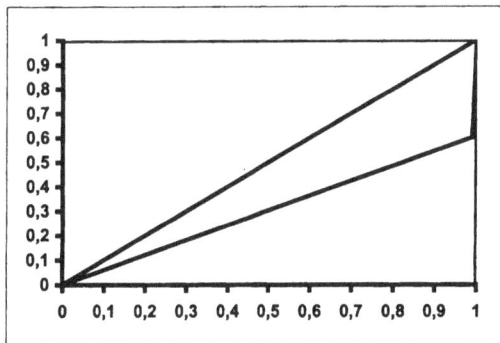

b) Es sind folgende Größen bekannt: $h_1 = 0,2$; $h_2 = 0,75$; $h_3 = 0,05$. Weiterhin gilt:

$x_3 = 10 \cdot x_1$ bzw. $x_2 = 3 \cdot x_1$ und $q_i = \dfrac{x_i h_i}{\sum x_i h_i}$. Somit erhält man

$$q_1 = \frac{x_1 \cdot 0,2}{x_1 \cdot 0,2 + x_2 \cdot 0,75 + x_3 \cdot 0,05} = \frac{x_1 \cdot 0,2}{x_1 \cdot 0,2 + (3x_1) \cdot 0,75 + (10x_1) \cdot 0,05}$$

$$= \frac{0,2}{0,2 + 2,25 + 0,5} = \frac{0,2}{2,95} = 0,0678$$

$$q_2 = \frac{2,25}{0,2 + 2,25 + 0,5} = \frac{2,25}{2,95} = 0,7627$$

$$q_3 = \frac{0,5}{0,2 + 2,25 + 0,5} = \frac{0,5}{2,95} = 0,1695$$

100

i	h_i	H_i	q_i	Q_i	$(H_i + H_{i-1})q_i$
1	0,20	0,20	0,07	0,07	0,0140
2	0,75	0,95	0,76	0,83	0,8740
3	0,05	1,00	0,17	1,00	0,3315
					1,2195

$$D_G = (H_i + H_{i-1})q_i - 1 = 1,2195 - 1 = 0,2195$$

Aufgabe 51

	n_i	h_i	H_i	$\bar{x}_i$	s_i^2	$\bar{x}_i h_i$	$(\bar{x}_i - \bar{x})^2 h_i$	$s_i^2 h_i$	$h_i^* \cdot 100$
400 - 900	11	0,42	0,42	709,64	16.684,05	300,25	83.949,12	7.059,02	0,08
900 - 1300	5	0,19	0,62	1.050,40	12.783,44	201,99	2.106,95	2.458,26	0,05
1300 - 2000	7	0,27	0,88	1.479,14	22.932,12	398,19	28.271,61	6.173,33	0,04
2000 - 2500	3	0,12	1,00	2.206,67	330,89	254,65	127.614,84	38,18	0,02
	26	1,00				1155,07	241.942,53	15.728,79	

a)

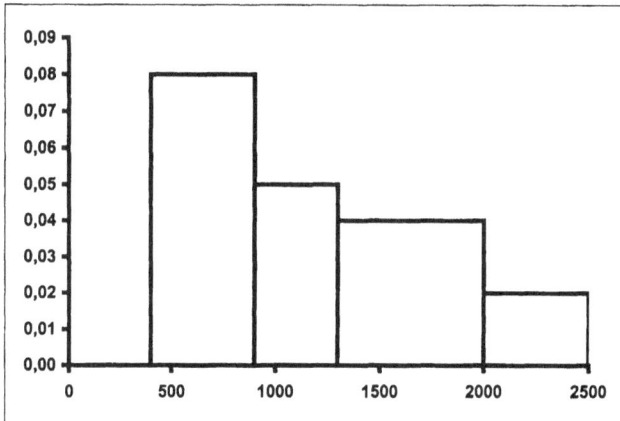

b) arithmetisches Mittel: $\bar{x} = \sum \bar{x}_i h_i = 1155,07$

Modus: $\bar{x}_M = 650$ (Klassenmitte der Klasse mit $h^* = \max$)

Median: $\tilde{x}_{0,5} = x'_k + b_k \dfrac{0,5 - H_{k-1}}{h_k} = 900 + 400 \dfrac{0,5 - 0,42}{0,19} = 1068,42$

(mit k = Medianklasse)

c) $s^2 = \sum (\bar{x}_i - \bar{x})^2 h_i + \sum s_i^2 h_i = 241.924,53 + 15.728,79 = 257.653,32$

Aufgabe 52
a)

Kennzahl	Definition	GZ	BZ
Anlagenintensität	$\dfrac{\text{Anlagevermögen}}{\text{Gesamtvermögen}}$	X	
Statischer Verschuldungsgrad	$\dfrac{\text{Fremdkapital}}{\text{Eigenkapital}}$		X
Liquidität 1. Grades	$\dfrac{\text{Zahlungsmittel}}{\text{kurzfr. Verbindlichkeiten}}$		X
Price-Earnings-Ratio	$\dfrac{\text{Preis je Aktie}}{\text{Gewinn je Aktie}}$		X
Personalaufwandsquote	$\dfrac{\text{Personalaufwand}}{\text{Gesamtaufwand}}$	X	

b) Arithmetisches Mittel für 10 Werte: $\bar{x}=10 \Rightarrow \sum x_i = 10\cdot\bar{x}=100$

Arithmetisches Mittel für 11 Werte: $\sum x_i = 110 \Rightarrow \bar{x}=\frac{1}{11}110=10$

Varianz für 10 Werte:

$$s^2=10=\frac{1}{10}\sum x_i^2 - \bar{x}^2 \Rightarrow \frac{1}{10}\sum x_i^2 = 10+100=110 \Rightarrow \sum x_i^2 = 10\cdot 110 = 1100$$

Varianz für 11 Werte: $\sum x_i^2 = 1200 \Rightarrow s^2 = \frac{1200}{11}-100=9,0909$

c) Ausreißerempfindlichkeit bedeutet, dass ein Lageparameter auf extreme Werte reagiert.
Beispiel: Für die Zahlenreihe 1, 3, 5, 7, 9 ist $\bar{x}=5$ und $\tilde{x}_{0,5}=5$. Dagegen ist für 1, 3, 5, 7, 150 $\bar{x}=33,2$ und $\tilde{x}_{0,5}=5$. Das arithmetische Mittel ist bei der zweiten Zahlenreihe deutlich höher. Es hat also auf den Ausreißer reagiert. Der Median ist dagegen gleich geblieben. Der Median ist ausreißerunempfindlich.

Aufgabe 53

	n_i	n_i/b_i	h_i	H_i
0 – 35	27	0,77	0,21	0,21
35 – 46	26	2,36	0,2	0,41
46 – 54	29	3,63	0,22	0,63
54 – 61	25	3,57	0,19	0,82
61 – 120	23	0,39	0,18	1
	130		1	

a) $\bar{x} = \bar{m} = \dfrac{1}{n}\sum \bar{m}_i n_i$

$= \dfrac{1}{130}(17{,}5 \cdot 27 + 40{,}5 \cdot 26 + 50 \cdot 29 + 57{,}5 \cdot 25 + 90{,}5 \cdot 23) = \dfrac{6494{,}5}{130} = 49{,}96$

$\bar{x}_M = 50$ (Klassenmitte der Klasse, bei der $\dfrac{n_i}{b_i} = \max$ ist)

$\tilde{x}_{0,5} = x_k' + b_k \dfrac{0{,}5 - H_{k-1}}{h_k} = 46 + 8 \dfrac{0{,}5 - 0{,}41}{0{,}22} = 46 + 3{,}27 = 49{,}27$

(mit k = Medianklasse)

b) $Q_{0,25} = \tilde{x}_{0,75} - \tilde{x}_{0,25}$

$\tilde{x}_{0,25} = x_k' + b_k \dfrac{0{,}25 - H_{k-1}}{h_k} = 35 + 11 \dfrac{0{,}25 - 0{,}21}{0{,}2} = 35 + 2{,}2 = 37{,}2$

$\tilde{x}_{0,75} = x_k' + b_k \dfrac{0{,}75 - H_{k-1}}{h_k} = 54 + 7 \dfrac{0{,}75 - 0{,}63}{0{,}19} = 54 + 4{,}42 = 58{,}42$

(mit k = Klasse, in die das entsprechende Quantil fällt)

$\Rightarrow Q_{0,25} = 58{,}42 - 37{,}2 = 21{,}22$

Aufgabe 54

a)

t	m_t	s_t	y_t	ty	t^2
1	5,5	0	5,5	5,5	1
2	6	0,2	6,2	12,4	4
3	6,5	0	6,5	19,5	9
4	7	-0,2	6,8	27,2	16
5	7,5	0	7,5	37,5	25
6	8	0,2	8,2	49,2	36
7	8,5	0	8,5	59,5	49
8	9	-0,2	8,8	70,4	64
9	9,5	0	9,5	85,5	81
10	10	0,2	10,2	102	100
55			77,7	468,7	385

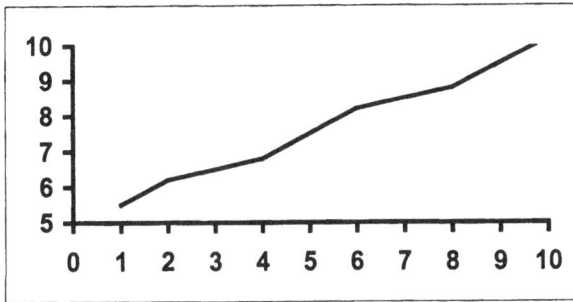

b) $b = \dfrac{s_{ty}}{s_t^2}$; $a = \bar{y} - b \cdot \bar{t}$

$$s_{ty} = \frac{1}{T}\sum ty - \bar{t}\bar{y} = \frac{1}{10}468{,}7 - 5{,}5 \cdot 7{,}77 = 4{,}135$$

$$s_t^2 = \frac{1}{T}\sum t^2 - \bar{t}^2 = \frac{1}{10}385 - 5{,}5^2 = 8{,}25$$

$$b = \frac{4{,}135}{8{,}25} = 0{,}5012 \; ; \; a = 7{,}77 - 0{,}5012 \cdot 5{,}5 = 5{,}0134$$

$$\Rightarrow \hat{y}_t = 5{,}0134 + 0{,}5012 \cdot t$$

c) Die Regressionsgerade stellt nicht den „wahren" Trend dar, sondern nur einen geschätzten.

Aufgabe 55

a)

i) Der Warenkorb ist zur Basis- und Berichtsperiode der gleiche.

ii) $P^L_{95,00} = \sum \dfrac{p_t}{p_0} \dfrac{p_0 q_0}{\sum p_0 q_0}$

$$= \frac{50}{40}\frac{40}{170} + \frac{60}{50}\frac{50}{170} + \frac{110}{80}\frac{80}{170} = 1{,}2941$$

iii) Identität: Mengen ändern sich nicht, also $Q^P_{95,00} = 1$.

b)

Merkmal	Skala
Benzinverbrauch eines Pkws	Ratioskala
Uhrzeit	Intervallskala
Qualität eines Restaurants (gemessen in „Sterne")	Ordinalskala
Anzahl der eingeschriebenen Studenten einer Universität	Absolutskala
Geschwindigkeit	Ratioskala
Matrikelnummern	Nominalskala

Aufgabe 56

a) amtliches Endergebnis

Partei	h_i	H_i	Sitze	q_i	Q_i	$(H_i+H_{i-1})q_i$
PDS	0,2	0,2	36	0,0538	0,0538	0,0108
FDP	0,2	0,4	43	0,0643	0,1181	0,0386
Grüne	0,2	0,6	47	0,0703	0,1884	0,0703
CDU/CSU	0,2	0,8	245	0,3662	0,5546	0,5127
SPD	0,2	1	298	0,4454	1	0,8018
			669			1,4341

$$D_G = \sum (H_i + H_{i-1})q_i - 1 = 1{,}4341 - 1 = 0{,}4341$$

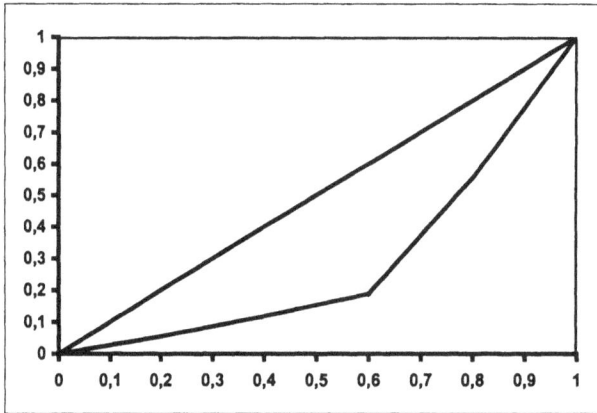

Regierung / Opposition

Partei	h_i	H_i	Sitze	q_i	Q_i
Opposition	0,5	0,5	324	0,4843	0,4843
Regierung	0,5	1	345	0,5157	1
			669		

Im Zwei-Klassen-Fall, lässt sich der Gini-Koeffizient berechnen als:
$D_G = h - q = 0{,}5 - 0{,}4843 = 0{,}0157$

Aufgabe 57

a) 1. Einkauf

Ware	S hat bezahlt (in DM)	Einheit	Preis pro Einheit
1 kg Brot	4,99	1 kg	4,99
1 kg Tomaten	3,99	1 kg	3,99
3 Liter Milch	2,97	1 Liter	0,99
200 g Frischwurst	3,18	100 g	1,59
500 g Butter	3,58	250 g	1,79

2. Einkauf

Ware	Preis pro Einheit (in DM)
750 g Brot	5,19
1,5 kg Tomaten	3,90
2 Liter Milch	1,15
300 g Frischwurst	1,74
250 g Butter	1,80

$$P_{01,02}^L = \frac{1 \cdot 5,19 + 1 \cdot 3,90 + 3 \cdot 1,15 + 2 \cdot 1,74 + 2 \cdot 1,80}{1 \cdot 4,99 + 1 \cdot 3,99 + 3 \cdot 0,99 + 2 \cdot 1,59 + 2 \cdot 1,79} = \frac{19,62}{18,71} = 1,0486 = 4,86\%$$

b) Identität heißt, dass eine Messzahl den Wert 1 annimmt, wenn Basis- und Berichtszeit gleich sind. Das wäre z.B. gegeben, wenn man die Ware Brot im Jahr 2001 nimmt: $m_{01,01} = \frac{y_{01}}{y_{01}} = \frac{4,99}{4,99} = 1$

Zeitumkehrbarkeit heißt, dass man, wenn man Basis- und Berichtjahr vertauscht, den Kehrwert der Messzahl bekommt. Auch hier wieder am Beispiel Brot:

$m_{01,02} = \frac{5,19}{4,99} = 1,04$ und $m_{02,01} = \frac{4,99}{5,19} = 0,9615 = \frac{1}{1,04}$

c) Der Laspeyres-Preisindex in der Messzahlenmittelwertformel ist ein gewogenes arithmetisches Mittel von Preismesszahlen. Gewichte sind die jeweiligen Ausgabenanteile zur Basiszeit

Aufgabe 58

a)

	Frauen	Männer	Summe
Selbständige	1012	2631	3643
Mithelfende Familienangehörige	243	80	323
Beamte	738	1577	2315
Angestellte	10096	7549	17645
Arbeiter	3835	8843	12678
Summe	15924	20681	36604

b) $h(X = \text{Angestellte}; Y = \text{Frau}) = \dfrac{10096}{36604} = 0{,}2758$

c) $h(X = \text{Angestellte}|Y = \text{Frau}) = \dfrac{n(X = \text{Angestellte}; Y = \text{Frau})}{n(Y = \text{Frau})} = \dfrac{10096}{15924} = 0{,}634$

d) Für Unabhängigkeit muss gelten $n_{ij} = \dfrac{n_{i\cdot} \cdot n_{\cdot j}}{n}$ für alle i, j. Hier ist aber

$\dfrac{n_{1\cdot} \cdot n_{\cdot 1}}{n} = \dfrac{3643 \cdot 15924}{36604} = 1584{,}83 \neq n_{11} = 1012$. Die Variablen sind also abhängig.

e) Beide Variablen sind nominalskaliert. Für einen Korrelationskoeffizienten sind aber metrisch skalierte Variablen nötig.

f) Wegen Nominalskala nur Modus möglich: $\bar{x}_M = \text{Angestellte}$

Aufgabe 59

	richtig	falsch
Da der Fisher'sche „Idealindex" $P_{0t}^F = \sqrt{P_{0t}^P P_{0t}^L}$ die Faktorumkehrprobe erfüllt, müssen auch die Preisindizes von Paasche und Laspeyres diese erfüllen.		X
Unabhängige Variablen sind <u>immer</u> unkorreliert.	X	
Unkorrelierte Variablen sind <u>immer</u> unabhängig.		X
Eine Variable, bei der die Ausprägungen $x_1 = 5$ und $x_2 = 7$ (ohne Informationsverlust!!) in $x_1 = 0$ und $x_2 = -4$ transformiert werden dürfen, bezeichnet man als nominalskaliert.	X	
Die Schwerpunkteigenschaft des arithmetischen Mittels sagt aus, dass sich positive und negative Abweichungen der Beobachtungen vom Mittelwert insgesamt ausgleichen.	X	

Eine negative interne Varianz im Rahmen einer Streuungszerlegung bei klassierten Daten ist in den meisten Fällen ein Zeichen dafür, dass einige Klassen „unterbesetzt" sind, also im Vergleich zu den anderen zu wenig Beobachtungen haben.		X
Das Bestimmtheitsmaß ist definiert als $B_{yx} = \dfrac{s_{\hat{y}}^2}{s_y^2}$. Eine weitere mögliche Berechnung ist $B_{yx} = \dfrac{b^2 s_x^2}{s_y^2}$.	X	
Das Axiom der Dimensionalität besagt, dass ein Laspeyres Preisindex, der aus Euro-Preisen gewonnen wurde, mit Hilfe des amtlichen Wechselkurses (1 € = 1,95583 DM) in einen Laspeyres Preisindex überführt werden kann, der aus DM-Preisen gewonnen wurde.		X
Das harmonische Mittel einer ordinalskalierten Variablen kann bei unbekannter Varianz approximativ als Interpolation zwischen dem arithmetischen und dem geometrischen Mittel bestimmt werden.		X
Bei der Methode der Kleinsten Quadrate gilt: $r_{ux} = r_{u\hat{y}} = 0$. Dann gilt auch $r_{x\hat{y}} = 0$.		X

Aufgabe 60

a)

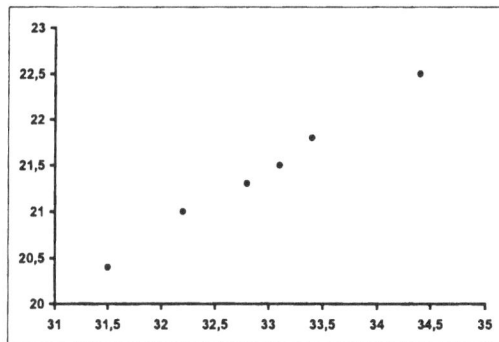

b)

x_i	y_i	$x_i y_i$	x_i^2	y_i^2
31,5	20,4	642,6	992,25	416,16
32,2	21	676,2	1036,84	441
32,8	21,3	698,64	1075,84	453,69
33,1	21,5	711,65	1095,61	462,25
33,4	21,8	728,12	1115,56	475,24
34,4	22,5	774	1183,36	506,25
197,4	128,5	4231,21	6499,46	2754,59

$$\bar{x} = \frac{197,4}{6} = 32,9\,; \ \bar{y} = \frac{128,5}{6} = 21,4167$$

$$s_x^2 = \frac{6499,46}{6} - 32,9^2 = 0,8333\,; \ s_y^2 = \frac{2754,59}{6} - 21,4167^2 = 0,4233$$

$$s_{xy} = \frac{4231,21}{6} - 32,9 \cdot 21,4167 = 0,5922\,; \ r_{xy} = \frac{0,5922}{\sqrt{0,8333 \cdot 0,4233}} = 0,997$$

Scheinkorrelation bedeutet, dass der Korrelationskoeffizient einen starken Zusammenhang anzeigt, der inhaltlich aber nicht exisitiert. Ein Grund dafür kann z.B. der gemeinsame Einfluss einer dritten Variable auf X und Y sein.

c) $s_{\hat{y}}^2 = 0,712^2 \cdot 0,8333 = 0,4224$;

$$B_{yx} = \frac{0,4224}{0,4233} = 0,9979 \text{ (oder } B_{yx} = r_{xy}^2 = 0,997^2 = 0,994 \text{ mit Rundungsfehlern)}$$

Aufgabe 61

a) $P_{0t}^L = \sum \frac{p_t}{p_0} \frac{p_0 q_0}{\sum p_0 q_0} = 0,2 \cdot (0,956 + 1,023 + 0,496 + 0,958 + 0,889) = 0,8644$

b) $P_{0t}^L = \frac{\sum p_t q_0}{\sum p_0 q_0} = \frac{10 \cdot (39,96 + 49,00 + 9,51 + 49,19 + 70,32)}{10 \cdot (41,80 + 47,90 + 19,18 + 51,35 + 79,10)} = \frac{2179,8}{2393,3} = 0,9108$

c) Keine Veränderungen, weil die Mengen zur Basisperiode unverändert sind.

d) Keine Veränderung, weil der Laspeyres-Index dem Axiom der Dimensionalität gehorcht (Unabhängigkeit von der Währungseinheit)

Aufgabe 62

a) Diagramm A: $r_{xy} = -1$

Diagramm B: $r_{xy} = 0$

Diagramm C: Es existiert kein Korrelationskoeffizient, weil $r_y^2 = 0$ ist.

b) Parallele zur Abszisse durch $y = 2,5$

c) Wegen $0 < r_{xy} \le 1$ (positive Kovarianz!) nimmt s_y^2 seinen Mindestwert an, wenn $r_{xy} = 1$ (je höher s_y^2 wird desto mehr strebt r_{xy} gegen null). Also:

$r_{xy} = \frac{s_{xy}}{s_x s_y} \Leftrightarrow s_y = \frac{s_{xy}}{s_x r_{xy}} = \frac{10}{5 \cdot 1} = 2$. Die Varianz von Y beträgt also mindestens 4.

Aufgabe 63

a)

x_i	n_i	$x_i n_i$
0	3	0
1	6	6
2	1	2
3	4	12
4	2	8
5	1	5
Summe	17	33

Rechte Spalte für Aufgabe d)

b) $h(x \geq 2) = 1 - h(x \leq 1) = 1 - \dfrac{9}{17} = \dfrac{8}{17} = 0{,}4706$

c)

	gewonnen	nicht gewonnen	Σ
weniger als 2 Tore	2	7	9
mind. 2 Tore	7	1	8
Σ	9	8	17

$h(x \geq 2|\text{gewonnen}) = \dfrac{7}{9} = 0{,}\overline{7}$

d) $\bar{x} = \dfrac{1}{n} \sum x_i n_i = \dfrac{33}{17} = 1{,}94$

e)

Gegner	Ergebnis	Zuschauer	Rang
Eintracht Braunschweig	3:1	10.069	13
Wattenscheid 09	4:0	8.704	11
Fortuna Düsseldorf	1:1	14.071	17
SC Verl	3:3	7.401	5
VfL Osnabrück	0:0	8.011	8
KFC Uerdingen	0:0	11.055	14
Dresdner SC	3:0	6.021	2
SC Paderborn	2:1	7.853	7
Preußen Münster	1:2	8.685	10
Holstein Kiel	1:0	5.743	1
Erzgebirge Aue	1:0	7.008	4

1. FC Magdeburg	5:1	8.037	9
Bayer Leverkusen (A)	1:1	8.720	12
VfB Lübeck	0:1	13.669	16
Chemnitzer FC	3:2	7.818	6
Fortuna Köln	1:1	12.547	15
Werder Bremen (A)	4:2	6.712	3

$$\tilde{x}_{0,5} = x_{(9)} = 8.037$$

Aufgabe 64

	richtig	falsch
Die Steigungskoeffizienten b und d der Regressionsgeraden $\hat{y} = a + bx$ und $\hat{x} = c + dy$ ergeben als Summe 1.		X
Ein diskretes Merkmal <u>kann</u> unendlich viele Ausprägungen haben, ein stetiges Merkmal hat <u>immer</u> unendlich viele Ausprägungen.	X	
Bei einer klassierten Verteilung mit fünf Klassen liegt das arithmetische Mittel immer in der mittleren (also der dritten) Klasse		X
Der Median heißt auch „Zentralwert" und „0,5-Quantil"	X	
Die mit Hilfe der Methode der gleitenden Durchschnitte berechneten trendbereinigten Werte liegen immer auf einer Geraden.		X
Der Laspeyres Preisindex kann als arithmetisches Mittel von Preismesszahlen berechnet werden, während der Paasche Index ein harmonisches Mittel bildet. Nach der Ungleichung von Cauchy gilt $\bar{x}_H < \bar{x}$. Daher muss auch gelten $P^P < P^L$.		X
Die Summe der Residuen ist im Rahmen einer Kleinst-Quadrate-Schätzung immer gleich null.	X	
Bei einer Lineartransformation y = a + bx einer intervallskalierten Variable mit b > 1 nimmt die Varianz immer zu.	X	
Flachgewölbte Verteilungen sind meist symmetrisch.		X
Die Lorenzkurve einer Einkommensverteilung mit negativem Gini-Koeffizienten ist monoton steigend.		X

Hinweis zur 6. Frage: Falsch ist nur die Schlussfolgerung auf $P^P < P^L$. Eine solche Schlussfolgerung kann hier nicht gezogen werden. Die ersten beiden Sätze sind dagegen richtig.

Aufgabe 65

a)

	diskret	stetig	nominal	ordinal	Intervall-skala	Ratio-skala	Absolut-skala
Augenfarbe	X		X				
Fahrtzeit zur Arbeit		X				X	
Zufriedenheit mit Studiensituation	X			X			
Beschäftigtenzahl	X						X
Jahreszeit	X		X				
Entfernung		X				X	

b)

	x_i	n_i	$x_i n_i$	q_i	Q_i	h_i	H_i	$(H_i + H_{i-1})q_i$
klein	120.000	5	600.000	0,2	0,2	0,5	0,5	0,1
mittel	300.000	4	1.200.000	0,4	0,6	0,4	0,9	0,56
groß	1.200.000	1	1.200.000	0,4	1	0,1	1	0,76
		10	3.000.000					1,42

Gini-Koeffizient: $D_G = \sum (H_i + H_{i-1})q_i - 1 = 1,42 - 1 = 0,42$

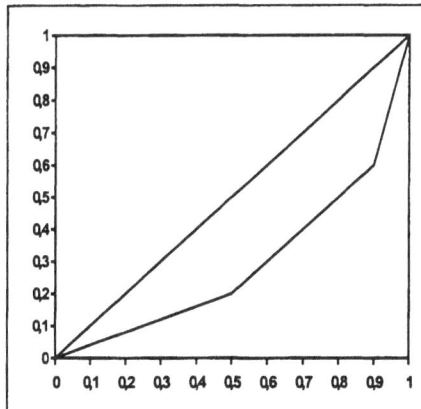

Aufgabe 66

Gewichtsverlust (von ... bis unter ...)	H(x)	h(x)	h*(x)
0 - 1kg	0,25	0,25	0,25
1 - 3 kg	0,65	0,4	0,2
3 - 5 kg	0,75	0,1	0,05
5 - 8 kg	0,95	0,2	0,067
8 - 15 kg	1	0,05	0,007

a)

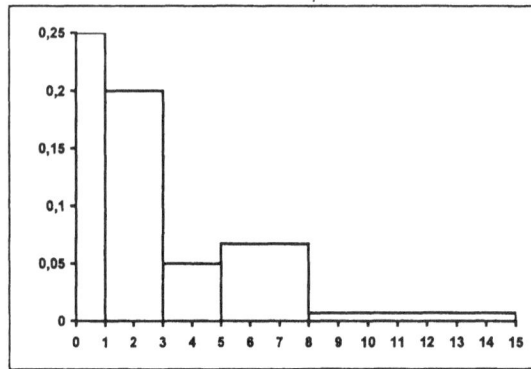

b) $\tilde{x}_{0,5} = x_k' + b_k \dfrac{0,5 - H_{k-1}}{h_k} = 1 + 2 \cdot \dfrac{0,5 - 0,25}{0,4} = 2,25$

(mit k = Medianklasse)

$\tilde{x}_{0,1} = x_k' + b_k \dfrac{0,1 - H_{k-1}}{h_k} = 0 + 1 \cdot \dfrac{0,1 - 0}{0,25} = 0,4$

(mit k = Klasse, in der das 0,1-Quantil liegt)

c) $\bar{x} = \bar{m} = \sum m_i h_i = 0,5 \cdot 0,25 + 2 \cdot 0,4 + 4 \cdot 0,1 + 6,5 \cdot 0,2 + 11,5 \cdot 0,05 = 3,2$

d) Es müsste in allen Klassen $m_k = \bar{x}_k$ gelten, z.B. indem die Werte gleichmäßig über die Klasse verteilt sind oder im Gegenteil alle auf m_k konzentriert sind.

Aufgabe 67

a) Richtig ist Lösung B. Sie entspricht der Formel $P_{0t}^L = \dfrac{\sum p_t q_0}{\sum p_0 q_0}$

Zu Lösung A: Letztendlich (wenn man die Mengen herauskürzt) eine Summe von Preismesszahlen, was aber keinen Sinn macht. Entspringt wahrscheinlich einer völligen Ahnungslosigkeit, wie mit dem Summenzeichen umzugehen ist (und wird in Klausuren immer wieder gerne gemacht).

Zu Lösung C: Preisindex für jedes Gut einzeln macht keinen Sinn (wird aber auch in Klausuren immer wieder gemacht)

b) $\bar{x}_H = \dfrac{1000}{\dfrac{500}{2}+\dfrac{200}{3}+\dfrac{300}{4}} = 2{,}5532$

Aufgabe 68

a)

i	x_i	n_i
1	2	2
2	5	> 2
3	8	2

b)

Chemie	Merkmalsausprägung
Zufriedenheit mit Studium	Merkmal
alle befragten Studenten	Masse
Studiengang	Merkmal
die befragte Studentin Susanne W.	Einheit
mittelmäßig	Merkmalsausprägung
5 Semester	Merkmalsausprägung

Aufgabe 69

a) $r_{xy} = 9 \Rightarrow B_{yx} = r_{xy}^2 = 0{,}81$

$B_{yx} = \dfrac{s_{\hat{y}}^2}{s_y^2} \Rightarrow s_{\hat{y}}^2 = B_{yx}s_y^2 = 0{,}81 \cdot 2500 = 2025$

$s_u^2 = s_y^2 - s_{\hat{y}}^2 = 2500 - 2025 = 475$

b) Merkmal X: Seitenlänge eines Puzzleteils

$V = \dfrac{s}{\bar{x}} = 0{,}5 \Rightarrow s = 0{,}5 \cdot 6cm = 3cm \Rightarrow s^2 = 9cm^2$

gesucht: Fläche aller Puzzleteile: $\sum_{i=1}^{20} x_i^2 = ?$

$s^2 = \dfrac{1}{n}\sum_{i=1}^{n} x_i^2 - \bar{x}^2$

$$\Rightarrow 9 = \frac{1}{20}\sum_{i=1}^{20} x_i^2 - 6^2$$

$$\Rightarrow 9+36 = \frac{1}{20}\sum_{i=1}^{20} x_i^2$$

$$\Rightarrow 45\cdot 20 = \sum_{i=1}^{20} x_i^2 = 900\,cm^2$$

Aufgabe 70

a)

i) $P_{00,02}^L = \sum \frac{p_t}{p_0}\frac{p_0 q_0}{\sum p_0 q_0} = 1{,}05\cdot 0{,}2 + 1{,}1\cdot 0{,}5 + 0{,}95\cdot 0{,}3 = 1{,}045$

ii) Offensichtlich findet aufgrund der Preiserhöhung im Kino und der Preissenkung im Schwimmbad eine Substitution statt. Die Kovarianz zwischen Preis- und Mengenmesszahlen ist also negativ und damit ist $P^L > P^P$.

iii) Reale Ausgaben: $Q_{00,02}^L = 0{,}965$

Nominale Ausgaben: $W_{00,02} = 1$

$$W = P^P Q^L \Rightarrow P_{00,02}^P = \frac{W_{00,02}}{Q_{00,02}^L} = \frac{1}{0{,}965} = 1{,}0363$$

b)

i) Mitarbeiter: L1 : L2 : L3 = 4 : 3 : 1
Löhne: L1 : L2 : L3 = 2 : 3 : 3

	h_i	H_i	q_i	Q_i	$(H_i + H_{i-1})q_i$
L1	0,5	0,5	0,25	0,25	0,125
L2	0,375	0,875	0,375	0,625	0,516
L3	0,125	1	0,375	1	0,703
					1,344

$$D_G = \sum (H_i + H_{i+1})q_i - 1 = 1{,}344 - 1 = 0{,}344$$

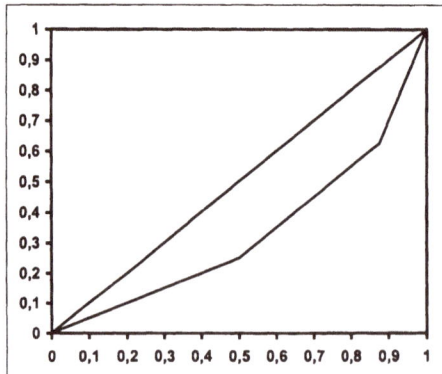

ii) Es würde sich nichts ändern, weil die relativen Größen, also h_i und q_i gleich bleiben würden.

Aufgabe 71

a)

i)

t	y_t	$\tilde{y}_t$
1	108	-
2	100	100
3	92	100
4	108	100
5	100	100
6	92	100
7	108	100
8	100	100
9	92	100
10	108	100
11	100	100
12	92	-

Offensichtlich gibt es keinen Trend.

ii) Es fallen jeweils am Anfang und am Ende $\frac{p}{2}$ Werte weg. Hier wären das also jeweils 2 Werte, so dass die ursprüngliche Zeitreihe 24 Werte hatte.

b)

	diskret	stetig	nominal	ordinal	Intervallskala	Ratioskala	Absolutskala
Telefonvorwahl	X✓		O	X			
Regenmenge in einer Stunde		X✓			X	O	
Absolventenzahl einer Universität	O	X				X	O
Sitzplatznummer in einem Theater	X✓		X	O			
Farbe eines VW Golf Baujahr 2003	X✓		O				X

Hinweis: Die „O" sind die korrigierten Antworten.

Aufgabe 72

a) Hinweis: Im folgenden wird eine ganze Auswahl an Streuungsmaßen angeboten. Gefragt war natürlich nach jeweils einem davon (pro Prinzip).

Es ist: $\bar{x} = \tilde{x}_{0,5} = 13$

Prinzip 1:

- Varianz: $s^2 = \frac{1}{n}\sum x_i^2 - \bar{x}^2 = \frac{1}{5}\left(10^2 + 11^2 + 13^2 + 14^2 + 17^2\right) - 13^2 = 6$
- Standardabweichung: $s = \sqrt{s^2} = \sqrt{6} = 2{,}449$
- Variationskoeffizient: $V = \frac{s}{\bar{x}} = \frac{\sqrt{6}}{13} = 0{,}188$
- Durchschnittl. Abw. vom Median: $d_x = \frac{1}{n}\sum\left|x_i - \tilde{x}_{0,5}\right| = \frac{1}{5}(3 + 2 + 0 + 1 + 4) = 2$

Prinzip 2:

- Spannweite: $R = x_{(n)} - x_{(1)} = 17 - 10 = 7$
- Quartilsabstand:

  $Q_{0,25} = \tilde{x}_{0,75} - \tilde{x}_{0,25} = 14 - 11 = 3$

  $\tilde{x}_{0,75} = x_{([5\cdot0,75+1])} = x_{([4,75])} = x_{(4)} = 14$

  $\tilde{x}_{0,25} = x_{([5\cdot0,25+1])} = x_{([2,25])} = x_{(2)} = 11$

- Mittlerer Quartilsabstand: $\overline{Q}_{0,25} = \frac{1}{2}\cdot 3 = 1{,}5$

Prinzip 3: Ginis Dispersionsmaß

Die folgende Tabelle stellt die absoluten Differenzen zwischen den Beobachtungen dar:

	10	11	13	14	17	Σ
10	-	1	3	4	7	15
11	-	-	2	3	6	11
13	-	-	-	1	4	5
14	-	-	-	-	3	3
17	-	-	-	-	-	34

$$S_G = \frac{2}{n(n-1)}\sum_{v<w}\left|x_v - x_w\right| = \frac{2}{5\cdot4}\cdot 34 = 3{,}4$$

b) Fragestellung nach der Schwerpunkteigenschaft des arithmetischen Mittels

$$\bar{x} = \frac{1}{3+n_2}(0\cdot3 + 80\cdot n_2) = 56$$

$80n_2 = 168 + 56n_2$

$24n_2 = 168$

$n_2 = 7$

117

Aufgabe 73

X = Zahl der gewonnen Titel

x_i	n_i	$x_i n_i$	q_i	Q_i	h_i	H_i	$(H_i + H_{i-1})q_i$
1	3	3	0,073	0,073	0,273	0,273	0,02
2	3	6	0,146	0,219	0,273	0,546	0,12
3	2	6	0,146	0,365	0,182	0,728	0,186
4	1	4	0,098	0,463	0,09	0,818	0,152
5	1	5	0,122	0,585	0,09	0,910	0,21
17	1	17	0,414	1	0,09	1	0,79
Summe	11	41					1,478

a) $D_G = \sum (H_i + H_{i-1})q_i - 1 = 1{,}478 - 1 = 0{,}478$

b)

x_i	n_i	$x_i n_i$	q_i	Q_i	h_i	H_i	$q_i(H_i + H_{i-1})$
0	37	0	0	0	0,77	0,77	0
1	3	3	0,073	0,073	0,0625	0,8325	0,117
2	3	6	0,146	0,219	0,0625	0,895	0,252
3	2	6	0,146	0,365	0,0417	0,9367	0,267
4	1	4	0,098	0,463	0,0208	0,9575	0,186
5	1	5	0,122	0,585	0,0208	0,9783	0,236
17	1	17	0,414	1	0,0208	1	0,819
Summe	48	41					1,877

$D_G = 1{,}877 - 1 = 0{,}877$

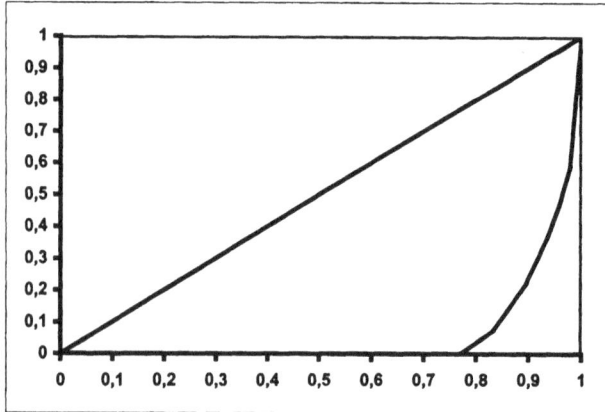

Aufgabe 74

a)

	p_E	q_E	p_{HH}	q_{HH}	$p_E q_{HH}$	$p_{HH} q_{HH}$	$p_{HH} q_E$	$p_E q_E$
PK 1	98,7	5	123,9	8	789,6	991,2	619,5	493,5
PK 2	88,2	10	112,4	10	882	1124	1124	882
PK 3	77,7	10	89,4	12	932,4	1072,8	894	777
PK 4	60,9	15	66,4	20	1218	1328	996	913,5
					3822	4516	3633,5	3066

$$P_{HH,E}^{L} = \frac{\sum p_E q_{HH}}{\sum p_{HH} q_{HH}} = \frac{3822}{4516} = 0,846$$

$$Q_{HH,E}^{L} = \frac{\sum q_E p_{HH}}{\sum q_{HH} p_{HH}} = \frac{3633,5}{4516} = 0,805$$

b)

	Varianz	Spannweite	Ginis Maß	Keines der Genannten
Geschlecht				X
Klausurnoten				X
Umsatz	X	X	X	

c)

Verteilung 1	linkssteil	symmetrisch	rechtssteil	Nicht anwendbar
SK$_M$		X		
Fechner'sche Regel		X		

Verteilung 2	linkssteil	symmetrisch	rechtssteil	Nicht anwendbar
SK$_M$		X		
Fechner'sche Regel				X

X	Bei symmetrischen Verteilungen gilt immer $\bar{x} = \tilde{x}_{0,5}$.
	Verteilungen, bei denen $\bar{x} = \tilde{x}_{0,5}$ gilt, sind immer symmetrisch.

Aufgabe 75

a)

t	y_t	$\tilde{y}_t$	$t \cdot y_t$	t^2
-4	923	-	-3692	16
-3	831	-	-2493	9
-2	911	879,875	-1822	4
-1	883	879,5	-883	1
0	866	884,5	0	0
1	885	884	885	1
2	897	879,625	1794	4
3	893	-	2679	9
4	821	-	3284	16
Summe	7910		-248	60

b) $\hat{y}_t = a + b \cdot t$

$$a = \frac{\sum y_t}{T} = \frac{7910}{9} = 878,\overline{8}$$

$$b = \frac{\sum t \cdot y_t}{\sum t^2} = \frac{-248}{60} = -4,1\overline{3}$$

$$\Rightarrow \hat{y}_t = 878,\overline{8} - 4,1\overline{3} \cdot t$$

Prognose für t = 5: ˙

$$\hat{y}_5 = 878,\overline{8} - 4,1\overline{3} \cdot 5 = 858,\overline{2} \approx 858$$

c) $y_{t+1}^P = \alpha \cdot y_t + (1-\alpha) \cdot y_t^P$

$$y_6^P = 0,7 \cdot 909 + 0,3 \cdot 858 = 893,7 \approx 894$$

Aufgabe 76

	n_i	$\overline{x}_i$	s_i^2	h_i	$\overline{x}_i h_i$	$(\overline{x}_i - \overline{x})^2 h_i$	$s_i^2 h_i$	h_i^*	H_i
0 - 10	12	5	8	0,12	0,6	227,28	0,96	0,012	0,12
10 - 25	12	17	18	0,12	2,04	119,22	2,16	0,008	0,24
25 - 40	14	33	27	0,14	4,62	33,72	3,78	0,009	0,38
40 - 50	16	44	7	0,16	7,04	3,27	1,12	0,016	0,54
50 - 80	30	65	59	0,3	19,5	81,48	17,7	0,01	0,84
80 - 100	16	92	36	0,16	14,72	302,48	5,76	0,008	1
Summe	100				48,52	767,45	31,48		

a) $\overline{x} = \sum \overline{x}_i h_i = 48,52$

b) $s^2 = \sum (\overline{x}_i - \overline{x})^2 + \sum s_i^2 h_i = 767,45 + 31,48 = 798,93$

c) $\overline{x}_M = 45$ (Klassenmitte der Klasse mit $h^* = max$)

d) $\tilde{x}_{0,8} = x_k' + b_k \dfrac{0,8 - H_{k-1}}{h_k} = 50 + 30 \cdot \dfrac{0,8 - 0,54}{0,3} = 76$

   (mit k = Klasse, in der das Quantil liegt)

e) Prinzip der Flächentreue

Aufgabe 77

a)

x_i	n_i	h_i	H_i	$x_i n_i$	q_i	Q_i	$(H_i + H_{i-1})q_i$
1	11	0,5	0,5	11	0,11	0,11	0,055
2	1	0,045	0,545	2	0,02	0,13	0,0209
3	4	0,182	0,727	12	0,12	0,25	0,1526

4	1	0,045	0,772	4	0,04	0,29	0,06
5	3	0,136	0,908	15	0,15	0,44	0,252
14	1	0,045	0,953	14	0,14	0,58	0,2605
42	1	0,045	1	42	0,42	1	0,82
	22			100			1,621

Lorenzkurve:

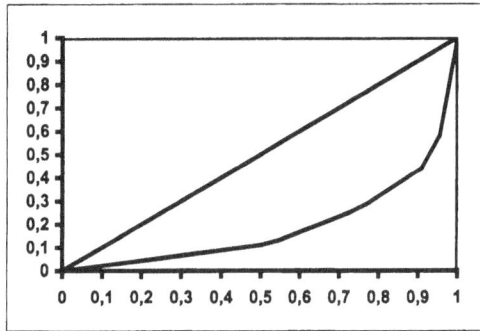

Gini-Koeffizient:

$$D_G = \sum (H_k + H_{k-1}) \cdot q_k - 1 = 1{,}621 - 1 = 0{,}621$$

b)

	n_k	h_k	$n_k^{\cdot}$
4,5 - 5	16	0,16	32
5 - 6	17	0,17	17
6 - 7	13	0,13	13
7 - 8	12	0,12	12
8 - 10	12	0,12	6
10 - 12	9	0,09	4,5
12 - 20	11	0,11	1,375
20 - 50	10	0,1	0,33
Summe	100		

i)

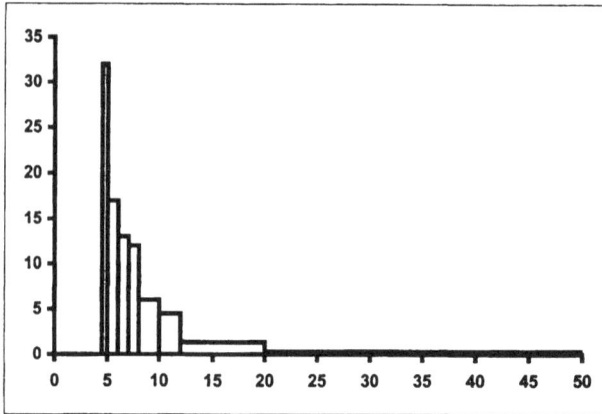

ii) $\overline{x}_M = 4{,}75$ (Klassenmitte der Klasse mit $n^{\bullet} = \max$)

Aufgabe 78

	n_k	h_k	H_k	$\overline{x}_k$	s_k^2	$n_k^{\bullet}$	$\overline{x}_k n_k$	$\overline{x}_k^2 n_k$	$s_k^2 n_k$
4,5 - 5	16	0,16	0,16	4,72	0,02	32	75,52	356,45	0,32
5 - 6	17	0,17	0,33	5,46	0,09	17	92,82	506,8	1,53
6 - 7	13	0,13	0,46	6,38	0,12	13	82,94	529,16	1,56
7 - 8	12	0,12	0,58	7,51	0,06	12	90,12	676,8	0,72
8 - 10	12	0,12	0,7	8,72	0,32	6	104,64	912,46	3,84
10 - 12	9	0,09	0,79	10,97	0,61	4,5	98,73	1083,07	5,49
12 - 20	11	0,11	0,9	15,47	7,89	1,375	170,17	2632,53	86,79
20 - 50	10	0,1	1	25,5	94,17	0,33	255	6502,5	941,7
Summe	100						969,94	13199,77	1041,95

a) $\overline{x} = \dfrac{1}{n}\sum \overline{x}_k n_k = \dfrac{1}{100} \cdot 969{,}94 = 9{,}6994 \approx 9{,}7$

$s^2 = \dfrac{1}{n}\sum \overline{x}_k^2 n_k - \overline{x}^2 + \dfrac{1}{n}\sum s_k^2 n_k = \dfrac{1}{100} 13.199{,}77 - 9{,}7^2 + \dfrac{1}{100} 1041{,}95$

$\quad = 131{,}9977 - 94{,}09 + 10{,}4195 = 48{,}3272$

b) $Q_{0,25} = \widetilde{x}_{0,75} - \widetilde{x}_{0,25}$

$\quad \widetilde{x}_{0,75} = x_k' + b_k \cdot \dfrac{0{,}75 - H_{k-1}}{h_k} = 10 + 2 \cdot \dfrac{0{,}75 - 0{,}7}{0{,}09} = 11{,}1$

$$\tilde{x}_{0,25} = x_k' + b_k \cdot \frac{0,25 - H_{k-1}}{h_k} = 5 + 1 \cdot \frac{0,25 - 0,16}{0,17} = 5,53$$

(mit k = Klasse, in der das entsprechende Quantil liegt)

$$Q_{0,25} = 11,1 - 5,53 = 5,57$$

Aufgabe 79

a)

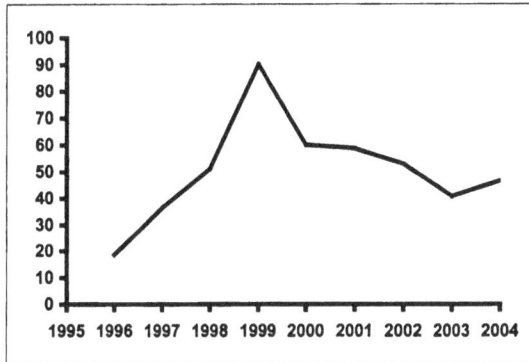

b)

Jahr	y_t	$m_{00,t}$	w_t	r_t
1996	18,5	0,3083	-	-
1997	36,4	0,6067	1,97	0,97
1998	51	0,8500	1,40	0,40
1999	90	1,5000	1,76	0,76
2000	60	1,0000	0,67	-0,33
2001	58,7	0,9783	0,98	-0,02
2002	52,8	0,8800	0,90	-0,10
2003	40,7	0,6783	0,77	-0,23
2004	46,6	0,7767	1,14	0,14
	454,7			

c) s. Tabelle

d) Wachstumsrate 2003 – 2004: 14%

$$46,6 \cdot 1,14^t = 90$$

$$\Leftrightarrow 1,14^t = \frac{90}{46,6}$$

$$\Leftrightarrow t \cdot \ln 1{,}14 = \ln \frac{90}{46{,}6}$$

$$\Leftrightarrow t = \frac{\ln \dfrac{90}{46{,}6}}{\ln 1{,}14} = 5{,}02 \text{ Jahre, also } 2009$$

Aufgabe 80

a)

Jahr	$\overset{\bullet}{t}$	y_t	$\overset{\bullet}{t}y_t$	$\overset{\bullet 2}{t}$
1996	-4	18,5	-74	16
1997	-3	36,4	-109,2	9
1998	-2	51	-102	4
1999	-1	90	-90	1
2000	0	60	0	0
2001	1	58,7	58,7	1
2002	2	52,8	105,6	4
2003	3	40,7	122,1	9
2004	4	46,6	186,4	16
		454,7	97,6	60

$$\hat{y}_{t^\bullet} = a + b \cdot t^\bullet$$

$$b = \frac{\sum t^\bullet y_t}{\sum t^{\bullet 2}} = \frac{97{,}6}{60} = 1{,}63$$

$$a = \frac{\sum y_t}{T} = \frac{454{,}7}{9} = 50{,}52$$

$$\hat{y}_{t^\bullet} = 50{,}52 + 1{,}63 \cdot t^\bullet$$

b) $\hat{y}_{t^\bullet} = 50{,}52 + 1{,}63 \cdot t^\bullet = 90$

$$t^\bullet = \frac{90 - 50{,}52}{1{,}63} = 24{,}22$$

Das entspricht also dem Jahr 2024.

c) $y_{2005}^P = \sum_{i=0}^{n} \alpha(1-\alpha)^i y_{t-i} + (1-\alpha)^{n+1} y_{t-n}^P$

$= 0{,}5 \cdot 0{,}5^0 \cdot 46{,}6 + 0{,}5 \cdot 0{,}5^1 \cdot 40{,}7 + 0{,}5 \cdot 0{,}5^2 \cdot 52{,}8 + 0{,}5 \cdot 0{,}5^3 \cdot 58{,}7 + 0{,}5 \cdot 0{,}5^4 \cdot 60$

$$+\,0{,}5 \cdot 0{,}5^5 \cdot 90 + 0{,}5 \cdot 0{,}5^6 \cdot 51 + 0{,}5 \cdot 0{,}5^7 \cdot 36{,}4 + 0{,}5 \cdot 0{,}5^8 \cdot 18{,}5 + 0{,}5^9 \cdot 18{,}5$$

$$= 47{,}6 + 0{,}036 = 47{,}636$$

Teil 3

Aufgaben zur

Induktiven Statistik

Aufgabe 81

Bei einem Fußballspiel spielen die Mannschaften A und B gegeneinander. Die Wahrscheinlichkeit, dass A gewinnt (Ereignis G), beträgt 0,6 (das Ergebnis „unentschieden" wird durch die Möglichkeit einer Verlängerung und eines Elfmeterschießens ausgeschlossen). Gleichzeitig ist die Mannschaft A als „Tretertruppe" bekannt. Daher liegt die Wahrscheinlichkeit, dass sie während eines Spiels einen Spieler durch eine rote Karte (Ereignis R) verliert, bei 0,5. Die Wahrscheinlichkeit einen Spieler zu verlieren und das Spiel zu gewinnen beträgt 0,3.

a) Wie groß ist die Wahrscheinlichkeit, dass

   i) die Mannschaft gewinnt, wenn ein Spieler vom Platz gestellt wurde? (2 Punkte)

   ii) kein Spieler vom Platz gestellt wird und die Mannschaft gewinnt? (2 Punkte)

   iii) nur **eines** der Ereignisse eintritt: ein Spieler wird vom Platz gestellt oder die Mannschaft gewinnt? (2 Punkte)

b) Sind die Ereignisse „ein Spieler wird vom Platz gestellt" und „Spielausgang" unabhängig? (1 Punkt)

c) Wegen des undisziplinierten Verhaltens der Mannschaft ordnet der Trainer gelegentlich Straftraining an (Ereignis S). Nach einem verlorenen Spiel beträgt die Wahrscheinlichkeit eines Straftrainings 0,8, nach einem gewonnenen Spiel nur 0,4. Wie groß ist die Wahrscheinlichkeit, dass Straftraining verordnet wird? (3 Punkte)

Aufgabe 82

Ein Unternehmen hat eine offene Stellen zu vergeben, für die ein Hochschulabsolvent eingestellt werden soll. Die Wahrscheinlichkeit, dass ein Bewerber geeignet ist, beträgt 0,5.

a) Wie groß ist die Wahrscheinlichkeit, dass von 8 Bewerbern

   i) fünf

   ii) weniger als fünf

   ii) mehr als fünf

   als geeignet eingestuft werden können? (6 Punkte)

b) Das Unternehmen möchte 20 Bewerber zu einem Gespräch einladen. Wie groß ist die approximative Wahrscheinlichkeit, dass es unter 50 Bewerbern höchstens 20 geeignete findet? (2 Punkte)

c) Mit welcher Wahrscheinlichkeit ist erst der fünfte Bewerber geeignet? (2 Punkte)

Aufgabe 83

Eine Zufallsvariable X habe die Dichtefunktion

$$f(x) = \begin{cases} \dfrac{1}{2} - \dfrac{1}{8}x & \text{, für } 0 \le x \le 4 \\ 0 & \text{, sonst} \end{cases}$$

a) Wie groß sind der Erwartungswert und die Varianz von X? (4 Punkte)

b) Wie lautet die Verteilungsfunktion der Zufallsvariablen X? (2 Punkte)

c) Wie groß ist die Wahrscheinlichkeit, dass X

   i) größer als 2 ist,

   ii) zwischen 1 und 3 liegt? (4 Punkte)

Aufgabe 84

Ein bestimmtes landwirtschaftliches Erzeugnis wird von einer Jury in drei Güteklassen eingeteilt, und zwar sowohl bezüglich seines Gesamteindrucks X als auch bezüglich des Gehalts Y an einer gewissen Substanz. Ein Erzeuger rechnet mit folgenden Wahrscheinlichkeiten, dass das von ihm eingereichte Produkt bezüglich der beiden Merkmale X und Y in die einzelnen Güteklassen fällt:

X \ Y	1	2	3
1	0,05	0,05	0
2	0,05	0,15	0,1
3	0	0,15	0,45

a) Bestimmen Sie die Randverteilung von X und Y. (2 Punkte)

b) Sind der Gesamteindruck X und der Gehalt Y stochastisch unabhängig? (1 Punkt)

c) Wie wahrscheinlich ist es, dass das Produkt bezüglich des Gesamteindrucks schlechtestenfalls in Klasse 2 fällt? (2 Punkte)

d) Wie groß ist die Wahrscheinlichkeit, dass das eingereichte Produkt bzgl. des Gesamteindrucks X und des Gehalts Y in die Klasse 1 oder 2 fällt? (2 Punkte)

e) Der Erzeuger weiß bereits, dass sein Produkt bezüglich der Substanz in die Klasse 1 gefallen ist. Wie wahrscheinlich ist es dann, dass es auch bezüglich des Gesamteindruck in Klasse 1 fällt. (3 Punkte)

Aufgabe 85

In einer Grundschulklasse wird den Schülern eine Testaufgabe vorgelegt. Die Zeit X, die sie zur Lösung dieser Aufgabe benötigen, kann als normalverteilt angesehen werden. Vier **Jungen** dieser Klasse benötigen **13, 16, 26** und **29** Minuten. Die geschätzte Standardabweichung der Grundgesamtheit beträgt $\hat{\sigma} = 7,7$.

a) Bestimmen Sie ein 99%iges Konfindenzintervall für die erwartete Lösungszeit in der Klasse. (5 Punkte)

b) Unter den **Mädchen** dieser Klasse ergab eine Stichprobe vom Umfang $n_M = 8$ das arithmetische Mittel $\bar{x}_M = 19$ und die empirische Varianz $s_M^2 = 50$. Die empirische Varianz in der Stichprobe der **Jungen** hat den Wert $s_J^2 = 100$. Überprüfen Sie mit Hilfe eines statistischen Tests zum Niveau $\alpha = 0,05$, ob bei der mittleren Lösungszeit für Jungen und Mädchen ein Unterschied besteht.

   Hinweis: Es wird angenommen, dass die tatsächlichen Varianzen in den Grundgesamtheiten gleich sind. (5 Punkte)

Aufgabe 86

Revolverheld R sitzt im Saloon und pokert. Die Wahrscheinlichkeit, dass er dabei einen seiner Mitspieler beim Falschspiel erwischt (Ereignis F), beziffert er auf 0,1. Die Wahrscheinlichkeit, dass es daraufhin zu einem Duell kommt (Ereignis D), beträgt 0,8. Da es außer Falschspiel noch weitere Gründe für ein Duell geben kann, gilt allgemein P(D) = 0,5.

a) Nach welchem Wahrscheinlichkeitsbegriff wurde P(F) bestimmt?　　　　(1 Punkt)

b) Zeigen Sie, dass die Ereignisse D und F nicht unabhängig sind.　　　　(2 Punkte)

c) Wie groß ist die Wahrscheinlichkeit, dass <u>genau eines</u> der Ereignisse (D oder F) eintritt?　　　　(2 Punkte)

d) Zeichnen Sie ein Venn-Diagramm für das Ereignis $\overline{D} \cap \overline{F}$.　　　　(2 Punkte)

e) Zur Auswahl stehen zwei verschiedene Kartenspiele. Wird mit Kartenspiel A gepokert, dessen Karten von R gezinkt wurden, beträgt seine Gewinnchance (Gewinn = Ereignis G) 0,7. Bei Spiel B, dessen Karten nicht gezinkt sind, beträgt die Wahrscheinlichkeit zu gewinnen für R nur 0,2. Das Spiel wird vor Beginn der Pokerpartie mit Hilfe einer (fairen) Münze ausgelost.

　　Angenommen R hat gewonnen. Wie groß ist dann die Wahrscheinlichkeit, dass mit Kartenspiel B gespielt wurde?　　　　(3 Punkte)

Aufgabe 87

a) Gegeben sei die folgende Dichtefunktion einer stetigen Zufallsvariable X:

$$f(x) = \begin{cases} \dfrac{1}{6} & \text{für } -1 \le x \le 5 \\ 0 & \text{sonst} \end{cases}$$

a) Welche Eigenschaften muß eine Funktion erfüllen, wenn sie eine Dichtefunktion sein soll?　　　　(1 Punkt)

b) Berechnen Sie den Erwartungswert und die Varianz von X.　　　　(4 Punkte)

c) Wie groß ist die Wahrscheinlichkeit, dass X im Intervall [0;3] liegt?　　　　(2 Punkte)

d) Wie lautet die Verteilungsfunktion von X? Stellen Sie sie graphisch dar.

　　　　(3 Punkte)

Aufgabe 88

Ein mit kontaktfreudigen Kindern gesegneter Vater betrachtet mit Sorge die Entwicklung der Telefonrechnungen, die annähernd als normalverteilt angesehen werden kann. Der Vater behauptet, dass die erwartete monatliche Telefonrechnung höher als 80 € ist.

Um seine Vermutung zu überprüfen zieht er eine Stichprobe von 8 Telefonrechnungen der letzten Jahre. Die Telefonrechnungen lauten:

50	70	80	100
90	120	75	115

Die Varianz der Grundgesamtheit schätzt er mittels:

$$\hat{\sigma}^2 = \frac{1}{n-1}\sum_{i=1}^{n}(x_i - \overline{x})^2 = \frac{1}{n-1}\left(\sum_{i=1}^{n}x_i^2 - n\overline{x}^2\right).$$

a) Überprüfen Sie die Hypothese des Vaters durch einen Test zum Niveau $\alpha = 0{,}05$. Zu welcher Entscheidung kommen Sie? (5 Punkte)

b) Berechnen Sie die Wahrscheinlichkeit für den Fehler 2. Art unter der Alternativhypothese H_1: $\mu = 100$. Erläutern Sie, was es hier bedeutet, einen Fehler 2. Art zu begehen. (5 Punkte)

Aufgabe 89

Gegeben sei folgende zweidimensionale Funktion:

$$f(x,y) = \begin{cases} c(x+y+xy) & 0 < x < 1; 0 < y < 1 \\ 0 & \text{sonst} \end{cases}$$

a) Zeigen Sie, dass die Konstante c den Wert 0,8 annehmen muss, damit f(x,y) eine Dichtefunktion ist. (3 Punkte)

b) Berechnen Sie die Randdichten für X und Y. (2 Punkte)

c) Bestimmen Sie die Kovarianz zwischen X und Y. (5 Punkte)

Aufgabe 90

Die Zufallsvariablen $X_1,\ldots,X_n$ seien unabhängig identisch verteilt mit $E(X_i) = \mu$ und $V(X_i) = \sigma^2$. Sind die folgenden Schätzfunktionen für μ erwartungstreu und konsistent? Was kann man über die Effizienz der beiden Funktionen aussagen?

$$\hat{\mu}_1 = \frac{1}{n}\sum_{i=1}^{n}X_i + \frac{500}{n} \qquad \hat{\mu}_2 = \frac{n-2}{n^2}\sum_{i=1}^{n}X_i \qquad \text{(10 Punkte)}$$

Aufgabe 91

Herr D verkauft in einer Fußgängerzone Apfelsinen und Orangensaft, der fast so schmeckt wie frisch gepresst. Die Wahrscheinlichkeit, dass ein Passant Apfelsinen kauft (Ereignis A) beträgt 0,2. Die Wahrscheinlichkeit, dass ein Passant Saft kauft (Ereignis S), beträgt 0,3. Desweiteren gilt $P(S|\overline{A}) = 0{,}125$.

a) Wie groß ist die Wahrscheinlichkeit, dass sich ein Passant zum Kauf beider Produkte entschließt? (2 Punkte)

b) Berechnen Sie P(S|A). Was können Sie über die Abhängigkeit/Unabhängigkeit der Ereignisse A und S aussagen, wenn Sie diesen Wert mit $P(S|\overline{A})$ vergleichen?

(2 Punkte)

c) Herr D möchte drei vorbeikommenden Kindern fünf (als absolut gleichwertig an-zusehende) Apfelsinen schenken. Wie viel Möglichkeiten gibt es, die fünf Apfel-sinen aufzuteilen, wenn auch der Fall eintreten kann, dass ein oder mehrere Kinder nichts bekommen? (4 Punkte)

e) Die Wahrscheinlichkeit, dass eine Apfelsine schlecht ist, beträgt 0,1. Wie groß ist die Wahrscheinlichkeit, dass ein Kunde, der zehn Apfelsinen gekauft hat, keine Schlechte erwischt? (2 Punkte)

Aufgabe 92

Ein Obsthändler verkauft Äpfel und selbstgemachten Apfelsaft in Flaschen.

a) Die Flaschen bezieht der Obsthändler von einem namhaften Glashersteller. Dabei kann es vorkommen, dass in den Lieferungen defekte Flaschen sind. Allerdings arbeitet der Glashersteller sehr ordentlich, so dass die Wahrscheinlichkeit, dass eine Flasche kaputt ist, nur bei 0,01 liegt. Wie groß ist die Wahrscheinlichkeit, dass in einer Lieferung von 500 Flaschen weniger als 10 Flaschen defekt sind?

(2 Punkte)

b) Die Äpfel verkauft der Obsthändler in Netzen. Dabei bemüht er sich, die einzelnen Netze ungefähr gleich groß zu machen. Um den Preis pro Netz bestimmen zu können, möchte er gerne ein 95%-Konfidenzintervall für das erwartete Gewicht berechnen. Wie groß muss seine Stichprobe (n = Anzahl der Netze) mindestens sein, wenn der absolute Fehler des Konfidenzintervalls nicht mehr als 15 g betra-gen soll? Dabei soll mit einer Standardabweichung von σ = 50 g gerechnet wer-den. (2 Punkte)

c) Das Gewicht eines Apfelnetzes kann als annähernd normalverteilt betrachtet werden mit μ = 1000 g und σ = 50 g. Angenommen ein Kunde kauft drei Netze. Wie groß ist die Wahrscheinlichkeit, dass

i) er weniger als 2974 g Äpfel erhält,

ii) ein Netz im Schnitt weniger als 1028,87 g wiegt?

(6 Punkte)

Aufgabe 93

Ein PKW-Produzent hat mit einem Zulieferer vereinbart, dass die Zubehörteile spätestens 6 Stunden nach einer Bestellung im Werk sind. Die Erfahrung zeigt, dass die Lieferfrist X gemäß der folgenden Dichtefunktion schwankt:

$$f(x) = \begin{cases} -\dfrac{1}{72}x^2 + \dfrac{1}{12}x + \dfrac{1}{12} & 0 \le X \le 6 \\ 0 & \text{sonst} \end{cases}$$

a) Nach wie viel Stunden kann der PKW-Hersteller mit der Lieferung rechnen?

(3 Punkte)

b) Berechnen Sie die Varianz der Lieferfristen. (3 Punkte)

c) Wie lautet die Verteilungsfunktion von X? (2 Punkte)

d) Wie groß ist die Wahrscheinlichkeit, dass die Lieferung mehr als vier Stunden auf sich warten lässt? (2 Punkte)

Aufgabe 94

a) Um Aufschluss über den - als normalverteilt vorausgesetzten - Wasserverbrauch X im Kochwaschprogramm bei einem neu entwickelten Waschmaschinenmodell zu gewinnen, wurden 10 Probeläufe durchgeführt. Dabei wurden insgesamt 1024 Liter Wasser verbraucht.

Die Varianz der Grundgesamtheit wird geschätzt durch:

$$\hat{\sigma}^2 = \frac{1}{n-1}\sum_{i=1}^{n}(x_i - \bar{x})^2 = 0,49.$$

Bestimmen Sie ein symmetrisches 95%-iges Konfidenzintervall für den erwarteten Wasserverbrauch einer Waschmaschine. (4 Punkte)

b) Der Produzent garantiert im Kaufvertrag, dass der Wasserverbrauch der neu eingeführten Waschmaschine höchstens 100 Liter beträgt. Ein Händler ermittelt in einer Stichprobe von 100 Geräten einen mittleren Wasserverbrauch von 100,26 Litern. Der Händler behauptet, dass der erwartete Wasserverbrauch höher als 100 Liter ist und führt einen Test zum Niveau $\alpha = 0,05$ durch. Zu welchem Testergebnis kommt der Händler? Die Varianz der Grundgesamtheit wird dabei durch $\hat{\sigma}^2 = 0,49$ geschätzt. (4 Punkte)

c) Wie hoch ist der „kritische Mittelwert" der Stichprobe, d.h. bis zu welcher Höhe von $\bar{x}$ kann die Nullhypothese nicht abgelehnt werden? (2 Punkte)

Aufgabe 95

Ein Verkäufer von Elektrogeräten möchte eine 420 Artikel umfassende Lieferung einer Funktionskontrolle auf der Basis einer Stichprobenerhebung durchführen. Er teilt die Artikel gemäß der Preise in 3 Schichten auf.

Preis	Umfang der Schicht	Standardabweichung in der Schicht
unter 100 €	231	320
100 – 500 €	126	57
über 500 €	63	1050

a) Nach welchen Kriterien sollte eine Schichtung vorgenommen werden? (1 Punkt)

b) Wie groß sind die Stichprobenumfänge in den einzelnen Schichten, wenn die Firma insgesamt eine Stichprobe vom Umfang 100 betrachten möchte? Die Schichten sollen proportional und optimal aufgeteilt werden. (5 Punkte)

c) Vergleichen Sie die Varianzen des Schätzers $\bar{x}$ bei proportionaler und bei optimaler Aufteilung. (4 Punkte)

Aufgabe 96

Student S ist ein begeisterter Star-Trek-Fan. Daher möchte er auch keine der (fast) täglich ausgestrahlten Folgen der Serie verpassen. Weil er aber zu der entsprechenden Sendezeit selten zu Hause ist, programmiert er seinen Video-rekorder. Dabei hat er aber mit dem Problem zu kämpfen, dass der ausstrahlende Sender in zwei von zehn Fällen vergisst, das VPS-Signal zu senden (Ereignis V), so dass der Rekorder von S nicht anspringt. Des weiteren wohnt S etwas ungünstig, so dass der Empfang je nach Wetterlage in 30% der Fälle stark gestört ist (Ereignis S). Die Wahrscheinlichkeit, eine einwandfreie Aufnahme zu haben (Rekorder ist angesprungen und der Empfang ist einwandfrei), beziffert S daher nur auf 60%.

a) Wie groß ist die Wahrscheinlichkeit, dass

   i) der Videorekorder angesprungen ist, nachdem klar ist, dass der Empfang ein-wandfrei ist, (2 Punkte)

   ii) der Empfang gestört ist oder der Videorekorder nicht angesprungen ist (aber nicht beides zusammen)? (2 Punkte)

b) Wie groß ist die Wahrscheinlichkeit, dass

   i) in drei von acht Fällen der Videorekorder angesprungen ist (2 Punkte)

   ii) an fünf aufeinanderfolgenden Tagen der Videorekorder am dritten Tag erstmalig angesprungen ist. (2 Punkte)

c) Besonders störend auf den Genuß von Star-Trek wirken sich natürlich die ständi-gen Werbeunterbrechungen aus. Laut einer Aussage des Senders ist die Anzahl der gesendeten Werbeminuten pro Folge normalverteilt mit $\mu = 15$ und $\sigma^2 = 4$. Wie groß ist die Wahrscheinlichkeit, dass S bei einer Folge weniger als 14 Minuten Werbung über sich ergehen lassen muss. (2 Punkte)

Aufgabe 97

Für eine empirische Untersuchung soll aus der Masse der Bundesbürger eine Stichprobe (Ziehen mit Zurücklegen) vom Umfang 3000 ermittelt werden. Die Bevölkerung wird in zwei Schichten aufgeteilt. Dabei sei die zweite Schicht doppelt so groß wie die erste Schicht.

Für die Varianzen der Schichten gelte:

$$\sigma_1^2 = \sigma_2^2 = \frac{1}{10}\sigma^2.$$

a) Wie groß sind die Stichprobenumfänge in den einzelnen Schichten bei proportionaler und optimaler Aufteilung der Schichten? (6 Punkte)

b) Vergleichen Sie die Varianzen des Schätzers $\bar{x}$ bei einfacher Zufallsauswahl und bei der optimalen Schichtung. (4 Punkte)

Aufgabe 98

Eine Zufallsvariable X habe die Verteilungsfunktion

$$F(x) = \begin{cases} 0 & , x < 0 \\ \dfrac{1}{9}x & , 0 \le x \le 9 \\ 1 & , x > 9 \end{cases}$$

a) Wie lautet die Dichtefunktion der Zufallsvariable X? (2 Punkte)

b) Wie groß sind der Erwartungswert und die Varianz von X? (4 Punkte)

c) Wie groß ist die Wahrscheinlichkeit, dass X

   i) kleiner als 1 (2 Punkte)

   ii) größer als 2 ist? (2 Punkte)

Aufgabe 99

a) Die Zufallsvariablen $X_1,...,X_n$ seien unabhängig identisch verteilt mit $E(X_i) = \mu$ und $V(X_i) = \sigma^2$. Sind die folgenden Schätzfunktionen für μ erwartungstreu und konsistent? Welchen Schätzer ziehen Sie vor (Begründung!)? (7 Punkte)

   i) $\hat{\mu}_1 = X_1$

   ii) $\hat{\mu}_2 = \dfrac{1}{3}\left(\dfrac{1}{n-1}\sum_{i=1}^{n-1}X_i\right) + \dfrac{2}{3}X_n$

b) Eine Zufallsvariable habe die Ausprägungsmöglichkeiten „Erfolg" mit der Wahrscheinlichkeit π und „Misserfolg" mit der Wahrscheinlichkeit $1-\pi$. In einer Versuchsreihe von vier Versuchen wurde die Zahl der Misserfolge vor dem ersten Erfolg gemessen:

Versuch	1	2	3	4
Misserfolge	2	0	1	3

Geben Sie auf der Grundlage der oben angegebenen Stichprobe eine Maximum-Likelihood-Schätzung für π ab. (3 Punkte)

Aufgabe 100

Die Tennisprofis B und S haben sich vertraglich verpflichtet für ihr Land im Davis-Cup zu spielen. Leider muss der geplagte Präsident des Tennisverbandes feststellen, dass die beiden es mit ihrer Verpflichtung nicht so genau nehmen, so dass er die Wahrscheinlichkeit, dass B tatsächlich spielt (Ereignis B) mit 0,6 und die

Wahrscheinlichkeit, dass S spielt, mit 0,7 beziffert. Da sich die beiden nicht besonders gut verstehen, ist die Wahrscheinlichkeit, dass beide spielen, nur 0,5.

a) Wie groß ist die Wahrscheinlichkeit, dass

   i) S spielt, wenn klar ist, dass B <u>nicht</u> antritt? (2 Punkte)

   ii) mindestens einer der beiden spielt? (2 Punkte)

b) Der Präsident des Tennisverbandes glaubt, dass die Wahrscheinlichkeit für einen Sieg seiner Mannschaft (Ereignis V) bei 0,7 liegt, wenn S mitspielt, aber nur bei 0,4, wenn S nicht mitspielt.

   i) Zeigen Sie, dass die Ereignisse V und S abhängig sind. (1 Punkt)

   ii) Wie groß ist P(V)? (2 Punkte)

c) Angenommen die Geschwindigkeit des Aufschlags des S sei normalverteilt mit $\mu = 200$ km/h und $\sigma^2 = 100$. Wie groß ist die Wahrscheinlichkeit, dass S bei 10 Aufschlägen, die er macht, eine <u>durchschnittliche</u> Geschwindigkeit von über 205,06 km/h erreicht? (3 Punkte)

Aufgabe101

Tennisprofi B frühstückt am liebsten Brötchen mit einer bestimmten Nuss-Nougat-Creme. Leider isst er an 30% aller Tage zuviel davon, so dass er nachher nicht mehr ordentlich Tennis spielen kann.

a) Wie groß ist die Wahrscheinlichkeit, dass er an 3 Tagen höchstens einmal zuviel frühstückt? (2 Punkte)

b) Die bei einem Frühstück zu sich genommene Kalorienmenge beschreibt B als normalverteilt mit $\mu = 500$ und $\sigma^2 = 625$.

   i) Wie groß ist die Wahrscheinlichkeit, dass B an einem Morgen zwischen 450 und 550 Kalorien zu sich nimmt? (2 Punkte)

   ii) Angenommen B könnte keine Angaben über die Verteilung der Kalorienmenge machen, sondern wüsste nur, dass $\mu = 500$ und $\sigma^2 = 625$ sind. Was könnte er dann über die Wahrscheinlichkeit aussagen, zwischen 450 und 550 Kalorien zu sich zu nehmen? (3 Punkte)

c) B verfügt eine Kollektion von 10 Tennisschlägern. Davon wurden ihm 8 Schläger von seinem Sponsor geschenkt. Die anderen beiden hat er von seiner Frau zum Geburtstag bekommen. Wie groß ist die Wahrscheinlichkeit, dass unter den 5 Schlägern, die er mit zum Tennisplatz nimmt (und die er zufällig ausgewählt hat), die beiden Schläger von seiner Frau sind? (3 Punkte)

Aufgabe 102

Gegeben sei die folgende zweidimensionale Dichtefunktion:

$$f(x,y) = \begin{cases} 0,8(x + y + xy) & 0 < x < 1; 0 < y < 1. \\ 0 & \text{sonst} \end{cases}$$

Bestimmen Sie die Korrelation zwischen X und Y. Welche Aussage können Sie über die Abhängigkeit/Unabhängigkeit von X und Y machen? (10 Punkte)

Aufgabe 103

a) Eine Gesellschaft von 6 Personen soll für eine Flussüberfahrt auf zwei Boote aufgeteilt werden, die je drei Personen fassen. Auf wie viel Arten kann die Gesellschaft auf die zwei Boote aufgeteilt werden, wenn das Ehepaar Meier die Überfahrt nur auf beide Boote verteilt antreten will? (4 Punkte)

b) Bei einer Wahlumfrage soll der geschätzte Anteil $\hat{\pi}$ der Wähler der Partei A vom wahren Wert π um höchstens absolut 0,02 abweichen. Wie groß muss der Umfang einer Stichprobe von Wählern mindestens sein, wenn man eine Sicherheitswahrscheinlichkeit von 0,95 fordert? (3 Punkte)

c) Die Wahlumfrage ergibt für eine Stichprobe von n=101 Wählern einen Anteil p=0,4 für die Partei A. Bestimmen Sie ein 95%-iges Konfidenzintervall für den Anteil π in der Grundgesamtheit. (4 Punkte)

Aufgabe 104

Herr D verkauft in einer Fußgängerzone Apfelsinen und Orangensaft, der fast so schmeckt wie frisch gepresst. Die Wahrscheinlichkeit, dass ein Passant Apfelsinen kauft (Ereignis A) beträgt 0,2. Die Wahrscheinlichkeit, dass ein Passant Saft kauft (Ereignis S), beträgt 0,3. Die Wahrscheinlichkeit, dass genau eines der beiden Produkte gekauft wird (aber eben nicht beide zusammen!) beträgt 0,3.

a) Stellen Sie das folgende Ereignis in einem Venn-Diagramm graphisch dar:

$$(A \cap S) \cup (\overline{A} \setminus S)$$ (2 Punkte)

b) Wie groß ist die Wahrscheinlichkeit, dass

i) ein Passant beide Produkte kauft? (2 Punkte)

ii) ein Passant Apfelsinen kauft, wenn er sich bereits gegen den Kauf von Saft entschieden hat? (2 Punkte)

c) Zur Förderung seines Verkaufs veranstaltet Herr D. ein kleines Glücksspiel. In einen zugedeckten Behälter legt er weiße und schwarze Kugeln. Ein Passant darf solange ziehen (mit Zurücklegen), bis er das erstemal eine schwarze Kugel erwischt. Für jede vorher gezogene weiße Kugel gewinnt er eine Apfelsine. Geben Sie eine Maximum-Likelihood-Schätzung für die Erfolgswahrscheinlichkeit π auf der Grundlage der folgenden Stichprobe an: (4 Punkte)

Passant	A	B	C	D
weiße Kugeln	2	0	1	3

Aufgabe 105

a) In einer Flasche Orangensaft ist im Schnitt 1 Liter Saft. Die Varianz betrage 0,0025. Wie groß ist die Mindestwahrscheinlichkeit beim Kauf einer Flasche zwischen 0,9 und 1,1 Litern Saft zu bekommen? (3 Punkte)

b) Angenommen, die Abfüllmenge sei normalverteilt mit $\mu = 1$ und $\sigma^2 = 0,0025$. Wie groß ist die Wahrscheinlichkeit beim Kauf eines Kastens Saft (= 6 Flaschen) mindestens 6,122 Liter zu bekommen? (4 Punkte)

c) Kunde K errechnet ein Konfidenzintervall für den durchschnittlichen Inhalt der Flaschen. Eine Stichprobe von 16 Flaschen ergab $\bar{x} = 1,01$. Welche Standardabweichung $\hat{\sigma}$ hat K aus der Stichprobe gewonnen, wenn das Konfidenzintervall wie folgt aussah

$$P(0,9727 \le \mu \le 1,0473) = 0,95 ?$$

(3 Punkte)

Aufgabe 106

a) Die Verbraucherzentrale V testet die Füllmenge von Orangensaftflaschen. Sie glaubt, dass die Flaschen im Schnitt weniger als den vom Hersteller angegebenen 1 Liter Saft enthalten und möchte dies mit Hilfe eines statistischen Tests nachweisen. Eine Stichprobe vom Umfang $n = 36$ ergab eine Varianz für die Füllmenge von 0,0049.

i) Stellen Sie die Hypothesen (Null- und Alternativhypothese) auf. (1 Punkt)

ii) Wo liegt der „kritische Mittelwert", d.h. bis zu welchem $\bar{x}$ kann V die Nullhypothese nicht ablehnen, wenn mit $\alpha = 0,05$ getestet werden soll? (3 Punkte)

b) Gegeben sei die folgende Funktion:

$$f(x,y) = \begin{cases} \dfrac{10}{18} - \dfrac{7}{6}x^2 + x^2 y(1-y) - \dfrac{4}{3}y(1-y) & \text{für } 0 \le x,y \le 1 \\ 0 & \text{sonst} \end{cases}$$

Könnte es sich dabei um eine zweidimensionale Dichtefunktion handeln?

(3 Punkte)

c) Diplom-Kaufmann K aus E betritt mit 4 anderen Patienten zeitgleich eine Zahnarztpraxis. Die Arzthelferin hält es in diesem Fall für fair die Reihenfolge, in der die fünf Personen behandelt werden, auszulosen. Wie viel Möglichkeiten der Behandlungsreihenfolge gibt es? Wie groß ist die Wahrscheinlichkeit, dass K nicht als Erster in das Behandlungszimmer gerufen wird? (3 Punkte)

Aufgabe 107

a) X_i seien Zufallsvariablen, für die gilt:

$$E(X_1) = 5, \ E(X_2) = 10, \ E(X_3) = 8,$$

$$V(X_1) = 3, \ V(X_2) = 4, \ V(X_3) = 6, \ C(X_i, X_j) = 1 \text{ für alle } i \ne j$$

Die Zufallsvariable Z sei als folgende Linearkombination gebildet:

$$Z = X_1 + X_2 - X_3.$$

Berechnen Sie $E(Z)$ und $V(Z)$. (4 Punkte)

b) Die Kunden einer Krankenkasse bestehen zu 20% aus Kindern (Schicht 1), zu 50% aus Menschen im arbeitsfähigen Alter (Schicht 2) und zu 30% aus Rentnern (Schicht 3). Aus einer Stichprobe im Umfang n = 400 sollen die mittleren jährlichen Ausgaben für Medikamente μ geschätzt werden. Es gelte: $\sigma_1^2 = 25$, $\sigma_2^2 = 100$ und $\sigma_3^2 = 81$.

Berechnen Sie den Stichprobenumfang bei proportionaler und optimaler Aufteilung. (6 Punkte)

Aufgabe 108

Das Produktionsunternehmen P mit Sitz im Ruhrgebiet sieht sich vor zwei Probleme gestellt:

- Eine seiner Maschinen besitzt ein sehr empfindliches Bauteil, das relativ oft ausfällt (Ereignis A). Die Wahrscheinlichkeit dafür beträgt 0,1.

- Seine Lieferanten sind auf die Autobahn A40 angewiesen, auf der allerdings ziemlich oft Stau herrscht (Ereignis S), so dass die Lieferung verspätet eintrifft. Die Wahrscheinlichkeit hierfür ist 0,5.

Die Wahrscheinlichkeit für einen absoluten Katastrophentag (d.h. dass beide Ereignisse eintreten) ist 0,05.

a) Zeigen Sie, dass die Ereignisse A und S unabhängig sind. (1 Punkt)

b) Wie groß ist die Wahrscheinlichkeit, dass das Bauteil der Maschine ausfällt, wenn bereits klar ist, dass eine Lieferung diesmal pünktlich eintrifft. (2 Punkte)

c) Zeichnen Sie für folgendes Ereignis das Venn-Diagramm und geben Sie es in Mengenschreibweise an: „Das Bauteil fällt aus oder die Lieferung ist verspätet, aber es treten nicht beide Ereignisse gleichzeitig ein." (3 Punkte)

d) Das Unternehmen arbeitet in drei (gleich langen) Schichten (A, B, C), die mit unterschiedlicher Sorgfalt produzieren. Die Wahrscheinlichkeit ein Ausschussstück zu produzieren (Ereignis W) beträgt:

- für Schicht A: 0,05

- für Schicht B: 0,1

- für Schicht C: 0,02

Wie groß ist dann die Wahrscheinlichkeit, dass von 3 beliebigen Stücken 1 Stück Ausschuss ist? (4 Punkte)

Aufgabe 109

a) Ein Unternehmen beschäftigt 4000 Mitarbeiter. Die Wahrscheinlichkeit, dass ein Mitarbeiter krank wird, beträgt 0,001. Wie groß ist die Wahrscheinlichkeit, dass an einem Tag 10 Mitarbeiter wegen Krankheit fehlen? (2 Punkte)

b) Das Unternehmen ist stolz darauf, dass es eine relativ geringe Fluktuation bei den Mitarbeitern hat. Die Betriebszugehörigkeit beträgt im Schnitt 10 Jahre mit $\sigma^2 = 81$. Wie groß ist die Wahrscheinlichkeit, dass bei 36 Mitarbeitern die durchschnittliche Betriebszugehörigkeit über 11,05 Jahre ist? (3 Punkte)

c) In den Produktionshallen des Unternehmens ist es aus verschiedenen Gründen ziemlich warm. Messungen haben ergeben, dass die Temperatur im Schnitt 30°C mit $\sigma^2 = 12$ beträgt. Berechnen Sie die Wahrscheinlichkeit, dass die Temperatur zwischen 25 und 35°C liegt, wenn man annimmt, dass die Temperatur stetig gleichverteilt (rechteckverteilt) ist. (5 Punkte)

Aufgabe 110

Ein Produktionsunternehmen bezieht von einem Lieferanten Schrauben, deren Durchmesser normalverteilt ist mit $\mu = 1$ cm und $\sigma^2 = 0,01$.

a) Wie groß ist die Wahrscheinlichkeit, dass der Durchmesser einer Schraube zwischen 0,99 und 1,01 cm beträgt? (2 Punkte)

b) Für die Produktion darf der Schraubendurchmesser eine bestimmte Größe nicht überschreiten. Der Qualitätskontrolleur zieht aus einer Lieferung eine Stichprobe von 36 Schrauben und errechnet einen durchschnittlichen Durchmesser von $\bar{x} = 1{,}003$. Kann er daraufhin die Hypothese, die Schrauben seien im Schnitt dicker als 1 cm, bestätigen und somit die Lieferung ablehnen ($\alpha = 0{,}05$)?

(4 Punkte)

c) Berechnen Sie aufgrund der Angaben von Aufgabe b) ein 95%-Konfidenzintervall für den durchschnittlichen Durchmesser der Schrauben. (4 Punkte)

Aufgabe 111

Student S belohnt sich für seine bestandene Statistik Klausur selber mit einer Reise nach Los Angeles. Wegen des geringen BAFöGs, das er bekommt, entscheidet er sich für einen Flug mit der äußerst preisgünstigen Fluggesellschaft F. Allerdings ist diese Fluggesellschaft zum einen für ihre immensen Verspätungen (Ereignis V) bekannt und zum anderen geschieht es des öfteren, dass Gepäckstücke einzelner Passagiere nicht in Los Angeles sondern in Hong Kong landen (Ereignis G). S beziffert folgende Wahrscheinlichkeiten: $P(V) = 0{,}6$ und $P(G) = 0{,}4$. Des weiteren ist S bekannt, dass die Ereignisse V und G unabhängig sind.

a) Stellen Sie die gemeinsame Wahrscheinlichkeitsverteilung für V und G auf.

(2 Punkte)

b) Wie groß ist die Wahrscheinlichkeit, dass das Gepäck des S <u>nicht</u> in Los Angeles ist, wenn die Maschine pünktlich ist? (2 Punkte)

c) Wie groß ist die Wahrscheinlichkeit, dass S

  i) keines

  ii) nur eines

  der beiden Missgeschicke passiert? (4 Punkte)

d) Ein Ziel von S ist es natürlich, in Los Angeles einen der großen Filmstars zu sehen. Obwohl es davon relativ viele gibt, stuft S ein Treffen mit einem Filmstar als seltenes Ereignis ein. Er glaubt, dass seine täglichen Streifzüge durch Hollywood an jedem fünften Tag von Erfolg gekrönt sein könnten. Wie groß ist die Wahrscheinlichkeit, dass er an zwei Tagen auf einen Filmstar trifft? (2 Punkte)

Aufgabe 112

S, Student aus wohlhabendem Hause, fährt jeden Tag mit dem Taxi zur Uni. Wegen der ständigen Verkehrsstaus dauert die Fahrtzeit unterschiedlich lang. An fünf Tagen misst S folgende Werte (in Minuten):

$$5 \quad 8 \quad 9 \quad 12 \quad 16$$

a) S überlegt sich für die durchschnittliche Fahrtzeit folgende Schätzfunktionen

i) $\hat{\mu}_1 = \frac{1}{3}X_1 + 3\left(\frac{1}{12}X_2 + \frac{1}{6}X_3\right) + \frac{1}{2}(X_4 + X_5)$

ii) $\hat{\mu}_2 = \frac{1}{10}(2X_1 + 2X_2) + \frac{1}{5}\sum_{i=3}^{5} X_i$

Dabei möge für alle Tage gelten $E(X_i) = \mu$ und $V(X_i) = \sigma^2$.

Bewerten Sie die beiden Schätzfunktionen bezüglich der Erwartungstreue. Welche würden Sie bevorzugen? (5 Punkte)

b) Schätzen Sie den Erwartungswert mit Hilfe der von Ihnen unter a) empfohlenen Schätzfunktion. Schätzen Sie die Varianz der Fahrtzeit mit Hilfe der Funktion

$$\hat{\sigma}^2 = \frac{1}{n-1} \sum_{i=1}^{n} (X_i - \bar{X})^2 .$$

Was lässt sich über die Wahrscheinlichkeit aussagen, zwischen 5,5 und 14,5 Minuten zu brauchen? (5 Punkte)

Aufgabe 113

a) Dipl.-Kfm. K aus E hat endlich einen seriösen Job bei einer bekannten deutschen Großbank gefunden. Aufgrund der dort herrschenden Kleiderordnung sieht er sich gezwungen, täglich einen Anzug anzuziehen. Allerdings hat er nach wie vor Probleme seine Krawatte perfekt zu binden. In der Regel benötigt er mehrere Versuche bis die Krawatte perfekt sitzt. An den fünf Arbeitstagen einer Woche hatte er die folgende Anzahl an Fehlversuchen, bevor er mit seinen Bemühungen endlich zufrieden war:

Tag	Montag	Dienstag	Mittwoch	Donnerstag	Freitag
Fehlversuche	2	1	0	1	1

Geben Sie einen Maximum-Likelihood-Schätzung für die Erfolgswahrscheinlichkeit π für das richtige Binden der Krawatte an. (5 Punkte)

b) Die Urne A enthält vier weiße und sechs schwarze Kugeln, die Urne B zwölf weiße und acht schwarze.

i) Aus Urne A werden 3 Kugeln **mit Zurücklegen** gezogen. Geben Sie die Wahrscheinlichkeitsfunktion der Zufallsvariable $X = $ *Anzahl der weißen Kugeln* an und berechnen Sie die Wahrscheinlichkeit, dafür, dass eine der drei Kugeln weiß ist. (2 Punkte)

ii) Mit einer fairen Münze wird eine der beiden Urnen ausgelost und daraus **eine** Kugel gezogen. Wie groß ist die Wahrscheinlichkeit dafür, dass diese Kugel weiß ist? (3 Punkte)

Aufgabe 114

Diplom-Kaufmann K aus E denkt sich: "Die Milch macht's!" Er geht daher in den Supermarkt und kauft ein Literpaket Milch (1000ml). Er erinnert sich schwach an die Statistik-Vorlesungen in seinem Studium und weiß daher, dass in einer Literpackung natürlich nicht immer genau ein Liter enthalten sein muss. Er beschließt daher, die Füllmenge zu überprüfen. Tatsächlich erhält er einen Inhalt von 950ml.

a) Wie wahrscheinlich ist dieses Ereignis, d.h. eine Füllmenge von höchstens 950ml zu erhalten, wenn davon auszugehen ist, dass die Füllmenge normalverteilt ist mit $\mu = 1000$ml und $\sigma = 50$? (2 Punkte)

b) Wie wahrscheinlich ist es, dass die tatsächliche Füllmenge weniger als eine Standardabweichung von der mittleren Füllmenge abweicht? (2 Punkte)

c) K ist ein wenig verärgert und beschließt, sich bei dem Hersteller zu beschweren. Er weiß, dass er einen Schadensersatzanspruch geltend machen kann, wenn 12 Pakete im Durchschnitt weniger als die angegebene Füllmenge enthalten. Eine von ihm durchgeführte Stichprobe von 12 Paketen ergab tatsächlich eine mittlere Füllmenge von 975ml. Der Hersteller entschädigt den K, behauptet jedoch weiterhin, dass seine Maschine mit der korrekten Füllmenge (1000ml) arbeitet. Kann man aufgrund der Stichprobe des K diese Aussage bestätigen (Signifikanzniveau $\alpha = 5\%$)? (4 Punkte)

d) Um solche Zwischenfälle zukünftig zu vermeiden, beschließt der Hersteller, die Füllmenge seiner Maschine leicht zu erhöhen, so dass die Wahrscheinlichkeit für einen Schadensersatz (d.h. 12 Pakete enthalten im Durchschnitt weniger als 1000ml Milch) höchstens 1% beträgt. Auf welche Füllmenge soll er seine Maschine programmieren? (2 Punkte)

Aufgabe 115

Gegeben sei folgende Funktion:

$$f(xy) = \begin{cases} \dfrac{3}{2}x^2y & \text{für } 0 \le x \le a \text{ und } 0 \le y \le 2 \\ 0 & \text{sonst} \end{cases}$$

a) Wie groß muss a sein, damit es sich bei dieser Funktion um eine zweidimensionale Dichtefunktion handeln kann? (2 Punkte)

b) Bestimmen Sie Erwartungswerte und Varianzen der Randverteilungen. (8 Punkte)

Aufgabe 116

a) Gegeben sei die folgende Verteilung

x	1	2	3
P(x)	0,2	0,3	0,5

Geben Sie die Verteilung der Stichprobenvariable $\overline{X}$ bei Stichproben <u>ohne Zurücklegen</u> im Umfang n = 2 an. (3 Punkte)

b) Mit einer Münze werden fünf Würfe gemacht. Man erhält das folgende Ergebnis:

Kopf	Zahl	Zahl	Kopf	Zahl

i) Geben Sie ein 95%-Konfidenzintervall für die Wahrscheinlichkeit π eines Kopfwurfes an. (4 Punkte)

ii) Geben Sie eine Maximum-Likelihood-Schätzung für π an. (3 Punkte)

Aufgabe 117

Von einer stetigen Zufallsvariable X sei bekannt, dass sie den Erwartungswert 10 und die Varianz 25 besitzt. Berechnen Sie die Wahrscheinlichkeit bei 100 Versuchen <u>im Schnitt</u> einen Wert zwischen 9 und 11 zu realisieren

a) mit Hilfe der Tschebyscheff-Ungleichung (3 Punkte)

b) mit Hilfe des Zentralen Grenzwertsatzes. (3 Punkte)

c) unter der Annahme, dass die **Stichprobenvariable** $\overline{X}$ gleichverteilt (rechteck-verteilt) ist. (4 Punkte)

Aufgabe 118

a) Drei Skatspieler *A*, *B* und *C* treffen sich zu zwei Skatabenden und ermitteln jeweils die Reihenfolge *bester Spieler des Abends*, *zweitbester Spieler des Abends* und *schlechtester Spieler des Abends*. Unter der Annahme, dass diese Reihenfolge nur vom Zufall abhängt, berechnen Sie die Wahrscheinlichkeiten der folgenden Ereignisse: (6 Punkte)

i) An beiden Abenden ist Spieler *A* bester Spieler des Abends.

ii) An beiden Abenden ergibt sich die gleiche Reihenfolge.

iii) An beiden Abenden ergibt sich die Reihenfolge *A-B-C*.

b) Die Zufallsvariablen X und Y seien symmetrisch um Null verteilt. Die Zufallsvariable X kann die Werte -2, 0, und 2 annehmen, die Zufallsvariable Y die Werte -1, 0 und 1. Es gilt: $P(X = -2) = 0,2$, und $P(Y=-1) = 0,3$. Weiterhin ist bekannt, dass X und Y stochastisch unabhängig sind.

i) Erstellen Sie die gemeinsame Wahrscheinlichkeitsfunktion von X und Y.

(2 Punkte)

ii) Es sei $Z = \dfrac{X + Y}{2}$. Wie groß ist E(Z)? (2 Punkte)

Aufgabe 119

Die Brüder Michael und Ralf S. kämpfen um den Weltmeistertitel in der Formel 1. Vor einem Rennen auf dem Hockenheimring bekommt der berühmte Fernsehreporter Kai E. den Auftrag einen Vorbericht zu machen. In seiner Analyse beziffert er die Wahrscheinlichkeit, dass Michael das Rennen gewinnt (Ereignis M) mit 0,4 und die Wahrscheinlichkeit, dass Ralf gewinnt (Ereignis R) mit 0,3. Die Möglichkeit, dass beide das Rennen gewinnen, schließt er naturgemäß aus.

a) Wie groß ist die Wahrscheinlichkeit, dass

  i) beide <u>nicht</u> gewinnen? (2 Punkte)

  ii) R gewinnt, wenn M bereits aufgrund eines technischen Defekts ausgeschieden ist und daher nicht mehr gewinnen kann? (2 Punkte)

b) Erfahrungsgemäß wird in 30% aller Fälle der Sieger von Hockenheim später auch Formel 1 Weltmeister (Ereignis W), während in 50% der Fälle der spätere Weltmeister nicht in Hockenheim gewonnen hat. Wie groß ist die Wahrscheinlichkeit, dass M Weltmeister wird? (2 Punkte)

c) Aus der Qualifikation für das Rennen weiß man, dass die Rundenzeit von R normalverteilt ist mit $\mu = 1{,}8$ min und $\sigma = 0{,}1$ min. Wie groß ist die Wahrscheinlichkeit, dass R für eine beliebige Runde

  i) nicht länger als 1,9 Minuten braucht? (2 Punkte)

  ii) zwischen 1,75 und 2 Minuten braucht? (2 Punkte)

Aufgabe 120

a) Von einem Mittelstreckenläufer sei bekannt, dass er die 800 m im Schnitt in 1,8 min mit $\sigma = 0{,}1$ min laufen. Was kann man über die Wahrscheinlichkeit aussagen, dass er zwischen 1,7 und 1,9 Minuten braucht? (3 Punkte)

b) Wie groß ist die Wahrscheinlichkeit zwischen 1,7 und 1,9 Minuten zu laufen, wenn man annimmt, dass die Laufzeit rechteckverteilt ist? (4 Punkte)

c) Angenommen in der Vorsaison sei unser Läufer noch im Schnitt 2 Minuten gelaufen mit $\sigma = 0{,}1$. Wie groß ist die Wahrscheinlichkeit, dass die Differenz zwischen den 800 m Vorjahr und den 800 m in diesem Jahr nicht mehr als 12 Sekunden beträgt, wenn Sie annehmen, dass die Zeit normalverteilt ist?

(3 Punkte)

Aufgabe 121

Die Formel 1 Fachzeitschrift CRASH analysiert die Ausfallwahrscheinlichkeiten der Fahrer S und R. Sie stellt fest, dass S in einer Saison in drei von 16 Rennen das Ziel nicht erreicht hat, während das bei R in vier Rennen der Fall war.

a) Der Redakteur der Zeitschrift nimmt an, dass ein guter Fahrer in nicht mehr als 15% aller Rennen ausfallen darf. Liegt S signifikant über diesem Wert bei $\alpha = 0,05$? (4 Punkte)

b) Besteht ein signifikanter Unterschied zwischen den Ausfallraten von S und R ($\alpha = 0,05$)? (4 Punkte)

c) Ein 95%-Konfidenzintervall schätzt die Ausfallrate des S ungefähr zwischen 1% und 49%. Diese Schätzung ist sicherlich nicht besonders befriedigend, weil sie ein sehr breites Intervall liefert, dessen Aussagekraft stark beschränkt ist. Wie erklären Sie sich dieses Problem? Welche Größe müsste in der Rechnung auf welchen Wert geändert werden, damit das Konfidenzintervall eine Breite von nicht mehr als 10 Prozentpunkten aufweist? (2 Punkte)

Aufgabe 122

Bei einer Tombola werden Lose verkauft, von denen der Verkäufer behauptet, dass „jedes zweite Los gewinnt". Die Gewinne tragen durchlaufend Nummern von 1 bis M und die Nieten den Aufdruck „leider nichts".

a) Passant P kauft 10 Lose, von denen vier Gewinne sind. Wie groß ist die Wahrscheinlichkeit für dieses Ereignis? (3 Punkte)

b) P findet die unter Aufgabe a) aufgestellte Rechnung etwas mühsam und überlegt sich, dass die dort verwendete Verteilung ja auch durch die Normalverteilung approximiert werden kann. Allerdings sind die üblicherweise angenommenen Approximationsvoraussetzungen nicht erfüllt. Wie viele Lose hätte P kaufen müssen um diese Voraussetzungen zu erfüllen? (3 Punkte)

c) P glaubt der Aussage des Verkäufers, dass wirklich 50% der Lose Gewinne sind, nicht und schätzt den Anteil der Gewinne in der Grundgesamtheit aufgrund des Anteils der Gewinne in der von ihm unter Aufgabe a) gezogenen Stichprobe. Weisen Sie nach, dass er damit eine sowohl erwartungstreue als auch konsistente Schätzfunktion gewählt hat. (4 Punkte)

Aufgabe 123

Statistiker S möchte die Gesamtzahl M der in einer Lotterie ausgespielten Gewinne schätzen. Er weiß, dass die Gewinnlose mit den Zahlen 1 bis M durchnummeriert sind, während die Nieten die Aufschrift „leider nichts" tragen. S kauft zehn Lose, von denen vier gewonnen haben. Seine vier Gewinnlose tragen die Nummern 15, 79, 156 und 400.

a) Stellen Sie die Likelihood-Funktion für eine ML-Schätzung von M auf. Nehmen Sie dabei an, dass die Wahrscheinlichkeit ein bestimmtes Los zu ziehen für alle Lose gleich ist (ZmZ). (2 Punkte)

b) Skizzieren Sie die Likelihood-Funktion und geben Sie aufgrund Ihrer Skizze eine Schätzung für M ab. (5 Punkte)

Hinweis: Eine analytische Bestimmung des Maximums ist nicht möglich und sollte daher erst gar nicht versucht werden.

c) Angenommen es würden insgesamt 1000 Lose verkauft. Wie groß ist die Wahrscheinlichkeit für das oben beschriebene Ereignis (vier Gewinne bei zehn gekauften Losen), wenn Ihre unter b) gemachte Schätzung für M zutrifft?

(3 Punkte)

Aufgabe 124

Gegeben sei ein Würfel mit den üblichen Zahlenwerten 1, 2, 3, 4, 5, 6. Des weiteren existiere eine Münze, deren Seiten der Einfachheit halber mit 0 und 1 beschriftet sein sollen. Zunächst wird der Würfel, dann die Münze geworfen.

a) Wie groß ist die Wahrscheinlichkeit, dass mindestens eine 1 (auf dem Würfel oder der Münze) erscheint? (3 Punkte)

b) Wie groß ist die Wahrscheinlichkeit, dass höchstens eine 1 erscheint? (3 Punkte)

c) Wie groß ist die Wahrscheinlichkeit, dass die Summe von Würfel und Münze den Wert 2 annimmt, wenn man weiß, dass mindestens eine 1 geworfen wurde?

(4 Punkte)

Aufgabe 125

Der Qualitätskontrolleur Q eines großen Autokonzerns stellt bei den fertigen Autos eines bestimmten Typs Defekte am Getriebe (Ereignis G) mit der Wahrscheinlichkeit 0,1 und Unregelmäßigkeiten bei der Zündung (Ereignis Z) mit der Wahrscheinlichkeit 0,2 fest. Die Wahrscheinlichkeit, dass das Auto fehlerfrei ist, beziffert er auf 0,72.

a) Wie wahrscheinlich ist es, dass
   i) ein Wagen einen Getriebeschaden hat, wenn ein Problem mit der Zündung bereits festgestellt wurde? (2 Punkte)

   ii) mindestens einer der beiden Schäden auftritt? (2 Punkte)

   iii) genau einer der beiden Schäden auftritt? (2 Punkte)

b) In der Regel überprüft Q nicht alle fertigen Wagen, sondern zieht eine 10%-Stichprobe. Die Produktion vom 05.04.2004 umfasste 100 Wagen. Wie groß ist die Wahrscheinlichkeit dafür, dass vier der 17 fehlerhaften Wagen dieser Produktionsserie durch die Stichprobenüberprüfung identifiziert werden konnten?

(4 Punkte)

Aufgabe 126

a) Die Wareneingangskontrolle eines großen Automobilherstellers überprüft eine Lieferung von Zündkerzen. Qualitätskontrolleur Q zieht eine Stichprobe von 1000 Zündkerzen. Davon sind 80 defekt.
   i) Geben Sie ein 95%-Konfidenzintervall für den Ausschussanteil bei diesen Zündkerzen an. (4 Punkte)

   ii) Wie groß müsste die von Q gezogene Stichprobe sein, wenn das Konfidenzintervall eine Breite von nicht mehr als 2 Prozentpunkten haben soll? (2 Punkte)

b) Q bekommt von der Geschäftsleitung den Auftrag eine Untersuchung über die durchschnittliche Laufleistung der Wagen durchzuführen. Dazu nimmt Q die Kundenkartei der vergangenen zehn Jahre und stellt fest, dass man die gekauften Autos so in drei Schichten einteilen kann, dass die Varianzen in allen Schichten identisch sind. Q entschließt sich eine geschichtete Stichprobe im Umfang n = 100 zu ziehen, ist sich aber unschlüssig, ob er eine proportionale oder eine optimale Aufteilung wählen soll. Was würden Sie ihm raten? (1 Punkt)

c) Drei der sechs folgenden Funktionen könnten Dichtefunktionen sein. Welche sind das (bitte ankreuzen)? (3 Punkte)

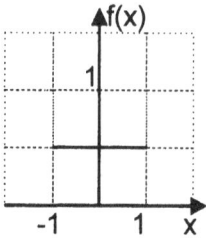

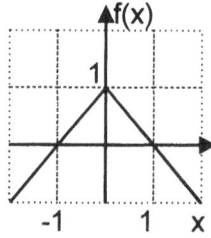

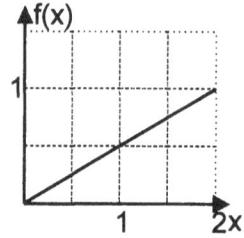

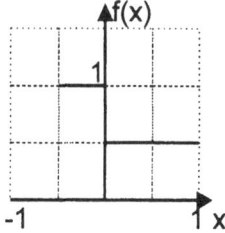

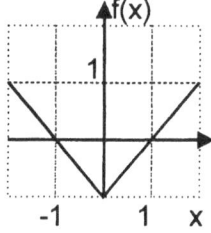

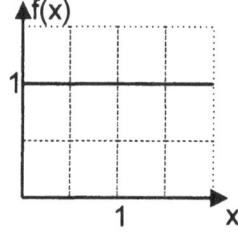

Aufgabe 127

Gegeben sei die Funktion

$$f(x) = \begin{cases} 3x^a & 0 \le x \le 1 \\ 0 & \text{sonst} \end{cases}$$

a) Bestimmen Sie a so, dass es sich bei f(x) um eine Dichtefunktion handeln kann.

(3 Punkte)

b) Bestimmen Sie den Erwartungswert und die Varianz von X. (4 Punkte)

c) Bestimmen Sie $P(0{,}2 \le X \le 0{,}5)$ (3 Punkte)

Aufgabe 128

a) Gegeben seien die folgenden Werte einer diskreten Wahrscheinlichkeitsverteilung:

x_i	1	2	3	4	5	6	7	8
$f(x_i)$	0,1			0,15	0,2		0,06	
$F(x_i)$		0,3	0,45			0,84		

Ergänzen Sie die fehlenden Werte. (2 Punkte)

b) Frau M möchte gerne abnehmen. In der Vergangenheit hat sie beobachtet, dass ihr Gewicht den Erwartungswert $\mu = 100$ kg und die Varianz $\sigma^2 = 75$ ⬚ hat.

   i) Ergänzen Sie in dem freien Feld die Maßeinheit der Größe „Varianz". (1 Punkt)

   ii) Was können Sie über die Wahrscheinlichkeit aussagen, dass Frau M zwischen 90 und 110 kg wiegt? (3 Punkte)

   iii) Eine gewisse Zeit nach Beginn der Diät, wiegt sich M an neun Tagen hintereinander und kommt zu folgenden Ergebnissen

Tag	1	2	3	4	5	6	7	8	9
Gewicht	95	96	94	93	92	94	92	90	91

Kann man bei einem Signifikanzniveau von 95% sagen, dass M Erfolg bei ihrer Diät hatte? (4 Punkte)

Aufgabe 129

a) Gegeben seien die Ereignisse A und B. Versuchen Sie die folgenden Ausdrücke zu vereinfachen und stellen Sie die Ereignisse in einem Venn-Diagramm graphisch dar. (6 Punkte)

   i) $\overline{\left(A \cap \overline{B}\right)} \cap \overline{B}$

   ii) $\left[B \cup \left(\overline{\overline{A} \cup B}\right)\right] \cap \left(\overline{A} \cap \overline{B}\right)$

b) Ein Stichprobenraum Ω bestehe aus den Ereignissen A, B und C. Es gelte

$$P(A) = 0{,}3\,,\ P(B) = 0{,}5\,;\ P(C) = 0{,}2$$

   i) Welchen Wert muss $P(A \cap B)$ annehmen, wenn die Ereignisse A, B und C eine vollständige Zerlegung von Ω darstellen sollen? (1 Punkte)

   ii) Angenommen es gelte $P(A \cup C) = 0{,}6$. Sind dann die Axiome von Kolmogoroff erfüllt? Begründung! (3 Punkte)

Aufgabe 130

Gegeben sei die folgende Funktion:

$$f(x,y) = \begin{cases} c(x+1)^2 y & 0 \le x, y \le 2 \\ 0 & \text{sonst} \end{cases}$$

a) Bestimmen Sie die Konstante c so, dass $f(x,y)$ eine Dichtefunktion sein kann. (2 Punkte)

b) Wie groß ist die Wahrscheinlichkeit $P(X \le 1; 1 \le Y \le 2)$? (2 Punkte)

c) Bestimmen Sie den Erwartungswert und die Varianz von Y. (4 Punkte)

d) Bestimmen Sie die Kovarianz. (2 Punkte)

Aufgabe 131

a) Bestimmen Sie die Wahrscheinlichkeit dafür, im Zahlenlotto 6 aus 49 drei richtige Zahlen zu tippen. (2 Punkte)

b) Die Wahrscheinlichkeit, im Lotto überhaupt etwas zu gewinnen, beträgt ungefähr 5%. Wie wahrscheinlich ist es, bei 10 ausgefüllten Lottoscheinen (4 Punkte)

   i) keinen

   ii) mindestens einen

   Erfolg zu verbuchen?

c) Die Wahrscheinlichkeit für 6 Richtige im Lotto beträgt ungefähr 1/14.000.000. Im vergangenen Jahr gehörten allerdings 300 Personen zu den glücklichen Gewinnern. Das sind im Schnitt 25 Personen pro Monat. Wie wahrscheinlich ist es demnach, dass im nächsten Monat (4 Punkte)

   i) 30 Personen,

   ii) mindestens eine Person

   sechs Richtige im Lotto erzielen werden?

Aufgabe 132

a) Angenommen bei einer Lotterie betrage der Einsatz 1 €/Spiel und Sie könnten sich für eine der beiden folgenden Varianten entscheiden.

   Variante 1: Gewinnsumme 10 € bei einer Gewinnwahrscheinlichkeit von $\frac{1}{5}$

   Variante 2: Gewinnsumme 100 € bei einer Gewinnwahrscheinlichkeit von $\frac{1}{200}$

   Welche Variante sollten Sie sinnvollerweise wählen? Begründung! (2 Punkte)

b) Zwei Zufallsvariablen X und Y seien unabhängig normalverteilt mit $\mu_x = \mu_y = 10$ und $\sigma_x^2 = \sigma_y^2 = 4$. Es gelten die Transformationen $Z_1 = 2X$ und $Z_2 = 2X - Y$. Berechnen Sie für jedes Z_i die Wahrscheinlichkeit für $7 \le Z_i \le 12$. (4 Punkte)

c) X_i seien unabhängige Zufallsvariablen mit $E(X_i) = 100$ und $V(X_i) = 100$. Was lässt sich über die Wahrscheinlichkeit $P(|\overline{X} - \mu_{\overline{x}}| \ge 3)$ mit $\overline{X} = \frac{1}{n}\sum_{i=1}^{n} X_i$ aussagen, wenn

   i) n = 16   ii) n = 64 ist? (4 Punkte)

Aufgabe 133

Ein Einzelhändler möchte wissen, wie hoch der Anteil unter den Personen, die täglichen seinen Laden betreten, ist, der auch wirklich etwas kauft. Er teilt seine

Kunden daher in „Käufer" und „Nichtkäufer" ein. Eine Stichprobe vom Umfang n = 100 ergab 60 Käufer und 40 Nichtkäufer.

a) Zur Schätzung des wahren Anteils der Käufer in der Grundgesamtheit überlegt er sich folgende Schätzfunktionen (X = Anzahl der Käufer):

i) $\hat{\pi}_1 = \dfrac{x}{n}$

ii) $\hat{\pi}_2 = \dfrac{x}{n+1}$

Bewerten Sie die beiden Schätzer hinsichtlich Erwartungstreue und Konsistenz.

(6 Punkte)

b) Wie lautet ein 95%-Konfidenzintervall für den Käuferanteil π? (4 Punkte)

Aufgabe 134

Die Bevölkerung eines Landes habe bei der letzten Parlamentswahl wie folgt gewählt:

Partei	A	B	C	D
Stimmenanteil	45%	42%	8%	5%

Die Gesamtzahl der Wahlberechtigten des Landes beträgt 10.000.000 und die Wahlbeteiligung lag bei 60%.

a) Bei der letzten Wahl vor vier Jahren erreichte Partei A 43% der Stimmen. Damals nahmen 8.000.000 Bürger an der Wahl teil. Besteht zwischen den Ergebnissen damals und heute ein signifikanter Unterschied $(\alpha = 0,05)$? (4 Punkte)

b) Partei B bemängelt, das eigene Ergebnis sei nur aufgrund der geringen Wahlbeteiligung so niedrig. Es sei vor allen Dingen nicht gelungen die eigenen Anhänger zu mobilisieren. In Wirklichkeit hätte die Partei die absolute Mehrheit der Bevölkerung hinter sich. Kann aufgrund des Wahlergebnisses die Hypothese bestätigt werden, dass in der Gesamtbevölkerung tatsächlich mindestens 50% hinter Partei B stehen $(\alpha = 0,05)$? (4 Punkte)

c) Aus der Menge der Wahlberechtigten unseres Landes soll eine geschichtete 1%-Stichprobe zur Ermittlung des durchschnittlichen Einkommens gezogen werden. Es sei bekannt, dass für die Varianzen gilt $\sigma_A^2 = \sigma_B^2 = 100$ und $\sigma_C^2 = \sigma_D^2 = 25$. Bestimmen Sie die Schichtung bei optimaler Aufteilung (2 Punkte)

Aufgabe 135

a) Bei der Elferwette im Toto muss für elf Fußballspiele getippt werden, ob ein Spiel mit einem Unentschieden, einem Sieg der Heimmannschaft oder einem Sieg der Auswärtsmannschaft endet.

i) Wie viele verschiedene Möglichkeiten zu tippen gibt es? (3 Punkte)

ii) Wie groß ist die Wahrscheinlichkeit genau null Richtige zu tippen? (3 Punkte)

b) Für die diskrete Zufallsvariable X gelte folgende Wahrscheinlichkeitsfunktion

$$f(x) = \begin{cases} a & \text{für } x = 0 \\ b & \text{für } x = 1 \\ 2b & \text{für } x = 2 \\ 0,4 & \text{für } x = 3 \\ 0 & \text{sonst} \end{cases}$$

Des weiteren sei $E(X) = 2$. Bestimmen Sie

i) die richtigen Werte für a und b   (2 Punkte)

ii) die Verteilungsfunktion von X   (2 Punkte)

Aufgabe 136

a) Für zwei Ereignisse A und B gelte

$$P(A \cup B) = 0,9, \quad P(A \cap B) = 0,3, \quad P(A|B) = 0,6$$

i) Berechnen Sie $P(B)$ und $P(A)$.   (4 Punkte)

ii) Stellen Sie das Ereignis $\overline{(A \cup \overline{B})} \cup \overline{(\overline{A} \cup \overline{B})}$ in einem Venn-Diagramm graphisch dar.   (2 Punkte)

b) Gegeben sei die Funktion

$$f(x) = \frac{3}{8}x^2 \quad \text{für } 0 \leq x \leq a$$

i) Bestimmen Sie a so, dass $f(x)$ eine Dichte ist.   (2 Punkte)

ii) Bestimmen Sie $P(1,5 \leq X \leq 1,8)$ (2 Punkte)

Aufgabe 137

Die unabhängigen Zufallsvariablen X und Y haben die folgenden Wahrscheinlichkeitsfunktionen

$$f(x) = \begin{cases} 0,4 & \text{für } x = 1 \\ 0,5 & \text{für } x = 2 \\ 0,1 & \text{für } x = 3 \\ 0 & \text{sonst} \end{cases} \qquad f(y) = \begin{cases} 0,6 & \text{für } y = 0 \\ 0,4 & \text{für } y = 1 \\ 0 & \text{sonst} \end{cases}$$

a) Tragen Sie in die folgende Tabelle die Wahrscheinlichkeitsfunktion der Zufallsvariablen $Z = X + Y$ ein.   (3 Punkte)

z	0	1	2	3	4
f(z)					

b) Es ist $V(X)=0{,}41$ und $V(Y)=0{,}24$. Bestimmen Sie die Varianzen der folgenden Zufallsvariablen

$$Z_1 = X - Y, \qquad Z_2 = 2X, \qquad \text{(4 Punkte)}$$

c) Bestimmen Sie $C(X,Y)$. (1 Punkt)

d) Wie groß ist $P(2 \le X \le 3 | Y = 0)$ (2 Punkte)

Aufgabe 138

a) Für die Zufallsvariable X gelte $E(X)=100$ und $V(X)=25$. Was können Sie über die Wahrscheinlichkeit aussagen, dass X einen Wert unter 90 oder über 110 annimmt? (3 Punkte)

b) Aus einer Grundgesamtheit vom Umfang $N = 1000$ soll eine geschichtete Stichprobe mit proportionaler Aufteilung im Umfang $n = 50$ gezogen werden. Zur Schichtung der Grundgesamtheit werden zwei Vorschläge gemacht

	Vorschlag 1	Vorschlag 2
N_1	500	700
σ_1^2	100	256
N_2	300	200
σ_2^2	64	225
N_3	200	100
σ_3^2	25	81

i) Welchen dieser beiden Vorschläge würden Sie vorziehen (Begründung!!)? (2 Punkte)

ii) Berechnen Sie für beide Vorschläge die Varianz des Schätzers $\overline{X}$. Bestätigt Ihre Berechnung Ihre Meinung aus Aufgabe i)? (5 Punkte)

Aufgabe 139

a) Bei einem Automatenglücksspiel durchläuft eine Kugel ein Labyrinth und fällt schließlich in einen der Auffangbehälter 1, 2 oder 3. Statistiker S ermittelt für die Ergebnisse folgende Wahrscheinlichkeitsfunktion:

$$f(x) = \begin{cases} p & \text{für } x = 1 \\ p(1-p) & \text{für } x = 2 \\ (1-p)^2 & \text{für } x = 3 \\ 0 & \text{sonst} \end{cases}$$

S beobachtet fünf Spiele und erhält dabei folgende Stichprobe:

1   3   2   1   2

   Wie lautet der Maximum-Likelihood-Schätzwert für p?   (4 Punkte)

b) Für eine Stichprobe unabhängiger Zufallsvariablen $X_1,...,X_n$ mit $n > 4$ gelte $E(X_i) = \mu$ und $V(X_i) = \sigma^2$. Für die Schätzung des Erwartungswertes der Zufallsvariable X werden folgende Schätzfunktionen vorgeschlagen:

$$\hat{\mu}_1 = \frac{1}{n}\sum_{i=1}^{n} X_i \qquad \hat{\mu}_2 = \frac{1}{n-4}\sum_{i=3}^{n-2} X_i$$

  i) Beschreiben Sie mit eigenen Worten, was man unter „Erwartungstreue" versteht.   (1 Punkte)

  ii) Bewerten Sie die beiden Schätzer bezüglich Erwartungstreue, Konsistenz und Effizienz.   (5 Punkte)

Aufgabe 140

Von den Kurswerten der Aktien der Unternehmen A und B sei bekannt, dass sie normalverteilt sind mit

$$\mu_A = 40\ \text{€} \qquad\qquad \sigma_A^2 = 16\ \text{€}^2$$
$$\mu_B = 50\ \text{€} \qquad\qquad \sigma_B^2 = 4\ \text{€}^2$$

Die Kurse der Aktien A und B seien unabhängig.

a) Wie groß ist die Wahrscheinlichkeit, dass   (6 Punkte)

  i) die A-Aktie unter 36 € fällt

  ii) die B-Aktie zwischen 45 und 60 € steht

  iii) die A-Aktie über 48 € steigt, wenn die B-Aktie unter 40 € fällt.

b) Diplom-Kaufmann K aus E hält in seinem Depot 20 A- und 50 B-Aktien. Wie groß ist die Wahrscheinlichkeit, dass der Gesamtwert seines Depots zwischen 3000 und 3500 € beträgt?   (4 Punkte)

Aufgabe 141

Von den Kurswerten der Aktien der Unternehmen A und B· sei bekannt, dass sie normalverteilt sind mit

$$\mu_A = 40\ \text{€} \qquad\qquad \sigma_A^2 = 16\ \text{€}^2$$

$$\mu_B = 50 \text{ €} \qquad \sigma_B^2 = 4 \text{ €}^2$$

Die Kurse der Aktien A und B seien unabhängig.

a) Wie groß ist die Wahrscheinlichkeit, dass die A-Aktie sich in einem Korridor von ±20% um ihren Mittelwert bewegt? (2 Punkte)

b) Diplom-Kaufmann K aus E hält in seinem Depot 20 A- und 50 B-Aktien. K lässt sich von einem Kollegen davon überzeugen auch noch 20 Aktien des Unternehmens C zu kaufen. Von dieser Aktie sei bekannt, dass der Kurs ebenfalls normalverteilt ist mit $\mu_C = 70$ und $\sigma_C^2 = 49$. Außerdem gelte $\rho_{AC} = -0,8$ und $\rho_{BC} = +0,5$. Wie groß ist die Wahrscheinlichkeit, dass der Wert seines neuen Depots über 5.000 € liegt? (5 Punkte)

c) K betrachtet sein Depot als Baustein seiner Altersvorsorge, was heißt, dass er diese Aktien noch über viele Jahre halten will. Wenn Sie bedenken, was K über die Aktienkurse weiß, halten Sie dann diese Form der Altersvorsorge für sinnvoll? (3 Punkte)

Aufgabe 142

Eine Zufallsvariable X habe den Erwartungswert $\mu = 10$ und die Varianz $\sigma^2 = 5$. Was groß ist die Wahrscheinlichkeit $P(X < 8)$, wenn X

a) stetig gleichverteilt (= rechteckverteilt) (5 Punkte)

b) binomialverteilt ist? (5 Punkte)

Aufgabe 143

In einem Quiz geht es bei jeder Frage darum aus einer (konstanten!) Anzahl von Antwortmöglichkeiten die jeweils richtige herauszufinden. Das Quiz ist für den Kandidaten dann beendet, wenn er das erste mal eine falsche Antwort gibt. Statistiker S vermutet allerdings, dass die Kandidaten die richtige Antwort nur raten. Als Stichprobe notiert er die Bemühungen von zwei Kandidaten, die beide bereits bei der zweiten Frage das erste mal falsch antworten.

a) Beschreiben Sie mit eigenen Worten das Prinzip der Maximum-Likelihood-Schätzung. (5 Punkte)

b) Geben Sie eine Maximum-Likelihood-Schätzung für die Zahl der Antwortmöglichkeiten pro Frage ab. (5 Punkte)

Aufgabe 144

Es seien $X_1,...,X_n$ unabhängige Stichprobenvariablen mit $E(X_i) = \mu$ und $V(X_i) = \sigma^2$. Geben Sie für die folgenden Schätzer $\hat{\mu}_i$ an, ob sie erwartungstreu und konsistent sind. Was lässt sich über die Effizienz der beiden Schätzer sagen? (10 Punkte)

$$\text{i) } \hat{\mu}_1 = \frac{X_1 + X_2}{2} \qquad \text{ii) } \hat{\mu}_2 = 2X_1 - X_n$$

Aufgabe 145

Kreuzen Sie bitte an, welche der folgenden Aussagen richtig oder falsch sind

(8 Punkte)

		richtig	falsch
1	Eine Dichtefunktion kann größer als eins werden.		
2	Bei einer geschichteten Stichprobe sind die proportionale und die optimale Aufteilung niemals gleich.		
3	Die Tschebyscheff Ungleichung kann als Grenzverteilung der Normalverteilung verstanden werden.		
4	Die geometrische Verteilung ist die analytische Darstellung des geometrischen Wahrscheinlichkeitsbegriffs.		
5	Die Kolmogoroffschen Axiome der Nichtnegativität und der Volladditivität stellen die Erwartungstreue des arithmetischen Mittels als Schätzer für den Erwartungswert μ sicher.		
6	Disjunkte Ereignisse sind immer abhängig.		
7	Normalverteilte Zufallsvariablen mit einem Korrelationskoeffizienten von null sind unabhängig.		
8	Das Bayes'sche Theorem gilt nicht, wenn es sich bei den Ereignissen C_i um Elementarereignisse handelt.		

Wie groß ist die Wahrscheinlichkeit, dass Sie bei dieser Aufgabe mehr als fünf richtige Kreuze gesetzt haben, wenn Sie die Antworten nur geraten haben?

(2 Punkte)

Aufgabe 146

Das größte Ziel von Radprofi U besteht in einem Sieg bei der Tour de France. Zur Erreichung dieses Ziels nimmt er sich jedes Jahr vor lange und hart zu trainieren. Allerdings besteht für ihn immer die Gefahr, dass sein Training entweder durch eine Grippe (Ereignis G) oder ein zu üppiges Weihnachtsessen und somit einer ungeplanten Gewichtszunahme (Ereignis Z) gestört wird. Er selber gibt die Wahrscheinlichkeiten für diese Ereignisse wie folgt an: $P(G) = 0,4$, $P(Z) = 0,7$ und $P(G \cap Z) = 0,2$

a) Welcher Wahrscheinlichkeitsbegriff wird hier zugrunde gelegt? (1 Punkt)

b) Wie groß ist die Wahrscheinlichkeit, dass

  i) keines

  ii) höchstens eines

  der beiden Ereignisse G und Z eintritt? (4 Punkte)

c) Stellen Sie die folgenden Ereignisse in je einem Venn-Diagramm graphisch dar

   i) U schafft es ohne Grippe und Gewichtszunahme sein Training zu absolvieren.

   ii) U wird entweder von einer Grippe oder einer Gewichtszunahme befallen, schafft es aber zu vermeiden, dass beides eintritt.   (4 Punkte)

d) Zeigen Sie, dass die Ereignisse G und Z abhängig sind.   (1 Punkt)

Aufgabe 147

a) In einem Becher sind zwei 1 Cent-, drei 2 Cent und ein 5 Cent-Stück. Geben Sie die Stichprobenverteilung für die Geldsumme bei einer Stichprobe im Umfang n = 2

   i) beim Ziehen mit Zurücklegen

   ii) beim Ziehen ohne Zurücklegen

an.   (6 Punkte)

b) Das folgende Diagramm gibt die relativen Häufigkeiten der Zahl „sechs" beim Würfeln mit einem Würfel bei n = 50,..., 1000 Versuchen wieder. Es ist zu erkennen, dass

- die relative Häufigkeit um die Wahrscheinlichkeit von $\pi = 1/6$ schwankt

- die relative Häufigkeit bei n = 150 in eine vorher definierte Epsilon-Umgebung um π eintritt

- die relative Häufigkeit diese Epsilon-Umgebung bei n = 600 wieder verlässt und bei n = 750 erneut eintritt.

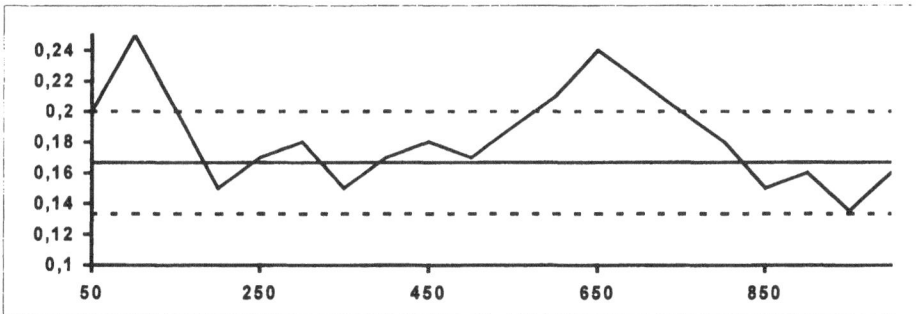

Kreuzen Sie bitte an:

	Dieser Verlauf widerspricht dem schwachen Gesetz der großen Zahl und ist daher unmöglich.
	Dieser Verlauf widerspricht dem schwachen Gesetz der großen Zahl nicht und ist daher durchaus denkbar.

(1 Punkt)

Begründen Sie Ihre Antwort.   (3 Punkte)

Aufgabe 148

Ein Paketdienst möchte seinen Fuhrpark erneuern. Um die notwendige Größe der zu bestellenden Fahrzeuge zu ermitteln, möchte das Unternehmen das durchschnittliche Gewicht der von ihnen gelieferten Pakete ermitteln. Der Paketdienst unterscheidet vier Paketgrößen: Mini, Normal, Maxi und Jumbo. Es ist bekannt, dass der Dienst zu je einem Drittel Normal und Maxi-Pakete ausliefert und sich der Rest gleichmäßig auf Mini- und Jumbo-Pakete aufteilt. Außerdem sind die folgenden Varianzen des Gewichts der Pakete bekannt:

$$\sigma^2_{Mini} = \sigma^2_{Normal} = 16 \, ; \, \sigma^2_{Maxi} = \sigma^2_{Jumbo} = 25$$

Insgesamt soll eine Stichprobe im Umfang n = 60 gezogen werden. Wie muss diese Stichprobe auf die verschiedenen Paketgrößen aufgeteilt werden, wenn die Aufteilung

a) proportional

b) optimal erfolgen soll. (6 Punkte)

c) Warum heißt die optimale Aufteilung „optimal"? Nennen Sie die Optimierungs-vorschrift einschließlich Nebenbedingung. (4 Punkte)

Aufgabe 149

Ein Getränkehersteller bekommt eine Lieferung Flaschen auf zehn verschiedenen Paletten. Mit dem Lieferanten ist vereinbart, dass eine Lieferung zurückgeschickt wird, wenn mehr als 5% der Flaschen Ausschuss sind. Der Qualitätskontrolleur entschließt sich eine Stichprobe im Umfang n = 50 zu ziehen und zwar die Stichprobenelemente $n_1 = 1,..., 20$ von der ersten Palette und den Rest ($n_2 = 21,...,50$) von der zweiten Palette. Zur Schätzung des Ausschussanteils in der Gesamtlieferung überlegt er sich folgende Funktionen:

i) $\hat{\pi}_1 = \frac{1}{2}\left(\frac{x_1}{n_1} + \frac{x_2}{n_2}\right)$ ii) $\hat{\pi}_2 = \frac{x_1 + x_2}{n_1 + n_2}$

mit x_i = Auschussstücke auf Palette i
n_i = Umfang der Stichprobe von Palette i

Beurteilen Sie die beiden Schätzfunktionen bezüglich Erwartungstreue und Konsistenz. (10 Punkte)

Aufgabe 150

a) Eine diskrete Zufallsvariable sei gleichverteilt mit

$$f(x) = \begin{cases} \frac{1}{N} & \text{für } x = 1,2,...,N \\ 0 & \text{sonst} \end{cases}$$

Eine Stichprobe vom Umfang n = 2 ergibt das Ergebnis $x_1 = 3$ und $x_2 = 4$. Geben Sie eine Maximum-Likelihood-Schätzung für N ab. (3 Punkte)

b) Ein Dominostein ist in zwei Hälften unterteilt, die jeweils eine Augenzahl von 0 bis 6 enthalten. Ein Dominospiel besteht aus allen möglichen Paaren dieser Augenzahlen. Wie viele Dominosteine gibt es? Wie groß ist die Wahrscheinlichkeit bei zufälligem Ziehen einen Dominostein zu erwischen, dessen Augensumme größer als acht ist? (7 Punkte)

Aufgabe 151

Die Spedition „Ruck-Zuck-da" liefert Zubehörteile für einen großen Autohersteller „Just in Time". Allerdings kommen 10% aller LKW zu spät am Produktionsort an (Ereignis V), was immer zu gewissen Problemen im weiteren Produktionsablauf des Automobilherstellers führt. Von den Fahrern der verspäteten LKW gaben 60% als Grund für die Verspätung einen Stau an (Ereignis S). Da nicht jeder Stau automatisch zu einer Verspätung führt und es umgekehrt noch viele weitere Gründe für Verspätungen gibt, gelten die Ereignisse V und S bei der Spedition als stochastisch unabhängig.

a) Bestimmen Sie die Wahrscheinlichkeiten $P(S)$, $P(\overline{S} \cap V)$ und $P(V \backslash S)$.   (6 Punkte)

b) Wie groß ist die Wahrscheinlichkeit, dass

- von 10 LKW alle pünktlich sind

- an einem Tag frühestens der fünfte LKW der erste mit Verspätung ist?

        (4 Punkte)

Aufgabe 152

Eine Grundgesamtheit aus fünf Elementen lässt sich in zwei Schichten einteilen. Es gelten folgende Merkmalswerte:

Schicht 1	Schicht 2
$x_{11} = 4$; $x_{12} = 5$; $x_{13} = 6$	$x_{21} = 12$; $x_{22} = 14$

Aus dieser Grundgesamtheit soll eine geschichtete Stichprobe (ohne Zurücklegen) mit $n_1 = 2$ (Schicht 1) und $n_2 = 1$ (Schicht 2) gezogen werden.

a) Wie viele mögliche Stichproben gibt es?   (2 Punkte)

b) Wie lautet die Stichprobenverteilung des Mittelwertschätzers $\overline{X}$?   (4 Punkte)

c) Bestimmen Sie geschichtete Stichproben im Umfang $n = 3$ mit proportionaler und optimaler Aufteilung.   (4 Punkte)

Aufgabe 153

Von einer Zufallsvariable X sei bekannt, dass sie den Erwartungswert $\mu = 20$ und die Varianz $\sigma^2 = 9$ habe.

a) Was kann man dann über die Wahrscheinlichkeit $P(17,3 \leq X \leq 22,7)$ aussagen?

        (3 Punkte)

b) Die richtige Lösung für Aufgabe a) lautet -0,2346. Kann es wirklich sein, dass hier eine Wahrscheinlichkeit negativ ist? Interpretieren Sie dieses Ergebnis.

        (2 Punkte)

c) Wie lautet die Lösung für a), wenn man annimmt, dass X normalverteilt ist?

(2 Punkte)

d) Angenommen die Zufallsvariable sei rechteckverteilt (= stetig gleichverteilt). Bestimmen Sie die Dichtefunktion. (3 Punkte)

Aufgabe 154

a) Student S würfelt abends gerne einmal mit den Mitbewohnern seiner WG. Obwohl sie immer nur um kleine Beträge spielen, hat S inzwischen eine ganz ordentliche Summe verloren. Daher vermutet er, dass der verwendete Würfel, der seinem Mitbewohner M gehört, nicht ganz „fair" (also manipuliert) ist. Daher „besorgt" er sich eines Tages den Würfel und startet eine Versuchsreihe. Er stellt fest, dass er bei 132 Versuchen insgesamt 36 mal eine Sechs gewürfelt hat. Helfen Sie S, indem Sie eine Maximum-Likelihood-Schätzung für die Wahrscheinlichkeit π eine Sechs zu würfeln auf der Grundlage dieser Stichprobe durchführen. (4 Punkte)

b) Für einen Intelligenztest werden aus einer Grundgesamtheit zwei unabhängige Stichproben vom Umfang n_1 und n_2 gezogen. Aus den durchschnittlichen Intelligenzquotienten dieser beiden Stichproben $\overline{X}_1$ und $\overline{X}_2$ soll ein Schätzer für den Intelligenzquotienten der Grundgesamtheit in der Form $\overline{X} = \eta \overline{X}_1 + (1-\eta)\overline{X}_2$ mit $0 \leq \eta \leq 1$ gebildet werden.

i) Ist ein solcher Schätzer erwartungstreu? (3 Punkte)

ii) Bestimmen Sie die Varianz dieses Schätzers (3 Punkte)

Aufgabe 155

a) Kreuzen Sie bitte an, welche der folgenden Aussagen richtig oder falsch sind

(10 Punkte)

		richtig	falsch
1	Eine Dichtefunktion kann größer als eins werden.		
2	Die negative Kovarianz zwischen zwei Zufallsvariablen führt dazu, dass in einem Zweistichprobentest die Nullhypothese mit der Wahrscheinlichkeit α fälschlicherweise abgelehnt wird.		
3	Der Mittlere quadratische Fehler (MSE) lässt sich in die Varianz des Schätzers $\hat{\theta}$ und den quadrierten Bias zerlegen. Gemäß dieser Zerlegung teilt man nicht-erwartungstreue Schätzer in „varianzverzerrt" und „biasverzerrt" ein.		
4	Bei einem Test gilt für α und β, also für die Wahrscheinlichkeiten einen Fehler 1. bzw. 2. Art zu begehen, immer: $\alpha \leq \beta$		
5	Die Kolmogoroffschen Axiome der Nichtnegativität und der Volladditivität stellen die Erwartungstreue des arithmetischen Mittels als Schätzer für den Erwartungswert μ sicher.		

6	Disjunkte Ereignisse sind immer abhängig.		
7	Der Erwartungswert der t-Verteilung ist immer $E(X) = 0$.		
8	Der Schichtungseffekt bei einer geschichteten Stichprobe (ZmZ) ist maximal, wenn in jeder Schicht nur ein Element vertreten ist.		
9	Sind n Zufallsvariablen normalverteilt, dann sind auch ihre Differenzen normalverteilt.		
10	Eine Maximum-Likelihood-Schätzung kann nicht mit der Hypergeometrischen Verteilung durchgeführt werden, weil diese nicht reproduktiv ist.		

Aufgabe 156

a) Bestimmen Sie den Erwartungswert und die Varianz für das einmalige Werfen eines (fairen!!) Würfels (4 Punkte)

b) Betrachten Sie das Zufallsexperiment „Dreimaliges Werfen eines Würfels". Gesucht ist die Varianz der Augensumme, wobei natürlich für jeden einzelnen Wurf der unter a) errechnete Wert gilt und die einzelnen Würfe unabhängig sind. Berechnen Sie

$$1.\ V(X_1 + X_2 + X_3) \qquad 2.\ V(3X)$$

Offensichtlich sind die Ergebnisse verschieden. Welches ist das Richtige?

(6 Punkte)

Aufgabe 157

Student S möchte anlässlich des Bestehens der Statistik Klausur eine kleine Party im engsten Freundeskreis geben. Beim dafür unerlässlichen Bierkauf steht er vor der Wahl zwischen „Castroper Urquell" und „Wattenscheider Pilsener". Er beschließt das in der Vorlesung Gelernte anzuwenden und das Problem statistisch zu lösen. Aufgrund eines Anrufes bei den Brauereien weiß er, dass die Abfüllanlage von „Castroper" normalverteilt mit $\mu_x = 0{,}5$ (Litern) und $\sigma_x^2 = 0{,}01$ arbeitet, während der Abfüllmenge des „Wattenscheiders" eine Normalverteilung mit $\mu_y = 0{,}5$ und $\sigma_y^2 = 0{,}0064$ zugrundeliegt.

a) Wie groß ist die Wahrscheinlichkeit, dass

i) eine Flasche „Castroper" mehr als 0,52 Liter Bier enthält? (2 Punkte)

ii) ein Kasten (20 Flaschen) „Wattenscheider" höchstens 10,36 Liter enthält?

(3 Punkte)

iii) Wenn S von jeder Biersorte einen Kasten (also je 20 Flaschen) kauft, wie groß ist dann die Wahrscheinlichkeit im Schnitt mehr als 0,51 Liter pro Flasche zu erhalten? (3 Punkte)

b) S weiß, dass auf jeder Party schon einmal eine oder mehrere Flaschen zu Bruch gehen können (und so das Pfandgeld verloren geht). Wenn die Wahrscheinlichkeit dafür pro Flasche bei 0,01 liegt, wie groß ist dann die Wahrscheinlichkeit, dass von 40 Flaschen höchstens eine zu Bruch geht? (2 Punkte)

Aufgabe 158

Student S gibt wieder einmal eine Party.

a) Die Partys von Student S gelten in der Nachbarschaft allerdings als sehr „gesittet". Das Ereignis, dass die Polizei auftaucht und um Ruhe bittet, kann daher als poissonverteilt mit $\lambda = 0{,}2$ angesehen werden. Wie groß ist die Wahrscheinlichkeit, dass bei der nächsten Party die Polizei höchstens einmal anschellt?

(2 Punkte)

b) Mediziner M, der auf den Partys von S Stammgast ist, schreibt seine Doktorarbeit über Blutalkohol. Er bittet neun der anwesenden Gäste am Ende der Feier zur Blutprobe und stellt fest, dass sechs von ihnen einen Blutalkoholpegel von über 0,5 Promille (relative Fahruntüchtigkeit gem. § 24a StVG in der Fassung des StVRÄndG vom 19.03.01) haben. Berechnen Sie ein 95%-Konfidenzintervall für den Anteil der Gäste, die fahruntüchtig sind. (4 Punkte)

c) Als Faustregel gilt, dass ein Mann von 180 cm Körpergröße und 80 kg Gewicht innerhalb einer Stunde 2 Liter Bier trinken muss um einen Blutalkoholgehalt von 1 Promille zu erreichen. In einer Versuchsreihe von 25 Testpersonen wurde ein durchschnittlicher Blutalkoholgehalt von 0,98 Promille bei einer Standardabweichung von 0,1 Promille gemessen. Widerspricht dieses Ergebnis der Faustregel? Führen Sie zur Beantwortung dieser Frage einen Test zum Niveau $\alpha = 0{,}05$ durch. (4 Punkte)

Aufgabe 159

a) Aufgrund einer Stichprobenuntersuchung mit n = 100 wurde für den Erwartungswert μ einer Zufallsvariable X das 95%-Konfidenzintervall (Ziehen mit Zurücklegen, bekannte Varianz) $480{,}4 \leq \mu \leq 519{,}6$ ermittelt.

   i) Bestimmen Sie $\bar{x}$ und σ^2. (4 Punkte)

   ii) Welcher Stichprobenumfang n ist mindestens zu wählen, damit der absolute Fehler des Intervalls höchstens e = 5 beträgt? (2 Punkte)

b) Bei einer Maschine gibt es einen Schalter, der die Einstellungen „A" und „B" haben kann. Dummerweise ist dieser Schalter abgebrochen, so dass die aktuelle Einstellung nicht zu erkennen ist. Es ist allerdings bekannt, dass folgende Wahrscheinlichkeiten für die Variable X = Anzahl der Ausschussstücke pro Stunde gelten:

Bei Schalterstellung A:

x_i	0	1	2
$P(X = x_i)$	1/3	1/3	1/3

Bei Schalterstellung B:

x_i	0	1	2
$P(X = x_i)$	0,6	0,3	0,1

Ein Ingenieur beobachtet die Maschine vier Stunden lang und stellt folgende Anzahl an Ausschussstücken pro Stunde fest:

Stunde	1	2	3	4
Stücke	0	2	0	1

Ermitteln Sie die Stellung des Schalters mit Hilfe der Maximum-Likelihood-Methode. (4 Punkte)

Aufgabe 160

Es seien $X_1, X_2, ..., X_n$ unabhängige Zufallsvariablen mit $E(X_i) = \mu$ und $V(X_i) = \sigma^2$. Für die Schätzung des Erwartungswertes μ werden folgende Stichprobenfunktionen vorgeschlagen

$$\hat{\mu}_1 = \frac{1}{4}(X_1 + X_4 + 2 \cdot X_6) \qquad \hat{\mu}_2 = X_1 - X_2 + X_3$$

a) Sind die beiden Schätzer erwartungstreu und/oder konsistent? (8 Punkte)

b) Welche der Schätzfunktionen ist effizienter? (2 Punkte)

Aufgabe 161

Kreuzen Sie bitte an, welche der folgenden Aussagen richtig oder falsch sind

(10 Punkte)

		richtig	falsch
1	Eine Dichtefunktion kann größer als eins werden.		
2	Die Varianz einer relativen Häufigkeit p beträgt $\sigma_p^2 = \dfrac{\pi(1-\pi)}{n}$		
3	Der Mittlere quadratische Fehler (MSE) lässt sich in die Varianz des Schätzers $\hat{\theta}$ und den quadrierten Bias zerlegen. Gemäß dieser Zerlegung teilt man nicht-erwartungstreue Schätzer in „varianzverzerrt" und „biasverzerrt" ein.		
4	Es seien die Zufallsvariablen $X_1, ..., X_n$ binomialverteilt, $X_{n+1}, ..., X_m$ hypergeometrisch verteilt und $X_{m+1}, ..., X_{100}$ geometrisch verteilt. Außerdem seien alle Zufallsvariablen unabhängig. Dann ist $\sum_{i=1}^{100} X_i$ approximativ normalverteilt.		
5	Eine Potenzmenge kann eine Sigma-Algebra sein. Umgekehrt kann eine Sigma-Algebra aber niemals eine Potenzmenge sein.		

6	Unabhängige Ereignisse sind niemals disjunkt.		
7	Das Kolmogoroff'sche Axiom der Volladditivität gilt nicht, wenn für den Stichprobenraum Ω eine vollständige Zerlegung vorliegt.		
8	Die Wahrscheinlichkeit β einen Fehler 2. Art zu begehen ist umso größer, je näher H_0 und H_1 beisammen liegen.		
9	Sind zwei Zufallsvariablen normalverteilt, dann ist auch ihr Produkt normalverteilt.		
10	Gilt für die k Schichten einer Grundgesamtheit $\mu_1 = \mu_2 = ... = \mu_k$, dann tritt beim Ziehen einer geschichteten Stichprobe kein Schichtungseffekt ein.		

Aufgabe 162

Eine stetige Zufallsvariable X habe die folgende Dichtefunktion

$$f(x) = \begin{cases} \dfrac{1}{10} & \text{für } 0 \le x \le 5 \\ \dfrac{1}{25} \cdot (10 - x) & \text{für } 5 \le x \le 10 \\ 0 & \text{sonst} \end{cases}$$

a) Zeigen Sie, dass es sich bei f(x) tatsächlich um eine Dichtefunktion handelt.

(4 Punkte)

b) Bestimmen Sie den Erwartungswert für X. (3 Punkte)

c) Bestimmen Sie $P(3 \le X \le 6)$ (3 Punkte)

Aufgabe 163

a) Wie groß ist beim Zahlenlotto 6 aus 49 die Wahrscheinlichkeit für

i) den Gewinn des Jackpots (6 Richtige + Superzahl)? (2 Punkte)

ii) drei Richtige + Zusatzzahl? (4 Punkte)

b) Gegeben sei eine binomialverteilte Zufallsvariable X. Bestimmen Sie einen Maximum-Likelihood-Schätzung für die Erfolgswahrscheinlichkeit π, wenn für eine Stichprobe n = 5 und x = 2 gilt. (4 Punkte)

Aufgabe 164

a) In einem Unternehmen arbeiten 100 Frauen und 50 Männer. Ein zu bildender Betriebsrat soll daher aus vier Frauen und zwei Männern bestehen.

i) Wie viel mögliche Zusammensetzungen für diesen Betriebsrat gibt es?

(2 Punkte)

ii) Wie viel mögliche Zusammensetzungen gibt es, wenn die acht Außendienstmitarbeiter (alle männlich) auf keinen Fall und die Gleichstellungsbeauftragte auf jeden Fall mit in den Betriebsrat sollen?   (3 Punkte)

iii) Der Betriebsrat soll zu einem Empfang des Oberbürgermeisters zwei Mitglieder entsenden. Da jedes Mitglied gerne zu diesem Empfang gehen würde, werden die beiden Glücklichen (unabhängig vom Geschlecht) ausgelost (ohne Zurücklegen). Wie wahrscheinlich ist es für Betriebsratsmitglied B, dass er dabei ist?   (2 Punkte)

b) Kreuzen Sie bitte die jeweils richtige Antwort an   (3 x 1 Punkt)

i) Der Name der Verteilung mit der folgenden Dichtefunktion lautet

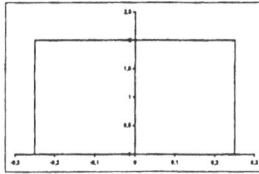

O Rechteckverteilung

O Stetige Zweipunktverteilung

O Hierbei kann es sich unmöglich um eine Dichtefunktion handeln, weil *(bitte kurze Begründung eintragen)*

ii) Die Wahrscheinlichkeit für einen Fehler 2. Art (β-Fehler) ist

O die Gegenwahrscheinlichkeit des Fehlers 1. Art (α-Fehler)

O stets größer als α

O abhängig von α

iii) Wenn zwei Variablen X und Y abhängig sind

O unterscheiden sich die bedingten von den unbedingten Wahrscheinlichkeiten

O gibt es einen exakten funktionalen Zusammenhang zwischen X und Y

O ist die Korrelation immer ungleich null.

Aufgabe 165

a) Der sehr ängstliche Diplom-Kaufmann K aus E möchte in den Urlaub fliegen. Er weiß, dass die Fluggesellschaft entweder die nagelneue zweimotorige Maschine A oder die schon ziemlich betagte viermotorige Maschine B auf dieser Route einsetzt. Angenommen bei Maschine A wäre die Wahrscheinlichkeit für den Ausfall eines Triebwerkes auf dem Flug 1/1000 und bei Maschine B 1/100. Maschine A stürzt ab, wenn beide Triebwerke ausfallen, bei Maschine B reicht bereits der Ausfall eines Triebwerks für einen Absturz. Wie wahrscheinlich ist es, dass K sicher im Urlaub ankommt (Ereignis S), wenn

i) er mit Maschine A fliegt   (2 Punkte)

ii) er mit Maschine B fliegt   (2 Punkte)

iii) Die Fluggesellschaft gibt die Wahrscheinlichkeit, dass A eingesetzt wird, mit 0,7 an. Wie wahrscheinlich ist es, dass K sicher im Urlaub ankommt? (2 Punkte)

b) Mediziner M forscht an einem neuen Medikament gegen Leukämie. Es ist davon auszugehen, dass er mit einer Wahrscheinlichkeit von 0,8 den Nobelpreis bekommt (Ereignis N), wenn er erfolgreich ist (Ereignis E). Die Wahrscheinlichkeit für einen Erfolg beziffert er mit 50:50. Außerdem gelte $P(E \cup \bar{N}) = 0,7$. Wie groß sind die Wahrscheinlichkeiten

i) $P(\bar{N} \cap \bar{E})$ (2 Punkte)

ii) $P(N|\bar{E})$ (2 Punkte)

Aufgabe 166

a) Gegeben seien die Ereignisse A, B und C mit $A \cap B \neq \emptyset$, $C \subset A$ und $B \cap C = \emptyset$. Zeichnen Sie die folgenden Ereignisse in je ein Venn-Diagramm ein: (6 Punkte)

i) $\bar{A} \cup C$

ii) $(A \cap B) \cup (A \cap C)$

iii) $(B \cap C) \setminus [(A \cap B) \cup \bar{C}]$

b) Student S muss eine mündliche Prüfung in Induktiver Statistik ablegen. Bei der Vorbereitung hat er sich vor allem auf die Normalverteilung spezialisiert. Er glaubt, dass die Wahrscheinlichkeit die Prüfung zu bestehen (Ereignis B) vor allem von der ersten Frage abhängt. Handelt es sich dabei um eine Frage zur Normalverteilung (Ereignis N), beziffert er die Wahrscheinlichkeit für B mit 0,7, ansonsten nur mit 0,2. Allerdings ist die Wahrscheinlichkeit für N nur 0,3. Wie groß ist die Wahrscheinlichkeit, dass die Prüfung mit einer Frage zur Normalverteilung begonnen hat, wenn S die Prüfung tatsächlich bestanden hat?

(4 Punkte)

Aufgabe 167

Es gelte die Funktion

$$f(x,y) = \begin{cases} \dfrac{1}{k}x^2y^2 & 0 \leq x,y \leq 3 \\ 0 & \text{sonst} \end{cases}$$

a) Bestimmen Sie k so, dass f(x,y) eine zweidimensionale Dichte ist. (2 Punkte)

b) Bestimmen Sie E(X) (3 Punkte)

c) Sind X und Y stochastisch unabhängig? (2 Punkte)

d) Bestimmen Sie $P(1 \leq X \leq 2|Y \geq 2)$ (3 Punkte)

Aufgabe 168

a) Gegeben sei folgende stetige Verteilungsfunktion:

$$F(x) = \begin{cases} 0 & x < 1 \\ 0{,}5x^2 - 0{,}5x & 1 \leq x \leq 2 \\ 1 & x > 2 \end{cases}$$

Bestimmen Sie die dazugehörige Dichtefunktion und zeigen Sie, dass es sich bei der von Ihnen gefundenen Funktion tatsächlich um eine Dichtefunktion handelt.

(4 Punkte)

b) Gegeben sei die zweidimensionale Dichtefunktion

$$f(x,y) = \begin{cases} 2x^2y & 0 \leq x \leq 1; 1 \leq y \leq 2 \\ 0 & \text{sonst} \end{cases}$$

Bestimmen Sie den Korrelationskoeffizienten von X und Y. (3 Punkte)

c) Die unabhängigen Zufallsvariablen X und Y seien wie folgt verteilt:

$$X \sim N(5; 9); \quad Y \sim N(3; 4)$$

Gebildet wird die Zufallsvariable $U = X - 2Y$. Bestimmen Sie $P(-2 \leq U \leq 1)$.

(3 Punkte)

Aufgabe 169

a) Ein Kaufhaus veranstaltet zu seinem hundertjährigen Jubiläum ein Quiz, bei dem ein Kandidat 10 Fragen nacheinander richtig beantworten muss. Beantwortet er eine Frage falsch, so ist das Spiel für ihn zu Ende. Beantwortet er alle richtig, gewinnt er 1.000.000 Euro. Zu jeder Frage gibt es fünf Antwortalternativen. Die Fragen gelten als äußerst schwer, so dass die meisten Kandidaten die Antworten einfach raten.

i) Wie wahrscheinlich ist es, dass ein Kandidat mit dieser Taktik die 1.000.000 Euro gewinnt? (2 Punkte)

ii) Wie viel Fragen wird ein Kandidat im Schnitt richtig beantworten, bevor er die erste falsche Antwort gibt? (2 Punkte)

iii) Kandidat K ist ein großer Sportfan und glaubt, dass er Sportfragen auf jeden Fall beantworten kann. Er erfährt, dass in dem gesamten Fragenpool von 1000 Fragen nur fünf Sportfragen sind. Wie wahrscheinlich ist es, dass in „seinem" Fragenblock (also unter den 10 Fragen, die ihm gestellt werden) mindestens eine Sportfrage ist? (2 Punkte)

iv) Wie wahrscheinlich ist es, dass Kandidat K den gleichen Fragenblock wie Kandidat J, der direkt vor ihm an der Reihe war, bekommt, wenn die Fragenblöcke zufällig ausgewählt werden? (2 Punkte)

b) Kreuzen Sie bitte an:

Welche der folgenden Aussagen beinhaltet den „subjektiven Wahrscheinlichkeitsbegriff" (2 Punkte)

	Die Wahrscheinlichkeit eine sechs zu würfeln ist 1/6.
	In den letzten 20 Jahren ist Autofahrer A erst zweimal beim Falschparken erwischt worden, obwohl er sehr oft falsch parkt. Die Wahrscheinlichkeit erwischt zu werden ist also sehr gering.
	Die Statistik II Klausur werde ich ganz sicher bestehen.
	Eine Wahrscheinlichkeit ist definiert durch die Axiome von Kolmogoroff.
	Die Wahrscheinlichkeit im Lotto sechs Richtige zu haben ist höher als ein Royal Flush (As, König, Dame, Bube und 10 der gleichen Farbe) beim Pokern.

Aufgabe 170

a) Gemäß einer bekannten Abwandlung von „Murphies Law" („Alles was schiefgehen kann, geht auch schief.") fällt ein Marmeladenbrot immer mit der Marmeladenseite nach unten auf den Teppich. Statistiker S hat in einem Experiment 50 mal ein Marmeladenbrot fallen lassen. Das Brot ist 37 mal mit der Marmeladenseite und entsprechend 13 mal mit der unbeschmierten Seite gelandet. Geben Sie aufgrund dieser Stichprobe eine Maximum-Likelihood-Schätzung für die Wahrscheinlichkeit π, dass das Brot auf der Marmeladenseite landet, an. (5 Punkte)

b) *Aus einem Mathematikbuch für das sechste Schuljahr (Mathematik heute 6, Schroedel Verlag, Hannover, 1978, S. 210, Aufgabe 15):*

Ein Becher enthält zwei schwarze und je eine weiße bzw. blaue Kugel. Jörn und Hein ziehen abwechselnd (ohne Zurücklegen). Jörn beginnt. Gewonnen hat, wer die letzte schwarze Kugel gezogen hat. Ist das Spiel fair? (5 Punkte)

Aufgabe 171

Fußball-Starstürmer Giovanne Elfer kann mit einer Wahrscheinlichkeit von 10% einen Eckball direkt verwandeln (also direkt ins Tor schießen).

a) Wie viel Ecken muss Elfer schießen um mit einer Wahrscheinlichkeit von 99% mindestens eine Ecke direkt zu verwandeln? (3 Punkte)

b) Sein Trainer Ottmar Warmfeld lässt Elfer 125 Ecken schießen, von denen er zehn direkt verwandelt. Daraufhin behauptet Warmfeld Elfer sei „nicht in Form" und seine Trefferquote habe offensichtlich stark abgenommen.

1. Testen Sie diese Behauptung auf einem Signifikanzniveau von 90%.

2. Was bedeutet es hier einen Fehler 2. Art zu begehen? Wie groß ist dessen Wahrscheinlichkeit, wenn gilt $H_1 : \pi = 0,07$. (7 Punkte)

Aufgabe 172

a) Gewürfelt wird je einmal mit einem grünen und einem blauen Würfel. Geben Sie bitte die Wahrscheinlichkeiten für die folgenden Ereignisse an. (5 x 1 Punkt)

	Ereignis	Wahrscheinlichkeit
1	Der grüne Würfel zeigt eine sechs, aber nicht der blaue.	
2	Mindestens einer der Würfel zeigt eine sechs.	
3	Der blaue Würfel zeigt eine gerade, der grüne Würfel eine ungerade Zahl.	
4	Die Summe der beiden Würfe beträgt sieben.	
5	Die Summe der Würfe beträgt mindestens sieben, wenn der blaue Würfel eine fünf zeigt.	

b) Kreuzen Sie bitte an, ob die folgenden Aussagen richtig oder falsch sind.

(5 Punkte)

Aussage	richtig	falsch
Ein statistischer Test sollte immer so durchgeführt werden, dass die Wahrscheinlichkeiten für einen Fehler 1. und 2. Art minimal sind.		
Der Bias eines Schätzers bestimmt dessen Grad an Konsistenz, d.h ein Schätzer mit einem großen Bias ist weniger konsistent als ein solcher mit einem kleinen Bias.		
Die Verteilungsfunktion einer diskreten Variable ist streng monoton steigend.		
Wenn eine Verteilungsfunktion F(x) für $n \to \infty$ gegen eine andere Funktion konvergiert, dann ist diese andere Funktion immer ebenfalls eine Verteilungsfunktion.		
Für die Dichtefunktion einer stetigen Variablen f(x) könnte u.a. gelten f(-2) = 0,5 und f(2) = 1,3.		

Aufgabe 173

a) In einer Klasse seien 20 Schüler. Betrachten Sie die Schüler, die gute Leistungen in den Fächern Mathematik (Ereignis M), Latein (Ereignis L) und Sport (Ereignis S) abliefern. Es gilt:

- Es gibt Schüler, die gut in Latein **und** Sport sind, aber auch solche, die nur in einem der beiden Fächer gut sind.

- Alle Schüler, die gut in Mathematik sind, sind auch gut in Latein, aber es gibt Schüler, die gut in Latein, aber nicht gut in Mathematik sind.

- Erstaunlicherweise gibt es keine Schüler, die gut in Mathematik **und** in Sport sind.

Stellen Sie folgende Schüler in einem Venn-Diagramm graphisch dar.

(6 Punkte)

i) $\overline{M} \cap L$

ii) $(L \cup M) \cap S$

iii) $(\overline{S} \cap M) \cup (S \cap \overline{M})$

b) In einer Stichprobenuntersuchung wurden n Haushalte befragt, ob sie eine Tageszeitung abonniert hätten. Für den Anteil der Haushalte, die diese Frage mit „ja" beantwortet haben, wurde folgendes 95%-Konfidenzintervall berechnet:

$$P(0,231 \le \pi \le 0,269) = 0,95$$

Wie groß war n? (4 Punkte)

Aufgabe 174

Das vorliegende Buch umfasst 174 Aufgaben. Davon zählen 80 Aufgaben zur Deskriptiven Statistik und 94 Aufgaben zur Induktiven Statistik. Angenommen Sie wollten sich eine zweistündige Übungsklausur zusammenstellen (also 12 Aufgaben). Wie viele Klausuren können Sie bilden, wenn folgende Bedingungen gelten:

a) Es soll je eine zweistündige Klausur zur Deskriptiven und zur Induktiven Statistik gebildet werden. (4 Punkte)

b) Es soll nur eine Klausur zusammengestellt werden. Dabei gibt es keine Einschränkungen für die Zusammensetzung. Theoretisch könnte die Klausur also auch nur aus Aufgaben der Deskriptiven oder nur aus Aufgaben der Induktiven Statistik bestehen. (3 Punkte)

c) Die Klausur soll genau zur Hälfte aus Aufgaben zur Deskriptiven und zur Induktiven Statistik bestehen. (3 Punkte)

Teil 4

Lösungen zur

Induktiven
Statistik

Aufgabe 81

	G	$\overline{G}$	Summe
R	0,3	0,2	0,5
$\overline{R}$	0,3	0,2	0,5
Summe	0,6	0,4	1

a)

i) $P(G|R) = \dfrac{P(G \cap R)}{P(R)} = \dfrac{0,3}{0,5} = 0,6$

ii) $P(G \cap \overline{R}) = 0,3$

iii) $P(G \cup R) - P(G \cap R) = P(G) + P(R) - 2 \cdot P(G \cap R) = 0,6 + 0,5 - 2 \cdot 0,3 = 0,5$

b) Für Unabhängigkeit muss gelten: $P(A \cap B) = P(A) \cdot P(B)$

Hier ist:

$P(G \cap R) = 0,3 = P(G) \cdot P(R) = 0,6 \cdot 0,5$

$P(G \cap \overline{R}) = 0,3 = P(G) \cdot P(\overline{R}) = 0,6 \cdot 0,5$

$P(\overline{G} \cap R) = 0,2 = P(\overline{G}) \cdot P(R) = 0,4 \cdot 0,5$

$P(\overline{G} \cap \overline{R}) = 0,2 = P(\overline{G}) \cdot P(\overline{R}) = 0,4 \cdot 0,5$

G und R sind also unabhängig.

c) $P(S) = P(S|G) \cdot P(G) + P(S|\overline{G}) P(\overline{G}) = 0,4 \cdot 0,6 + 0,8 \cdot 0,4 = 0,56$

Aufgabe 82

a) $X \sim B(8;0,5)$

i) $P(X = 5) = 0,2188$ (laut Tabelle)

ii) $P(X < 5) = P(X \le 4) = 0,6367$ (laut Tabelle)

iii) $P(X > 5) = 1 - P(X \le 5) = 1 - 0,8555 = 0,1445$

b) Approximation durch Normalverteilung mit

$\mu = n\pi = 50 \cdot 0,5 = 25$ und $\sigma^2 = n\pi(1-\pi) = 50 \cdot 0,5 \cdot 0,5 = 12,5$

$P(X \le 50) = P\left(Z \le \dfrac{50 - 25}{\sqrt{12,5}}\right) = P(Z \le 7) = 1$

Aufgabe 83

a) $E(X) = \int xf(x)dx = \int_0^4 \frac{1}{2}x - \frac{1}{8}x^2dx = \left[\frac{1}{4}x^2 - \frac{1}{24}x^3\right]_0^4 = \frac{16}{4} - \frac{64}{24} = 1,\overline{3}$

$V(X) = \int x^2f(x)dx - \mu^2 = \int_0^4 \frac{1}{2}x^2 - \frac{1}{8}x^3dx - 1,\overline{3}^2$

$= \left[\frac{1}{6}x^3 - \frac{1}{32}x^4\right]_0^4 - 1,\overline{3}^2 = \frac{64}{6} - \frac{256}{32} - 1,\overline{3}^2 = 0,\overline{8}$

b) $F(X) = \int_0^x \frac{1}{2} - \frac{1}{8}udu = \left[\frac{1}{2}u - \frac{1}{16}u^2\right]_0^x = \frac{1}{2}x - \frac{1}{16}x^2$

$F(X) = \begin{cases} 0 & X < 0 \\ \dfrac{1}{2}x - \dfrac{1}{16}x^2 & 0 \le X \le 4 \\ 1 & X > 4 \end{cases}$

c)

i) $P(X > 2) = 1 - F(2) = 1 - \left(\frac{1}{2} \cdot 2 - \frac{1}{16} \cdot 2^2\right) = 1 - 0,75 = 0,25$

ii) $P(1 < X < 3) = F(3) - F(1) = \left(\frac{1}{2} \cdot 3 - \frac{1}{16} \cdot 3^2\right) - \left(\frac{1}{2} - \frac{1}{16}\right) = 0,9375 - 0,4375 = 0,5$

Aufgabe 84

a)

X \ Y	1	2	3	Summe
1	0,05	0,05	0	0,1
2	0,05	0,15	0,1	0,3
3	0	0,15	0,45	0,6
Summe	0,1	0,35	0,55	1

b) Für Unabhängigkeit muss gelten: $f(x,y) = f(x)f(y)$

Hier ist aber $f(3;1) = 0 \ne f(3) \cdot f(1) = 0,6 \cdot 0,1 = 0,06$

Die Variablen sind also abhängig.

c) $P(X \le 2) = P(X = 1) + P(X = 2) = 0,1 + 0,3 = 0,4$

d) $P(X \le 2; Y \le 2) = 0,05 + 0,05 + 0,05 + 0,15 = 0,3$

e) $P(X = 1 | Y = 1) = \dfrac{P(X = 1; Y = 1)}{P(Y = 1)} = \dfrac{0,05}{0,1} = 0,5$

Aufgabe 85

$$\bar{x} = \frac{1}{n}\sum x_i = \frac{1}{4}(13 + 16 + 26 + 29) = \frac{84}{4} = 21$$

a) $P\left(\bar{x} - z\frac{\hat{\sigma}}{\sqrt{n}} \leq \mu \leq \bar{x} + z\frac{\hat{\sigma}}{\sqrt{n}}\right) = 1 - \alpha$

$$P\left(21 - 2{,}5758 \cdot \frac{7{,}7}{\sqrt{4}} \leq \mu \leq 21 + 2{,}5758 \cdot \frac{7{,}7}{\sqrt{4}}\right) = 0{,}99$$

$$\Rightarrow 11{,}083 \leq \mu \leq 30{,}92$$

b) Hypothesen: H_0: $\mu_M = \mu_J$ $\qquad$ H_1: $\mu_M \neq \mu_J$

Prüfgröße: $\qquad T = \frac{\bar{x}_M - \bar{x}_J}{\hat{\sigma}}\sqrt{\frac{n_M n_J}{n_M + n_J}}$

$$\text{mit:} \quad \hat{\sigma} = \frac{n_M s_M^2 + n_J s_J^2}{n-2} = \frac{8 \cdot 50 + 4 \cdot 100}{10} = 44$$

$$T = \frac{19 - 21}{\sqrt{44}}\sqrt{\frac{8 \cdot 4}{8 + 4}} = -0{,}4924$$

Kritischer Wert: $C = \pm 2{,}23$ (t-Verteilung mit 10 Freiheitsgraden)

Entscheidung: Wegen $|T| < |C|$ kann H_0 nicht abgelehnt werden. Aufgrund der vorliegenden Stichprobe ist kein Unterschied zwischen Mädchen und Jungen zu erkennen.

Aufgabe 86

a) Subjektiver Wahrscheinlichkeitsbegriff

b) $P(D|F) = \dfrac{P(D \cap F)}{P(F)} = 0{,}8 \Rightarrow P(D \cap F) = P(D|F) \cdot P(F) = 0{,}8 \cdot 0{,}1 = 0{,}08$

	F	$\overline{F}$	Summe
D	0,08	0,42	0,5
$\overline{D}$	0,02	0,48	0,5
Summe	0,1	0,9	1

Für Unabhängigkeit muss gelten: $P(A \cap B) = P(A) \cdot P(B)$

Hier ist aber: $P(D) \cdot P(F) = 0{,}5 \cdot 0{,}1 = 0{,}05 \neq P(D \cdot F) = 0{,}1$

Die Ereignisse D und F sind also abhängig.

c) $P(D \cup F) - P(D \cap F) = P(D) + P(F) - 2 \cdot P(D \cap F) = 0,5 + 0,1 - 2 \cdot 0,08 = 0,44$

d)

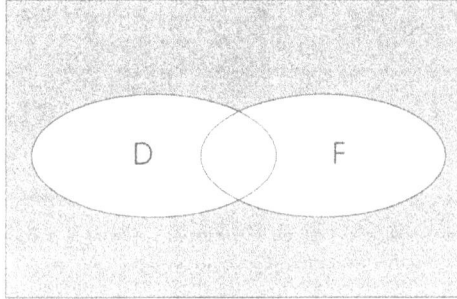

e) $P(B|R) = \dfrac{P(R|B) \cdot P(B)}{P(R|A) \cdot P(A) + P(R|B) \cdot P(B)} = \dfrac{0,2 \cdot 0,5}{0,7 \cdot 0,5 + 0,2 \cdot 0,5} = \dfrac{0,1}{0,45} = 0,\overline{2}$

Aufgabe 87

a)

- $0 \leq f(x) < \infty$

- $\int f(x)dx = 1$

b) $E(X) = \int x \cdot f(x)dx = \int_{-1}^{5} \dfrac{1}{6} x\, dx = \left[\dfrac{1}{12} x^2 \right]_{-1}^{5} = \dfrac{25}{12} - \dfrac{1}{12} = \dfrac{24}{12} = 2$

$V(X) = \int x^2 \cdot f(x)dx - \mu^2 = \int_{-1}^{5} \dfrac{1}{6} x^2 dx - 2^2 = \left[\dfrac{1}{18} x^3 \right]_{-1}^{5} - 2^2$

$= \dfrac{125}{18} + \dfrac{1}{18} - 4 = 3$

c) $P(0 \leq X \leq 3) = \int_{0}^{3} \dfrac{1}{6} dx = \dfrac{1}{6} x \Big|_{0}^{3} = \dfrac{3}{6} = 0,5$

d) $F(x) = \int_{-1}^{x} \dfrac{1}{6} du = \dfrac{1}{6} u \Big|_{-1}^{x} = \dfrac{1}{6} x + \dfrac{1}{6}$

$F(x) = \begin{cases} 0 & x < -1 \\ \dfrac{1}{6} x + \dfrac{1}{6} & -1 \leq x \leq 5 \\ 1 & x > 5 \end{cases}$

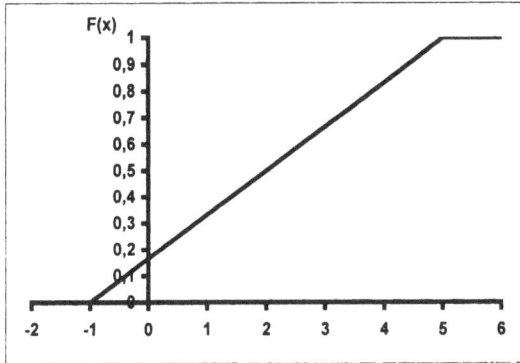

Aufgabe 88

$$\bar{x} = \frac{1}{n}\sum x_i = \frac{1}{8}(50 + 70 + 80 + 100 + 90 + 120 + 75 + 115) = \frac{700}{8} = 87,5$$

$$\hat{\sigma} = \frac{1}{7}\left[(50^2 + 70^2 + 80^2 + 100^2 + 90^2 + 120^2 + 75^2 + 115^2) - 8 \cdot 87,5^2\right]$$

$$= \frac{1}{7}(65150 - 61250) = \frac{3900}{7} = 557,14$$

a) Hypothesen: $H_0: \mu \le 80$ $H_1: \mu > 80$

  Prüfgröße: $T = \dfrac{\bar{x} - \mu}{\dfrac{\hat{\sigma}}{\sqrt{n}}} = \dfrac{87,5 - 80}{\sqrt{\dfrac{557,14}{8}}} = 0,8987$

Kritischer Wert: $C = 1,89$ (t-Verteilung mit $n - 1 = 7$ Freiheitsgraden)

Entscheidung: Wegen $T < C$ kann H_0 nicht abgelehnt werden. Das Stichprobenergebnis reicht nicht aus um die Vermutung des Vaters zu bestätigen.

b) $T = \dfrac{\bar{x}_c - 80}{\sqrt{\dfrac{557,14}{8}}} = 1,89 \Rightarrow \bar{x}_c = 1,89 \cdot \sqrt{\dfrac{557,14}{8}} + 80 = 95,77$

Ab einem $\bar{x} = 95,77$ kann die Nullhypothese abgelehnt werden. Für den Fehler 2. Art gilt somit:

$$P(\bar{X} > 95,77 | H_1) = P\left(Z > \frac{95,77 - 100}{\sqrt{\dfrac{557,14}{8}}} \Big| H_1\right)$$

$$= P(Z > -0,5 | H_1) = 1 - P(Z < 0,5 | H_1) 1 - 0,6915 = 0,3085$$

Einen Fehler 2. Art zu begehen bedeutet hier, anzunehmen die Telefonrechnungen würden im Schnitt nicht über 80 € liegen, obwohl sie es in Wahrheit doch tun.

Aufgabe 89

a) Bedingung ist , dass gilt: $\int\int f(x,y)dxdy = 1$

$$c\int_0^1\int_0^1 x + y + xy\,dxdy$$

$$= c\int_0^1\left[\frac{1}{2}x^2 + xy + \frac{1}{2}x^2y\right]_0^1 dy$$

$$= c\int_0^1 \frac{1}{2} + \frac{3}{2}y\,dy$$

$$= c\cdot\left[\frac{1}{2}y + \frac{3}{4}y^2\right]_0^1$$

$$= 1{,}25\cdot c = 1$$

$$\Rightarrow c = 0{,}8$$

b) $f(x) = 0{,}8\int_0^1 x + y + xy\,dy = 0{,}8\left[xy + \frac{1}{2}y^2 + \frac{1}{2}xy^2\right]_0^1 = 0{,}8\left(x + \frac{1}{2} + \frac{1}{2}x\right) = 1{,}2x + 0{,}4$

$f(y) = 1{,}2y + 0{,}4$ (wegen Symmetrie)

c) $\sigma_{xy} = \int\int xy f(x,y)dxdy - \mu_x\mu_y$

$$\mu_x = \int xf(x)dx = \int_0^1 1{,}2x^2 + 0{,}4x\,dx = \left[0{,}4x^3 + 0{,}2x^2\right]_0^1 = 0{,}4 + 0{,}2 = 0{,}6 = \mu_y$$

$$\sigma_{xy} = 0{,}8\int_0^1\int_0^1 x^2y + xy^2 + x^2y^2\,dxdy - 0{,}6\cdot 0{,}6$$

$$= 0{,}8\int_0^1\left[\frac{1}{3}x^3y + \frac{1}{2}x^2y^2 + \frac{1}{3}x^3y^2\right]_0^1 dy - 0{,}36$$

$$= 0{,}8\int_0^1 \frac{1}{3}y + \frac{5}{6}y^2\,dy - 0{,}36$$

$$= 0{,}8\cdot\left[\frac{1}{6}y^2 + \frac{5}{18}y^3\right]_0^1 - 0{,}36 = 0{,}8\cdot\frac{8}{18} - 0{,}36 = -0{,}0044$$

Aufgabe 90

Erwartungstreue:

$$E(\hat{\mu}_1) = E\left(\frac{1}{n}\sum_{i=1}^n X_i + \frac{500}{n}\right) = E\left(\frac{1}{n}\sum_{i=1}^n X_i\right) + E\left(\frac{500}{n}\right)$$

$$= \frac{1}{n} \sum_{i=1}^{n} E(X_i) + E\left(\frac{500}{n}\right)$$

$$= \frac{1}{n} \cdot n \cdot \mu + \frac{500}{n} = \mu + \frac{500}{n} \neq \mu$$

Der Schätzer ist nicht erwartungstreu.

Aber: $\lim\limits_{n \to \infty} E(\hat{\mu}_1) = \lim\limits_{n \to \infty}\left(\mu + \frac{500}{n}\right) = \mu$

Der Schätzer ist asymptotisch erwartungstreu.

$$E(\hat{\mu}_2) = E\left(\frac{n-2}{n^2} \sum_{i=1}^{n} X_i\right) = \frac{n-2}{n^2} \sum_{i=1}^{n} E(X_i) = \frac{n-2}{n^2} \cdot n \cdot \mu = \frac{n-2}{n} \mu$$

Der Schätzer ist nicht erwartungstreu.

Und: $\lim\limits_{n \to \infty} E(\hat{\mu}_2) = \lim\limits_{n \to \infty}\left(\frac{n-2}{n} \mu\right) = 0$

Der Schätzer ist auch nicht asymptotisch erwartungstreu.

Konsistenz:

$\hat{\mu}_1$ ist asymptotisch erwartungstreu.

$$V(\hat{\mu}_1) = V\left(\frac{1}{n} \sum_{i=1}^{n} X_i + \frac{500}{n}\right) = \frac{1}{n^2} \sum_{i=1}^{n} V(X_i) = \frac{n}{n^2} \sigma^2 = \frac{\sigma^2}{n}$$

$$\lim\limits_{n \to \infty} V(\hat{\mu}_1) = \lim\limits_{n \to \infty} \frac{\sigma^2}{n} = 0$$

Der Schätzer ist konsistent.

Der Schätzer $\hat{\mu}_2$ ist dagegen nicht konsistent, weil er nicht mindestens asymptotisch erwartungstreu ist.

Effizienz:

Eine Aussage über Effizienz kann nicht gemacht werden, weil beide Schätzer nicht erwartungstreu sind.

Aufgabe 91

$$P(S|\overline{A}) = \frac{P(S \cap \overline{A})}{P(\overline{A})} = 0{,}125 \Rightarrow P(S \cap \overline{A}) = P(S|\overline{A}) \cdot P(\overline{A}) = 0{,}125 \cdot 0{,}8 = 0{,}1$$

	A	$\overline{A}$	Summe
S	0,2	0,1	0,3
$\overline{S}$	0	0,7	0,7
Summe	0,2	0,8	1

a) $P(S \cap A) = 0,2$

b) $P(S|A) = \dfrac{P(S \cap A)}{P(A)} = \dfrac{0,2}{0,2} = 1$

Wegen $P(S|A) \neq P(S|\overline{A})$ sind die beiden Ereignisse abhängig.

c) Variation mit Wiederholung mit n = 3 und i = 5:

$V_w = n^i = 3^5 = 243$

d) X = Anzahl der schlechten Apfelsinen; $X \sim B(10;0,1)$

$P(X = 0) = \begin{pmatrix} 10 \\ 0 \end{pmatrix} \cdot 0,1^0 \cdot 0,9^{10} = 0,3487$

Aufgabe 92

a) X = Anzahl der defekten Flaschen; $X \sim P(5)$ wegen $\lambda = n\pi = 500 \cdot 0,01 = 5$

$P(X < 10) = P(X \leq 9) = 0,9682$ (laut Tabelle)

b) $n \geq \dfrac{z^2 \sigma^2}{e^2} = \dfrac{1,96^2 \cdot 50^2}{15^2} = 42,68$, also mindestens 43 Netze

c) X = Gewicht eines Netzes; $X \sim N(1000;2500)$

i) Y = Gewicht dreier Netze; $Y \sim N(3000;7500)$

$P(Y < 2974)) = P\left(Z < \dfrac{2974 - 3000}{\sqrt{7500}}\right)$

$= P(Z < -0,3) = 1 - P(Z < 0,3) = 1 - 0,6179 = 0,3821$

c) $\overline{X}$ = Durchschnittsgewicht dreier Netze; $\overline{X} \sim N(1000;833,\overline{3})$

$P(\overline{X} < 1000) = P\left(Z < \dfrac{1028,87 - 1000}{\sqrt{833,\overline{3}}}\right) = P(Z < 1) = 0,8413$

Aufgabe 93

a) $E(X) = \int x f(x) dx$

$= -\dfrac{1}{12} \int_0^6 \dfrac{1}{6} x^3 - x^2 - x \, dx = -\dfrac{1}{12} \left[\dfrac{1}{24} x^4 - \dfrac{1}{3} x^3 - \dfrac{1}{2} x^2 \right]_0^6 = -\dfrac{1}{12}(54 - 72 - 18) = 3$

b) $V(X) = \int x^2 f(x) dx - \mu^2$

$= -\dfrac{1}{12} \int_0^6 \dfrac{1}{6} x^4 - x^3 - x^2 \, dx - 3^2$

$$= -\frac{1}{12}\left[\frac{1}{30}x^5 - \frac{1}{4}x^4 - \frac{1}{3}x^3\right]_0^6 - 9 = -\frac{1}{12}(259{,}2 - 324 - 72) - 9 = 11{,}4 - 9 = 2{,}4$$

c) $F(x) = -\frac{1}{12}\int_0^x \frac{1}{6}u^2 - u - 1\,du = -\frac{1}{12}\left[\frac{1}{18}u^3 - \frac{1}{2}u^2 - u\right]_0^x = -\frac{1}{216}x^3 + \frac{1}{24}x^2 + \frac{1}{12}x$

$$F(x) = \begin{cases} 0 & X < 0 \\ -\frac{1}{216}x^3 + \frac{1}{24}x^2 + \frac{1}{12}x & 0 \le X \le 6 \\ 1 & X > 6 \end{cases}$$

d) $P(X > 4) = -\frac{1}{12}\int_4^6 \frac{1}{6}x^2 - x - 1\,dx$

$$= -\frac{1}{12}\left[\frac{1}{18}x^3 - \frac{1}{2}x^2 - x\right]_4^6 = -\frac{1}{12}(12 - 18 - 6 - 3{,}\overline{5} + 8 + 4) = 0{,}2963$$

Aufgabe 94

a) $P\left(\overline{x} - z\frac{\hat{\sigma}}{\sqrt{n}} \le \mu \le \overline{x} + z\frac{\hat{\sigma}}{\sqrt{n}}\right) = 1 - \alpha$

$P\left(102{,}4 - 2{,}26 \cdot \frac{0{,}7}{\sqrt{10}} \le \mu \le 102{,}4 + 2{,}26 \cdot \frac{0{,}7}{\sqrt{10}}\right) = 0{,}95$ (mit $z \sim t_9$)

$\Rightarrow 101{,}9 \le \mu \le 102{,}9$

b) Hypothesen: $H_0: \mu \le 100$ $H_1: \mu > 100$

Prüfgröße: $T = \dfrac{\overline{x} - \mu}{\dfrac{\hat{\sigma}}{\sqrt{n}}} = \dfrac{100{,}26 - 100}{\dfrac{0{,}7}{10}} = 3{,}714$

Kritischer Wert: $C = 1{,}6449$ (Standardnormalverteilung wegen n > 30)

Entscheidung: Wegen T > C wird H_0 abgelehnt.

c) $T = \dfrac{\overline{x}_c - 100}{\dfrac{0{,}7}{10}} = \dfrac{\overline{x}_c - 100}{0{,}07} = 1{,}6449$

$\Rightarrow \overline{x}_c = 1{,}6449 \cdot 0{,}07 + 100 = 100{,}12$

Aufgabe 95

a) Die Schichten sollen in sich möglichst homogen, untereinander aber möglichst heterogen sein.

b) Proportionale Aufteilung: $n_k = n \cdot \dfrac{N_k}{N}$

$$n_1 = 100 \cdot \frac{231}{420} = 55$$

$$n_2 = 100 \cdot \frac{126}{420} = 30$$

$$n_3 = 100 \cdot \frac{63}{420} = 15$$

<u>Optimale Aufteilung:</u> $n_k = n \cdot \dfrac{N_k \sigma_k}{\sum N_k \sigma_k}$

$$\sum N_k \sigma_k = 231 \cdot 320 + 126 \cdot 57 + 63 \cdot 1050 = 147.252$$

$$n_1 = 100 \cdot \frac{231 \cdot 320}{147.252} = 50,2 \approx 50$$

$$n_2 = 100 \cdot \frac{126 \cdot 57}{147.252} = 4,88 \approx 5$$

$$n_3 = 100 \cdot \frac{63 \cdot 1050}{147.252} = 44,9 \approx 45$$

c) $V(\bar{x})_{prop} = \dfrac{1}{n} \sum \dfrac{N_k}{N} \sigma_k^2 = \dfrac{1}{420} \cdot \left(\dfrac{231}{420} \cdot 320^2 + \dfrac{126}{420} \cdot 57^2 + \dfrac{63}{420} \cdot 1050^2 \right)$

$$= \frac{222.669,7}{420} = 530,17$$

$V(\bar{x})_{opt} = \dfrac{1}{n} \left(\sum \dfrac{N_k}{N} \sigma_k \right)^2 = \dfrac{1}{420} \cdot \left(\dfrac{231}{420} \cdot 320 + \dfrac{126}{420} \cdot 57 + \dfrac{63}{420} \cdot 1050 \right)^2$

$$= \frac{122.920,36}{420} = 292,67$$

Aufgabe 96

a) $P(V) = 0,2$, $P(S) = 0,3$, $P(\bar{S} \cap \bar{V}) = 0,6$

	V	$\bar{V}$	Summe
S	0,1	0,2	0,3
$\bar{S}$	0,1	0,6	0,7
Summe	0,2	0,8	1

i) $P(\bar{V}|\bar{S}) = \dfrac{P(\bar{V} \cap \bar{S})}{P(\bar{S})} = \dfrac{0,6}{0,7} = 0,86$

ii) $P(S \cup V) - P(S \cap V) = P(S) + P(V) - 2 \cdot P(S \cap V) = 0,3 + 0,2 - 2 \cdot 0,1 = 0,3$

b) $X = $ Anzahl der Tage, an denen der Rekorder angesprungen ist

i) $X \sim B(8;0,8)$

$P(X = 3) = 0,0092$ (laut Tabelle)

ii) $X \sim G(0,8)$

$P(X = 2) = 0,8 \cdot 0,2^2 = 0,032$

c) X = Werbeminuten; $X \sim N(15;4)$

$$P(X \le 14) = P\left(Z \le \frac{14 - 15}{2}\right) = P(Z \le -0,5) = 1 - P(Z \le 0,5) = 1 - 0,6915 = 0,3085$$

Aufgabe 97

a) Es gilt $N_2 = 2 \cdot N_1 \Rightarrow N_1 + N_2 = N_1 + 2 \cdot N_1 = 3 \cdot N_1 = N_1 \Rightarrow \frac{N}{3}$ und $N_2 = \frac{2}{3}N$

Proportionale Aufteilung: $n_k = \frac{N_k}{N}n$

$$n_1 = \frac{\frac{N}{3}}{N} \cdot 3000 = 1000$$

$$n_2 = \frac{\frac{2}{3}N}{N} \cdot 3000 = 2000$$

Optimale Aufteilung: $n_k = \frac{N_k \sigma_k}{\sum N_k \sigma_k}n$

Es ist: $\sum N_k \sigma_k = N_1 \sigma_1 + N_2 \sigma_2 = \frac{N}{3}\sigma_1 + \frac{2}{3}N\sigma_1 = N\sigma_1 = N\sigma_2$

$$n_1 = \frac{\frac{N}{3}\sigma_1}{N\sigma_1} \cdot 3000 = \frac{1}{3} \cdot 3000 = 1000$$

$$n_2 = \frac{\frac{2}{3}N\sigma_2}{N\sigma_2} \cdot 3000 = \frac{2}{3} \cdot 3000 = 2000$$

b) Bei einfacher Zufallsauswahl: $V(\overline{X})_{e\,inf} = \frac{\sigma^2}{n} = \frac{\sigma^2}{3000}$

Bei optimaler Schichtung:

$$V(\overline{X})_{opt} = \frac{1}{n}\left(\sum \frac{N_k}{N}\sigma_k\right)^2$$

$$= \frac{1}{3000} \left(\frac{\frac{N}{3}}{N}\sqrt{\frac{1}{10}}\sigma + \frac{\frac{2}{3}N}{N}\sqrt{\frac{1}{10}}\sigma \right)^2$$

$$= \frac{1}{3000} \left(\frac{1}{3}\sqrt{\frac{1}{10}}\sigma + \frac{2}{3}\sqrt{\frac{1}{10}}\sigma \right)^2$$

$$= \frac{1}{3000} \cdot \frac{1}{10}\sigma^2 = \frac{\sigma^2}{30.000}$$

Die Varianz bei optimaler Schichtung beträgt nur ein Zehntel der Varianz bei einfacher Zufallsauswahl.

Aufgabe 98

a) $f(x) = \frac{dF(x)}{dx} = \begin{cases} \frac{1}{9} & 0 \leq X \leq 9 \\ 0 & \text{sonst} \end{cases}$

b) $E(X) = \int xf(x)dx = \int_0^9 \frac{1}{9}xdx = \left[\frac{1}{18}x^2 \right]_0^9 = \frac{81}{18} = 4,5$

$V(X) = \int x^2 f(x)dx - \mu^2 = \int_0^9 \frac{1}{9}x^2 dx - 4,5^2 = \left[\frac{1}{27}x^3 \right]_0^9 - 4,5^2 = \frac{729}{27} - 20,25 = 6,75$

c)

i) $\int_0^1 \frac{1}{9}dx = \left[\frac{1}{9}x \right]_0^1 = \frac{1}{9}$

ii) $\int_2^9 \frac{1}{9}dx = \left[\frac{1}{9}x \right]_2^9 = 1 - \frac{2}{9} = \frac{7}{9}$

Aufgabe 99

a)

i) <u>Erwartungstreue:</u>

$E(\hat{\mu}_1) = E(X_1) = \mu$

Der Schätzer ist erwartungstreu

<u>Konsistenz:</u>

$V(\hat{\mu}_1) = V(X_1) = \sigma^2$

$\lim_{n \to \infty} V(X_1) = \sigma^2 \neq 0$

Der Schätzer ist nicht konsistent

ii) <u>Erwartungstreue:</u>

$$E(\hat{\mu}_2) = E\left[\frac{1}{3}\left(\frac{1}{n-1}\sum_{i=1}^{n-1}X_i\right) + \frac{2}{3}X_n\right]$$

$$= \frac{1}{3}\cdot\frac{1}{n-1}\sum_{i=1}^{n-1}E(X_i) + \frac{2}{3}E(X_n)$$

$$= \frac{1}{3}\frac{1}{n-1}(n-1)\mu + \frac{2}{3}\mu = \mu$$

Der Schätzer ist erwartungstreu

<u>Konsistenz</u>

$$V(\hat{\mu}_2) = V\left[\frac{1}{3}\left(\frac{1}{n-1}\sum_{i=1}^{n-1}X_i\right) + \frac{2}{3}X_n\right]$$

$$= \frac{1}{9}\cdot\frac{1}{(n-1)^2}\sum_{i=1}^{n-1}V(X_i) + \left(\frac{2}{3}\right)^2 V(X_n)$$

$$= \frac{1}{9}\cdot\frac{1}{(n-1)^2}(n-1)\sigma^2 + \left(\frac{2}{3}\right)^2\sigma^2$$

$$= \frac{1}{9\cdot(n-1)}\sigma^2 + \left(\frac{2}{3}\right)^2\sigma^2$$

$$\lim_{n\to\infty}V(\hat{\mu}_2) = \lim_{n\to\infty}\frac{1}{9(n-1)}\sigma^2 + \lim_{n\to\infty}\frac{4}{9}\sigma^2 = \frac{4}{9}\sigma^2 \neq 0$$

Der Schätzer ist nicht konsistent

⇒ Keiner der beiden Schätzer ist zu bevorzugen, da beide nicht konsistent sind.

b) $L(\pi|X_1,...X_n) = \pi(1-\pi)^2 \cdot \pi \cdot \pi(1-\pi) \cdot \pi(1-\pi)^3 = \pi^4(1-\pi)^6$

$$\frac{dL}{d\pi} = 4\pi^3(1-\pi)^6 - 6\pi^4(1-\pi)^5 = 0$$

$\Leftrightarrow 2(1-\pi) - 3\pi = 0$

$\Leftrightarrow 2 - 2\pi - 3\pi = 0$

$\Leftrightarrow 5\pi = 2$

$\Leftrightarrow \hat{\pi} = 0{,}4$

Aufgabe 100

a)

	B	$\overline{B}$	Summe
S	0,5	0,2	0,7
$\overline{S}$	0,1	0,2	0,3
Summe	0,6	0,4	1

i) $P(S|\overline{B})=\dfrac{P(S\cap\overline{B})}{P(\overline{B})}=\dfrac{0{,}2}{0{,}4}=0{,}5$

ii) $P(S\cup B)=P(S)+P(B)-P(B\cap S)=0{,}7+0{,}6-0{,}5=0{,}8$

b)

i) Für Unabhängigkeit muss gelten (allgemein) $P(A|B)=P(A|\overline{B})=P(A)$

Hier ist aber: $P(V|S)=0{,}7\neq P(V|\overline{S})=0{,}4$

Die Ereignisse V und S sind also abhängig.

ii) $P(V)=P(V|S)\cdot P(S)+P(V|\overline{S})\cdot P(\overline{S})=0{,}7\cdot0{,}7+0{,}4\cdot0{,}3=0{,}61$

c) X = Geschwindigkeit; $X\sim N(200;100)$

$\overline{X}$ = durchschnittliche Geschwindigkeit bei 10 Aufschlägen: $\overline{X}\sim N(200;10)$

$P(\overline{X}>205{,}06)=P\left(Z>\dfrac{205{,}06-200}{\sqrt{10}}\right)$

$=P(Z>1{,}6)=1-P(Z<1{,}6)=1-0{,}9652=0{,}0348$

Aufgabe 101

a) X = Anzahl der Tage, an denen B zu viel frühstückt; $X\sim B(3;0{,}3)$

$P(X\le1)=0{,}7840$

b)

i) X = Kalorienmenge; $X\sim N(500;625)$

$P(450\le X\le550)$

$=P\left(\dfrac{450-500}{25}\le Z\le\dfrac{550-500}{25}\right)$

$=P(-2\le Z\le2)=0{,}9545$

ii) Tschebyscheff-Ungleichung: $P(|X-\mu|<t\cdot\sigma)\ge1-\dfrac{1}{t^2}$

$P(450\le X\le550)$

$P\left(\underbrace{500-2\cdot25}_{\mu-t\cdot\sigma}\le X\le\underbrace{500+2\cdot25}_{\mu+t\cdot\sigma}\right)\ge1-\dfrac{1}{t^2}=1-\dfrac{1}{4}=0{,}75$

c) X = Anzahl der Tennisschläger von Bs Frau; $X\sim B(5;0{,}2)$

$P(X=2)=0{,}2048$ (laut Tabelle)

Aufgabe 102

Korrelation: $\rho_{xy} = \dfrac{\sigma_{xy}}{\sigma_x \cdot \sigma_y}$

$f(x) = \int f(x,y)dy = 0{,}8\int\limits_0^1 x + y + xy\,dy$

$\qquad = 0{,}8 \cdot \left[xy + \dfrac{1}{2}y^2 + \dfrac{1}{2}xy^2 \right]_0^1 = 0{,}8\left(x + \dfrac{1}{2} + \dfrac{1}{2}x \right) = 1{,}2x + 0{,}4$

$f(y) = 1{,}2y + 0{,}4$

$E(X) = \int xf(x)dx = \int\limits_0^1 1{,}2x^2 + 0{,}4x\,dx = \left[0{,}4x^3 + 0{,}2x^2\right]_0^1 = 0{,}4 + 0{,}2 = 0{,}6$

$E(Y) = 0{,}6$

$\sigma_{xy} = \int\int xyf(x,y)dxdy - E(X)E(Y)$

$\qquad = 0{,}8\int\limits_0^1\int\limits_0^1 x^2y + xy^2 + x^2y^2\,dxdy - 0{,}6^2$

$\qquad = 0{,}8\int\limits_0^1 \left[\dfrac{1}{3}x^3y + \dfrac{1}{2}x^2y^2 + \dfrac{1}{3}x^3y^2 \right]_0^1 dy - 0{,}6^2$

$\qquad = 0{,}8\int\limits_0^1 \dfrac{1}{3}y + \dfrac{5}{6}y^2\,dy - 0{,}6^2$

$\qquad = 0{,}8\left[\dfrac{1}{6}y^2 + \dfrac{5}{18}y^3 \right]_0^1 - 0{,}6^2 = 0{,}8 \cdot \dfrac{8}{18} - 0{,}36 = -0{,}00\overline{4}$

$\sigma_x^2 = \int x^2 f(x)dx - E(X)^2$

$\qquad = \int\limits_0^1 1{,}2x^3 + 0{,}4x^2\,dx - 0{,}6^2$

$\qquad = \left[0{,}3x^4 + \dfrac{0{,}4}{3}x^3 \right]_0^1 - 0{,}6^2 = 0{,}3 + \dfrac{0{,}4}{3} - 0{,}36 = 0{,}07\overline{3}$

$\sigma_y^2 = 0{,}07\overline{3}$

$\Rightarrow \rho_{xy} = -\dfrac{0{,}00\overline{4}}{0{,}07\overline{3}} = -0{,}\overline{06}$

Aufgabe 103

a) Auf jedem Boot sitzt bereits ein Meier. Das heißt auf jedem Boot sind nur noch zwei Plätze frei. Das ergibt also zwei Kombinationen ohne Wiederholung, die miteinander zu multiplizieren sind.

$$K = \binom{4}{2}\binom{2}{2} = 6$$

b) Da hier keine näheren Angaben darüber gemacht sind, wie groß π sein könnte, wählen wir den „ungünstigsten" Fall (größtmögliche Varianz), also $\pi = 0{,}5$.

$$n \geq \frac{z^2 \pi (1-\pi)}{e^2} = \frac{1{,}96^2 \cdot 0{,}5 \cdot 0{,}5}{0{,}02^2} = 2401$$

c) $P\left(p - z\sqrt{\dfrac{pq}{n-1}} \leq \pi \leq p + z\sqrt{\dfrac{pq}{n-1}}\right) = 1 - \alpha$

$$P\left(0{,}4 - 1{,}96\sqrt{\frac{0{,}4 \cdot 0{,}6}{100}} \leq \pi \leq 0{,}4 + 1{,}96\sqrt{\frac{0{,}4 \cdot 0{,}6}{100}}\right) = 0{,}95$$

$$\Rightarrow 0{,}304 \leq \pi \leq 0{,}496$$

Aufgabe 104

$$P(A \cup S) - P(A \cap S) = P(A) + P(S) - 2 \cdot P(A \cap S) = 0{,}2 + 0{,}3 - 2 \cdot P(A \cap S) = 0{,}3$$

$$\Rightarrow P(A \cap S) = \frac{0{,}2 + 0{,}3 - 0{,}3}{2} = 0{,}1$$

	A	$\overline{A}$	Summe
S	0,1	0,2	0,3
$\overline{S}$	0,1	0,6	0,7
Summe	0,2	0,8	1

a)

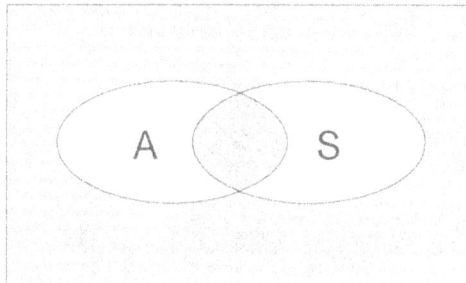

b)

i) $P(S \cap A) = 0,1$

ii) $P(A|\overline{S}) = \dfrac{P(A \cap \overline{S})}{P(\overline{S})} = \dfrac{0,1}{0,7} = 0,14$

c) X = Zahl der weißen Kugeln vor der ersten schwarzen Kugel; $X \sim G(\pi)$

$$L(\pi|X_1,...,X_4) = \underbrace{\pi(1-\pi)^2}_{A} \cdot \underbrace{\pi(1-\pi)^0}_{B} \cdot \underbrace{\pi(1-\pi)^1}_{C} \cdot \underbrace{\pi(1-\pi)^3}_{D} = \pi^4(1-\pi)^6$$

$$\frac{dL}{d\pi} = 4\pi^3(1-\pi)^6 - 6\pi^4(1-\pi)^5 = 0$$

$$\Leftrightarrow 2(1-\pi) - 3\pi = 0$$

$$\Leftrightarrow 2 - 2\pi - 3\pi = 0$$

$$\Leftrightarrow 5\pi = 2$$

$$\Leftrightarrow \hat{\pi} = 0,4$$

Aufgabe 105

a) Tschebyscheff Ungleichung: $P(|X - \mu| < t \cdot \sigma) \geq 1 - \dfrac{1}{t^2}$

$$P(0,9 < X < 1,1) = P\left(\underbrace{1 - 2 \cdot 0,05}_{\mu - t \cdot \sigma} < X < \underbrace{1 + 2 \cdot 0,05}_{\mu + t \cdot \sigma}\right) \geq 1 - \frac{1}{2^2} = 0,75$$

b) X = Abfüllmenge einer Flasche; $X \sim N(1;0,0025)$

Y = Abfüllmenge von 6 Flaschen; $Y \sim N(6;0,015)$

$$P(Y \geq 6,122) = 1 - P\left(Z \leq \frac{6,122 - 6}{\sqrt{0,015}}\right) = 1 - P(Z \leq 1) = 1 - 0,8413 = 0,1587$$

c) $P\left(\overline{x} - z\dfrac{\hat{\sigma}}{\sqrt{n}} \leq \mu \leq \overline{x} - z\dfrac{\hat{\sigma}}{\sqrt{n}}\right) = 1 - \alpha$

$$\overline{x} - z\frac{\hat{\sigma}}{\sqrt{n}} = 1,01 - 2,13 \cdot \frac{\hat{\sigma}}{\sqrt{16}} = 0,9727$$

$$\Rightarrow \hat{\sigma} = \frac{(1,01 - 0,9727) \cdot 4}{2,13} = 0,07$$

Aufgabe 106

a)

i) $H_0: \mu \geq 1$ $\qquad H_1: \mu < 1$

ii) $T = \dfrac{\bar{x} - \mu}{\dfrac{\hat{\sigma}}{\sqrt{n}}} = \dfrac{\bar{x} - 1}{\dfrac{0{,}07}{6}} = -1{,}6449 \Rightarrow \bar{x} = -1{,}6449 \cdot \dfrac{0{,}07}{6} + 1 = 0{,}98$

b) $\displaystyle\int_0^1\int_0^1 \frac{10}{18} - \frac{7}{6}x^2 + x^2y - x^2y^2 - \frac{4}{3}y + \frac{4}{3}y^2 \, dx\, dy$

$\displaystyle = \int_0^1 \left[\frac{10}{18}x - \frac{7}{18}x^3 + \frac{1}{3}x^3y - \frac{1}{3}x^3y^2 - \frac{4}{3}xy + \frac{4}{3}xy^2 \right]_0^1 dy$

$\displaystyle = \int_0^1 \frac{10}{18} - \frac{7}{18} + \frac{1}{3}y^2 - \frac{1}{3}y^2 - \frac{4}{3}y + \frac{4}{3}y^2 \, dy$

$\displaystyle = \int_0^1 \frac{3}{18} - \frac{4}{3}y + \frac{4}{3}y^2 \, dy$

$\displaystyle = \left[\frac{1}{6}y - \frac{4}{6}y^2 + \frac{4}{9}y^3 \right]_0^1 = \frac{1}{6} - \frac{4}{6} + \frac{4}{9} = -0{,}0\overline{5} \neq 1$

Die Funktion kann keine Dichtefunktion sein.

c) Möglichkeiten für die Behandlungsreihenfolge: $P = n! = 5! = 120$

Möglichkeiten, dass K als Erster an die Reihe kommt: $P = 4! = 24$

Wahrscheinlichkeit, dass K nicht als Erster an die Reihe kommt:

$P(\overline{E}) = 1 - \dfrac{24}{120} = 1 - 0{,}2 = 0{,}8$

Aufgabe 107

a) $E(Z) = E(X_1 + X_2 - X_3) = E(X_1) + E(X_2) - E(X_3) = 5 + 10 - 8 = 7$

$V(Z) = V(X_1) + V(X_2) + V(X_3) + 2 \cdot C(X_1 X_2) - 2 \cdot C(X_1 X_3) - 2 \cdot C(X_2 X_3)$

$\qquad = 3 + 4 + 6 + 2 - 2 - 2 = 11$

b) Es ist $N_1 = 0{,}2 \cdot N$, $N_2 = 0{,}5 \cdot N$ und $N_3 = 0{,}3 \cdot N$

Proportionale Aufteilung: $n_k = n \cdot \dfrac{N_k}{N}$

$n_1 = 400 \cdot 0{,}2 = 80$

$n_2 = 400 \cdot 0{,}5 = 200$

$n_3 = 400 \cdot 0{,}3 = 120$

Optimale Aufteilung: $n_k = n \cdot \dfrac{N_k \sigma_k}{\sum N_k \sigma_k}$

Es ist $\sum N_k \sigma_k = 0{,}2 \cdot N \cdot 5 + 0{,}5 \cdot N \cdot 10 + 0{,}3 \cdot N \cdot 9 = 8{,}7 \cdot N$

$$n_1 = 400 \cdot \frac{0{,}2 \cdot N \cdot 5}{8{,}7 \cdot N} = 45{,}98 \approx 46$$

$$n_2 = 400 \cdot \frac{0{,}5 \cdot N \cdot 10}{8{,}7 \cdot N} = 229{,}89 \approx 230$$

$$n_3 = 400 \cdot \frac{0{,}3 \cdot N \cdot 9}{8{,}7 \cdot N} = 124{,}14 \approx 124$$

Aufgabe 108

	A	$\overline{A}$	Summe
S	0,05	0,45	0,5
$\overline{S}$	0,05	0,45	0,5
Summe	0,1	0,9	1

a) Für Unabhängigkeit muss gelten: $P(A \cap B) = P(A) \cdot P(B)$

$P(A \cap S) = 0{,}05 = P(A) \cdot P(S) = 0{,}1 \cdot 0{,}5$

$P(\overline{A} \cap S) = 0{,}45 = P(\overline{A}) \cdot P(S) = 0{,}9 \cdot 0{,}5$

$P(A \cap \overline{S}) = 0{,}05 = P(A) \cdot P(\overline{S}) = 0{,}1 \cdot 0{,}5$

$P(\overline{A} \cap \overline{S}) = 0{,}45 = P(\overline{A}) \cdot P(\overline{S}) = 0{,}9 \cdot 0{,}5$

Die Ereignisse A und S sind also unabhängig.

b) $P(A|\overline{S}) = P(A) = 0{,}1$ (wegen Unabhängigkeit)

c) $P(A \cup S) - P(A \cap S)$

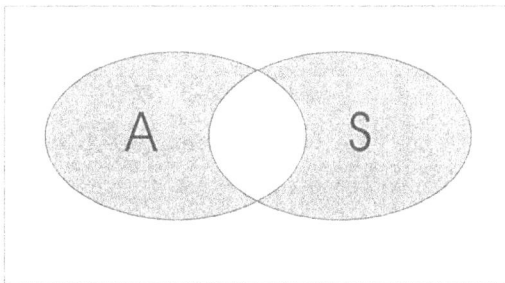

d) Wahrscheinlichkeit für Ausschuss:

$$P(W) = P(W|A) \cdot P(A) + P(W|B) \cdot P(B) + P(W|C) \cdot P(C)$$

$$= 0{,}05 \cdot \frac{1}{3} + 0{,}1 \cdot \frac{1}{3} + 0{,}02 \cdot \frac{1}{3} = 0{,}05\overline{6}$$

X = Anzahl der Ausschussstücke; $X \sim B(3; 0{,}05\overline{6})$

$$P(X = 1) = \binom{3}{1} \cdot 0{,}05\overline{6}^1 (1 - 0{,}05\overline{6})^2 = 0{,}1513$$

Aufgabe 109

a) X = Anzahl der kranken Mitarbeiter; $X \sim P(4)$ wegen $\lambda = n\pi = 4000 \cdot 0{,}001 = 4$

$P(X = 10) = 0{,}0053$ (laut Tabelle)

b) $\overline{X}$ = Durchschnittliche Betriebszugehörigkeit; $\overline{X} \sim N(10; 2{,}25)$

$$P(X > 11{,}05) = 1 - P\left(Z \leq \frac{11{,}05 - 10}{\sqrt{2{,}25}}\right) = 1 - P(Z \leq 0{,}7) = 1 - 0{,}758 = 0{,}242$$

c) Rechteckverteilung: $f(x) = \dfrac{1}{b - a}$

$$E(X) = \frac{b + a}{2} = 30; \quad V(X) = \frac{(b - a)^2}{12} = 12$$

(Gleichungssystem mit zwei Unbekannten a und b)

Aus E(X): $b = 60 - a$

In V(X) einsetzen:

$(60 - 2a)^2 = 144$

$\Leftrightarrow 60 - 2a = 12$

$\Leftrightarrow 2a = 48$

$\Leftrightarrow a = 24$

$\Rightarrow b = 60 - 24 = 36$

$$\Rightarrow f(x) = \begin{cases} \dfrac{1}{12} & 24 \leq X \leq 36 \\ 0 & \text{sonst} \end{cases}$$

$$P(25 < X < 35) = \int_{25}^{35} \frac{1}{12}\, dx = \left[\frac{1}{12}x\right]_{25}^{35} = \frac{35}{12} - \frac{25}{12} = \frac{10}{12} = 0{,}8\overline{3}$$

Aufgabe 110

a) X = Durchmesser der Schrauben; $X \sim N(1; 0{,}01)$

$$P(0{,}99 \leq X \leq 1{,}01) = P\left(\frac{0{,}99 - 1}{0{,}1} \leq Z \leq \frac{1{,}01 - 1}{0{,}1}\right) = P(-0{,}1 \leq Z \leq 0{,}1) = 0{,}5398$$

b) Hypothesen: H_0: $\mu \leq 1$ H_1: $\mu > 1$

Prüfgröße: $\quad T = \dfrac{\overline{x} - \mu}{\dfrac{\sigma}{\sqrt{n}}} = \dfrac{1,003 - 1}{\dfrac{0,1}{6}} = 0,18$

Kritischer Wert: $\quad C = 1,6449$

Entscheidung: $\quad$ Wegen $T < C$ kann H_0 nicht abgelehnt werden.

c) $P\left(\overline{x} - z\dfrac{\sigma}{\sqrt{n}} \le \mu \le \overline{x} + z\dfrac{\sigma}{\sqrt{n}}\right) = 1 - \alpha$

$P\left(1,003 - 1,96\dfrac{0,1}{6} \le \mu \le 1,003 + 1,96\dfrac{0,1}{6}\right) = 0,95$

$\Rightarrow 0,97 \le \mu \le 1,036$

Aufgabe 111
a)

	V	$\overline{V}$	Σ
G	0,24	0,16	0,4
$\overline{G}$	0,36	0,24	0,6
Σ	0,6	0,4	1

b) $P(G|\overline{V}) = P(G) = 0,4$ (Wegen Unabhängigkeit)

c)

i) $P(\overline{V} \cap \overline{G}) = 0,24$

ii) $P(\overline{V} \cup \overline{G}) - P(\overline{V} \cap \overline{G}) = P(\overline{V}) + P(\overline{G}) - 2P(\overline{V} \cap \overline{G}) = 0,4 + 0,6 - 2 \cdot 0,24 = 0,52$

d) X = Anzahl der Tage, an denen S einen Filmstar trifft; $X \sim P(0,2)$

$\quad P(X = 2) = 0,0164$ (laut Tabelle)

Aufgabe 112

a) $E(\hat{\mu}_1) = \left(\dfrac{1}{3} + \dfrac{3}{12} + \dfrac{3}{6} + \dfrac{1}{2} + \dfrac{1}{2}\right)\mu = \dfrac{25}{12}\mu \ne \mu$

Der Schätzer ist nicht erwartungstreu (auch nicht asymptotisch erwartungstreu).

$E(\hat{\mu}_2) = \dfrac{1}{10} \cdot 2 \cdot 2 \cdot \mu + \dfrac{1}{5} \cdot 3 \cdot \mu = \left(\dfrac{4}{10} + \dfrac{3}{5}\right)\mu = \mu$

Der Schätzer ist erwartungstreu.

$\hat{\mu}_2$ ist zu bevorzugen.

b) $\hat{\mu}_2 = \dfrac{1}{10}(2 \cdot 5 + 2 \cdot 8) + \dfrac{1}{5}(9 + 12 + 16) = 10$

$\hat{\sigma}^2 = \dfrac{1}{4}\left((-5)^2 + (-2)^2 + (-1)^2 + 2^2 + 6^2\right) = \dfrac{70}{4} = 17,5$

Wahrscheinlichkeit durch Tschebyscheff Ungleichung: $P(|X - \mu| < \varepsilon) \geq 1 - \dfrac{\sigma^2}{\varepsilon^2}$

$$P(5,5 \leq X \leq 14,5) = P(10 - 4,5 \leq X \leq 10 + 4,5) > 1 - \frac{17,5}{4,5^2} = 1 - 0,8642 = 0,1358$$

Aufgabe 113

a) Geometrische Verteilung, daher

$$L(\pi|X_1, \ldots, X_5) = \underbrace{\pi(1 - \pi)^2}_{\text{Montag}} \cdot \underbrace{\pi(1 - \pi)^1}_{\text{Dienstag}} \cdot \underbrace{\pi(1 - \pi)^0}_{\text{Mittwoch}} \cdot \underbrace{\pi(1 - \pi)^1}_{\text{Donnerstag}} \cdot \underbrace{\pi(1 - \pi)^1}_{\text{Freitag}} = \pi^5(1 - \pi)^5$$

$$\frac{dL(\pi)}{d\pi} = 5\pi^4(1 - \pi)^5 - 5\pi^5(1 - \pi)^4 = 0$$

$$\Leftrightarrow \pi - (1 - \pi) = 0$$

$$\Leftrightarrow 2\pi - 1 = 0$$

$$\Leftrightarrow \hat{\pi} = \frac{1}{2}$$

b) $P(W|A) = 0,4$, $P(W|B) = 0,6$, $P(A) = P(B) = 0,5$

i) Binomialverteilung

$$f(x) = \binom{3}{x} 0,4^x \cdot 0,6^{3-x}$$

$$f(1) = \binom{3}{1} 0,4^1 \cdot 0,6^2 = 3 \cdot 0,4 \cdot 0,36 = 0,432$$

ii) $P(W) = P(W|A)P(A) + P(W|B)P(B) = 0,4 \cdot 0,5 + 0,6 \cdot 0,5 = 0,5$

Aufgabe 114

a) X = Füllmenge; $X \sim N(1000;2500)$

$$P(X < 950) = P\left(Z < \frac{950 - 1000}{50}\right) = 1 - P(Z < 1) = 1 - 0,8413 = 0,1587$$

b) $P(\mu - \sigma \leq x \leq \mu + \sigma) = P\left(\dfrac{\mu - \sigma - \mu}{\sigma} \leq z \leq \dfrac{\mu + \sigma - \mu}{\sigma}\right) = P(-1 \leq z \leq 1) = 0,6827$

c) Hypothesen: $H_0: \mu < 1000$ $H_1: \mu > 1000$

Prüfgröße: $T = \dfrac{\bar{x} - \mu}{\sigma/\sqrt{n}} = \dfrac{975 - 1000}{50/\sqrt{12}} = -1,73$

Kritischer Wert: $C = 1,6449$

Entscheidung: H_0 kann nicht abgelehnt werden.

d) Einzustellende Füllmenge: μ

$\overline{X}$ = Durchschnittliche Füllmenge in 12 Paketen $\overline{X} \sim N\left(\mu; \dfrac{2500}{12}\right)$

$P(\overline{X} < 1000) = 0,01$

$z = \dfrac{1000 - \mu}{50/\sqrt{12}} = -2,3263 \Rightarrow \mu = 1000 + 2,3263\left(\dfrac{50}{\sqrt{12}}\right) = 1033,58$

Aufgabe 115

a) $\displaystyle\int_0^2\int_0^a \frac{3}{2}x^2 y\,dx\,dy = \int_0^a\left[\frac{3}{2}\frac{1}{2}x^2 y^2\right]_0^2 dx = \int_0^a 3x^2 dx = \left[x^3\right]_0^a = a^3 = 1 \Rightarrow a = 1$

b) $f(x) = \displaystyle\int f(x,y)\,dy = \int_0^2 \frac{3}{2}x^2 y\,dy = \left[\frac{3}{4}x^2 y^2\right]_0^2 = 3x^2$

$E(X) = \displaystyle\int xf(x)\,dx = \int_0^1 3x^3 dx = \left[\frac{3}{4}x^4\right]_0^1 = \frac{3}{4}$

$V(X) = \displaystyle\int x^2 f(x)\,dx - \mu_x^2 = \int_0^1 3x^4 dx - \left(\frac{3}{4}\right)^2 = \left[\frac{3}{5}x^5\right]_0^1 - \frac{9}{16} = \frac{3}{5} - \frac{9}{16} = 0,0375$

$f(y) = \displaystyle\int_0^1 \frac{3}{2}x^2 y\,dx = \left[\frac{1}{2}x^3 y\right]_0^1 = \frac{1}{2}y$

$E(Y) = \displaystyle\int yf(y)\,dy = \int_0^2 \frac{1}{2}y^2 dy = \left[\frac{1}{6}y^3\right]_0^2 = \frac{8}{6}$

$V(Y) = \displaystyle\int y^2 f(y)\,dy - \mu_y^2 = \int_0^2 \frac{1}{2}y^3 dy - \left(\frac{8}{6}\right)^2 = \left[\frac{1}{8}y^4\right]_0^2 - \left(\frac{8}{6}\right)^2 = 2 - \frac{16}{9} = \frac{2}{9}$

Aufgabe 116

a)

Stichprobe	$\overline{x}$	$P(\overline{x})$
(1;2)	1,5	$0,2 \cdot \dfrac{0,3}{0,8} = 0,075$
(1;3)	2	$0,2 \cdot \dfrac{0,5}{0,8} = 0,125$
(2;1)	1,5	$0,3 \cdot \dfrac{0,2}{0,7} = 0,0857$
(2;3)	2,5	$0,3 \cdot \dfrac{0,5}{0,7} = 0,214$

(3;1)	2	$0,5 \cdot \dfrac{0,2}{0,5} = 0,2$
(3;2)	2,5	$0,5 \cdot \dfrac{0,3}{0,5} = 0,3$

b)

i) $P\left(p - z\sqrt{\dfrac{pq}{n-1}} \leq \pi \leq p + z\sqrt{\dfrac{pq}{n-1}}\right) = 1 - \alpha$

$P\left(0,4 - 2,78\sqrt{\dfrac{0,4 \cdot 0,6}{4}} \leq \pi \leq 0,4 + 2,78\sqrt{\dfrac{0,4 \cdot 0,6}{4}}\right) = 0,95$ mit: $Z \sim t_4$

$\Rightarrow -0,28 \leq \pi \leq 1,08$, also $0 \leq \pi \leq 1$

ii) $L(\pi) = \pi(1 - \pi)(1 - \pi)\pi(1 - \pi) = \pi^2(1 - \pi)^3$

$\dfrac{dL(\pi)}{d\pi} = 2\pi(1 - \pi)^3 - 3\pi^2(1 - \pi)^2 = 0$

$2(1 - \pi) - 3\pi = 0 \Rightarrow \hat{\pi} = 0,4$

Aufgabe 117

$E(X) = 10 \Rightarrow E(\overline{X}) = 10$

$V(X) = \sigma^2 = 25 \Rightarrow V(\overline{X}) = \dfrac{\sigma^2}{n} = \dfrac{25}{100} = 0,25 \, ; \, \sigma_{\overline{x}} = 0,5$

a) $P(|X - \mu| < t \cdot \sigma) \geq 1 - \dfrac{1}{t^2}$

$P(9 < \overline{x} < 11) = P\left(\underbrace{10 - 2 \cdot 0,5}_{\mu - t \cdot \sigma} < \overline{x} < \underbrace{10 + 2 \cdot 0,5}_{\mu + t \cdot \sigma}\right) > 1 - \dfrac{1}{2^2} = 0,75$

b) $\overline{X} \approx N(10; 0,25)$

$P(9 \leq \overline{X} \leq 11) = P\left(\dfrac{9 - 10}{0,5} \leq Z \leq \dfrac{11 - 10}{0,5}\right) = P(-2 \leq Z \leq 2) = 0,9545$

c) $f(\overline{x}) = \begin{cases} \dfrac{1}{b - a} & \text{für } a \leq \overline{x} \leq b \\ 0 & \text{sonst} \end{cases}$

$E(\overline{X}) = \dfrac{b + a}{2} = 10 \Rightarrow b = 20 - a$

$V(\overline{X}) = \dfrac{(b - a)^2}{12} = \dfrac{(20 - a - a)^2}{12} = 0,25$

$$\Leftrightarrow (20-2a)^2 = 3$$

$$\Leftrightarrow 20-2a = \sqrt{3}$$

$$\Leftrightarrow a = 10 - \frac{1}{2}\sqrt{3} \approx 9{,}134$$

$$\Rightarrow b = 20 - \left(10 - \frac{1}{2}\sqrt{3}\right) = 10 + \frac{1}{2}\sqrt{3} \approx 10{,}866$$

$$\Rightarrow f(\bar{x}) = \begin{cases} \dfrac{1}{\sqrt{3}} & \text{für } 10 - \frac{1}{2}\sqrt{3} \le \bar{x} \le 10 + \frac{1}{2}\sqrt{3} \\ 0 & \text{sonst} \end{cases}$$

$$\Rightarrow P(9 \le \bar{X} \le 11) = 1$$

Aufgabe 118

a)

i) Ereignis A: A ist bester Spieler des Abends

Möglichkeiten für Sieg: $K = \binom{3}{1} = 3$, d.h. für zwei Abende 9 Möglichkeiten. Davon ist nur eine günstig (A, A), also $P(AA) = 1/9$.

ii) Reihenfolge am ersten Abend egal, am zweiten Abend gibt es $P = 3! = 6$ mögliche Reihenfolgen. Wahrscheinlichkeit ist also 1/6.

iii) Wahrscheinlichkeit an beiden Abenden je 1/6, insgesamt also 1/36.

b)

i)

X	-1	0	1	Σ
		Y		
2	0,06	0,08	0,06	0,2
0	0,18	0,24	0,18	0,6
-2	0,06	0,08	0,02	0,2
Σ	0,3	0,4	0,3	1

ii) Es ist: $E(X) = E(Y) = 0$ (wegen Symmetrie um 0)

$$E(Z) = \frac{1}{2}[E(X) + E(Y)] = 0$$

Aufgabe 119

a) $P(M) = 0{,}4$, $P(R) = 0{,}3$, $P(M \cap R) = 0$

	R	$\overline{R}$	Summe
M	0	0,4	0,4
$\overline{M}$	0,3	0,3	0,6
Summe	0,3	0,7	1

i) $P(\overline{M} \cap \overline{R}) = 0,3$

ii) $P(R \mid \overline{M}) = \dfrac{P(R \cap \overline{M})}{P(\overline{M})} = \dfrac{0,3}{0,6} = 0,5$

b) $P(W \mid M) = 0,3$, $P(W \mid \overline{M}) = 0,5$

$P(W) = 0,3 \cdot 0,4 + 0,5 \cdot 0,6 = 0,42$

c) X = Rundenzeit von R; $X \sim N(1,8;0,01)$

i) $P(X < 1,9) = P\left(Z < \dfrac{1,9 - 1,8}{0,1}\right) = P(Z < 1) = 0,8413$

ii) $P(1,75 < Z < 2) = P(-0,5 < Z < 2)$

$= P(Z < 2) - 1 + P(Z < 0,5) = 0,9772 - 1 + 0,6915 = 0,6687$

Aufgabe 120

a) Tschebyscheff Ungleichung: $P(|X - \mu| \le t \cdot \sigma) > 1 - \dfrac{1}{t^2}$

$P(1,7 \le x \le 1,9) = P\left(\underbrace{1,8 - 1 \cdot 0,1}_{\mu - t \cdot \sigma} \le x \le \underbrace{1,8 + 1 \cdot 0,1}_{\mu + t \cdot \sigma}\right) \ge 1 - \dfrac{1}{1^2} = 0$

b) Rechteckverteilung: $f(x) = \dfrac{1}{b - a}$ für $a \le x \le b$

$E(X) = \dfrac{b + a}{2} = 1,8$; $V(X) = \dfrac{(b - a)^2}{12} = 0,1$

Aus $E(X)$: $b = 3,6 - a$

In $V(X)$ einsetzen:

$\dfrac{(3,6 - 2a)^2}{12} = 0,1$

$\Leftrightarrow (3,6 - 2a)^2 = 1,2$

$\Leftrightarrow 3,6 - 2a = \sqrt{1,2}$

$\Leftrightarrow a = 1,8 - \dfrac{1}{2}\sqrt{1,2}$

$$\Rightarrow b = 3{,}6 - 1{,}8 + \frac{1}{2}\sqrt{1{,}2} = 1{,}8 + \frac{1}{2}\sqrt{1{,}2}$$

$$\Rightarrow f(x) = \begin{cases} \dfrac{1}{\sqrt{1{,}2}} & 1{,}8 - \dfrac{1}{2}\sqrt{1{,}2} \le x \le 1{,}8 + \dfrac{1}{2}\sqrt{1{,}2} \\ 0 & \text{sonst} \end{cases}$$

$$P(1{,}7 \le X \le 1{,}9) = \int_{1{,}7}^{1{,}9} \frac{1}{\sqrt{1{,}2}}dx = \left[\frac{1}{\sqrt{1{,}2}}x\right]_{1{,}7}^{1{,}9} = \frac{1{,}9 - 1{,}7}{\sqrt{1{,}2}} = 0{,}1826$$

c) X_1 = Zeit im Vorjahr; $X_1 \sim N(2;0{,}1)$

X_2 = Zeit in diesem Jahr; $X_2 \sim N(1{,}8;0{,}1)$

$Y = X_1 - X_2 \sim N(0{,}2; 0{,}02)$

$$P(Y \le 0{,}2) = P\left(Z \le \frac{0{,}2 - 0{,}2}{\sqrt{0{,}02}}\right) = P(Z \le 0) = 0{,}5$$

Aufgabe 121

a) Hypothesen: H_0: $\pi \le 0{,}15$ H_1: $\pi > 0{,}15$

Prüfgröße: $T = \dfrac{p - \pi}{\sqrt{\dfrac{\pi(1-\pi)}{n}}} = \dfrac{0{,}1875 - 0{,}15}{\sqrt{\dfrac{0{,}15 \cdot 0{,}85}{16}}} = 0{,}42$

Kritischer Wert: $C = 1{,}6449$

Entscheidung: H_0 kann nicht abgelehnt werden

b) Hypothesen: H_0: $\pi_S = \pi_R$ H_1: $\pi_s \ne \pi_R$

Prüfgröße: $T = \dfrac{p_S - p_R}{\sqrt{p(1-p)\left(\dfrac{1}{n_S} + \dfrac{1}{n_R}\right)}}$

$$p = \frac{n_S p_S + n_R p_R}{n_S + n_R} = \frac{16 \cdot (0{,}1875 + 0{,}25)}{16 + 16} = 0{,}21875$$

$$T = \frac{0{,}1875 - 0{,}25}{\sqrt{0{,}21875 \cdot 0{,}78125 \cdot \left(\dfrac{2}{16}\right)}} = -0{,}4276$$

Kritischer Wert: $C = \pm 1{,}96$

Entscheidung: H_0 kann nicht abgelehnt werden

c) Stichprobe zu klein

$$n \ge \frac{1{,}96^2 \cdot 0{,}25 \cdot 0{,}75}{0{.}05^2} = 288{,}12 \text{, also } n \ge 289$$

Aufgabe 122

a) X = Anzahl der Gewinne; x ~ B(10;0,5)

$$P(X = 4) = \binom{10}{4} 0,5^4 0,5^6 = 0,2051$$

b) Voraussetzung für die Approximation der Binomialverteilung durch die Normalverteilung: $n\pi(1-\pi) \geq 9$

Mit $\pi = 0,5$ ergibt das:

$$n \geq \frac{9}{0,25} = 36$$

c) $\hat{\pi} = \frac{x}{n}$

$$E(\hat{\pi}) = E\left(\frac{x}{n}\right) = \frac{1}{n}E(x) = \frac{1}{n}n\pi = \pi \rightarrow \text{erwartungstreu}$$

$$V(\hat{\pi}) = V\left(\frac{x}{n}\right) = \frac{1}{n^2}V(x) = \frac{1}{n^2}n\pi(1-\pi) = \frac{\pi(1-\pi)}{n}$$

$$\lim_{n\to\infty} V(\hat{\pi}) = 0 \rightarrow \text{konsistent}$$

Aufgabe 123

a) Die Wahrscheinlichkeit ist für alle Lose gleich, also $\frac{1}{M}$. Damit beträgt die Likelihood-Funktion bei vier Gewinnen:

$$L(\hat{M}) = \begin{cases} 0 & M < 400 \\ \dfrac{1}{M^4} & M \geq 400 \end{cases}$$

b) Da das höchste Gewinnlos von P die Nummer 400 trägt und die Lose 1 bis N durchlaufend nummeriert sind, müssen mindestens 400 Gewinne vergeben werden. Die Likelihood-Funktion hat also für M < 400 den Wert Null. Danach ist sie streng monoton fallend, was dazu führt, dass sie bei M = 400 ihren höchsten Wert hat. Der Schätzwert beträgt also $\hat{M} = 400$.

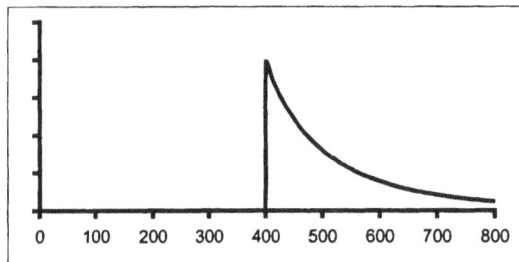

c) X = Zahl der verkauften Lose; $X \sim H(10;400;1000)$

$$P(X=4) = \frac{\binom{400}{4}\binom{600}{6}}{\binom{1000}{10}} = 0{,}252$$

Aufgabe 124

X_1 = Augenzahl Würfel; X_2 = Wert der Münze

X_1 \ X_2	1	0	Summe
1	1/12	1/12	1/6
nicht 1	5/12	5/12	5/6
Summe	1/2	1/2	

a) $P(X_1=1,X_2=0)+P(X_1\neq1,X_2=1)+P(X_1=1,X_2=1) = \frac{1}{12}+\frac{5}{12}+\frac{1}{12} = \frac{7}{12}$

b) $P(X_1=1,X_2=0)+P(X_1\neq1,X_2=1)+P(X_1=0,X_2=0) = \frac{1}{12}+\frac{5}{12}+\frac{5}{12} = \frac{11}{12}$

c) Ereignis A = mind. eine eins wurde geworfen

Ereignis B = die Summe beträgt 2

gesucht ist: $P(B|A) = \dfrac{P(B\cap A)}{P(A)}$.

Dabei ist $P(B\cap A) = P(X_1=1,X_2=1) = \frac{1}{12}$ und $P(A) = \frac{7}{12}$ (vgl. Aufgabe a)). Somit

ist $P(B|A) = \dfrac{\frac{1}{12}}{\frac{7}{12}} = \frac{1}{7}$.

Aufgabe 125

a)

	G	$\overline{G}$	Summe
Z	0,02	0,18	0,2
$\overline{Z}$	0,08	0,72	0,8
Summe	0,1	0,9	1

i) $P(G\,|\,Z) = \dfrac{P(G \cap Z)}{P(Z)} = \dfrac{0{,}02}{0{,}2} = 0{,}1$

ii) $P(G \cup Z) = P(G) + P(Z) - P(G \cap Z) = 0{,}1 + 0{,}2 - 0{,}02 = 0{,}28$

iii) $P(G \cup Z) - P(G \cap Z) = 0{,}28 - 0{,}02 = 0{,}26$

b) X = Anzahl der fehlerhaften Wagen; $X \sim H(10;17;100)$

$$P(X = 4) = \frac{\dbinom{17}{4}\dbinom{83}{6}}{\dbinom{100}{10}} = 0{,}0584$$

Aufgabe 126

a)

i) $P\!\left(p - z\sqrt{\dfrac{pq}{n-1}} \le \pi \le p + z\sqrt{\dfrac{pq}{n-1}}\right) = 1 - \alpha$

$P\!\left(0{,}08 - 1{,}96\sqrt{\dfrac{0{,}08 \cdot 0{,}92}{999}} \le \pi \le 0{,}08 + 1{,}96\sqrt{\dfrac{0{,}08 \cdot 0{,}92}{999}}\right) = 0{,}95$

$\Rightarrow 0{,}063 \le \pi \le 0{,}097$

ii) $n \ge \dfrac{z^2 \pi(1-\pi)}{e^2} = \dfrac{1{,}96^2 \cdot 0{,}08 \cdot 0{,}92}{0{,}01^2} = 2827{,}41$, also $n \ge 2828$

b) Bei gleichen Varianzen sind die Stichprobenumfänge bei proportionaler und optimaler Aufteilung gleich. Es ist also egal, welche Aufteilung Q wählt.

c) Die erste, die dritte und die vierte Funktion könnten Dichtefunktionen sein. Bei der zweiten und fünften Funktion wird f(x) teilweise negativ, bei der sechsten Funktion ist die Fläche größer als Eins.

Aufgabe 127

a) $\displaystyle\int_0^1 3x^a\,dx = \left[\dfrac{3}{a+1}x^{a+1}\right]_0^1 = \dfrac{3}{a+1} = 1 \Leftrightarrow a = 2$

b) $E(X) = \displaystyle\int x f(x)\,dx = \int_0^1 3x^3\,dx = \left[\dfrac{3}{4}x^4\right]_0^1 = \dfrac{3}{4}$

$V(X) = \displaystyle\int x^2 f(x)\,dx - \mu^2 = \int_0^1 3x^4\,dx - \left(\dfrac{3}{4}\right)^2 = \left[\dfrac{3}{5}x^5\right]_0^1 - \left(\dfrac{3}{4}\right)^2 = \dfrac{3}{5} - \dfrac{9}{16} = \dfrac{3}{80} = 0{,}0375$

c) $P(0,2 \leq X \leq 0,5) = \int\limits_{0,2}^{0,5} 3x^2 dx = \left[x^3\right]_{0,2}^{0,5} = 0,125 - 0,008 = 0,117$

Aufgabe 128

a)

x_i	1	2	3	4	5	6	7	8
$f(x_i)$	0,1	0,2	0,15	0,15	0,2	0,04	0,06	0,1
$F(x_i)$	0,1	0,3	0,45	0,6	0,8	0,84	0,9	1

b)

i) kg^2

ii) Tschebyscheff Ungleichung $P\left(|X - \mu| < t \cdot \sigma\right) \geq 1 - \dfrac{1}{t^2}$

$$P(90 \leq X \leq 110) = P\left(\underbrace{100 - \frac{10}{\sqrt{75}}\sqrt{75}}_{\mu - t \cdot \sigma} \leq X \leq \underbrace{100 + \frac{10}{\sqrt{75}}\sqrt{75}}_{\mu + t \cdot \sigma}\right) \geq 1 - \left(\frac{\sqrt{75}}{10}\right)^2 = 0,25$$

iii) $\bar{x} = \dfrac{837}{9} = 93$; $\sigma^2 = 75$

Hypothesen: $H_0: \mu > 100$ $H_1: \mu \leq 100$

Prüfgröße: $T = \dfrac{\bar{x} - \mu}{\dfrac{\sigma}{\sqrt{n}}} = \dfrac{93 - 100}{\dfrac{\sqrt{75}}{3}} = -2,425$

Kritischer Wert: $C = -1,6449$

Entscheidung: H_0 ist abzulehnen, ein Erfolg ist zu erkennen.

Aufgabe 129

a)

i) $\overline{\left(A \cap \overline{B}\right)} \cap \overline{B} = \left[\left(\overline{A} \cap \overline{B}\right) \cup (A \cap B) \cup \left(\overline{A} \cap B\right)\right] \cap \overline{B} = \overline{A} \cap \overline{B}$

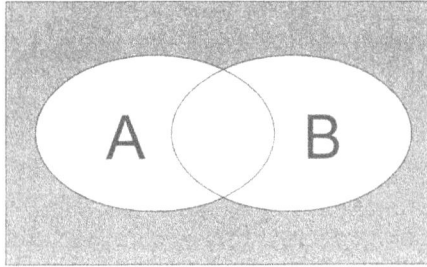

ii) $\left[B\cup\overline{(\overline{A}\cup B)}\right]\cap\left(\overline{A}\cap\overline{B}\right)=\left(B\cap\overline{A}\cap\overline{B}\right)\cup\left(A\cap\overline{B}\cap\overline{A}\cap\overline{B}\right)=$ „leere Menge"

b)

i) $P(A\cap B)=0$, weil A und B Elementarereignisse sein müssen.

ii) Nein, es muss $P(A\cup C)=P(A)+P(C)=0,3+0,2=0,5\neq0,6$ gelten.

Aufgabe 130

a) $\int\limits_0^2\int\limits_0^2 c(x+1)^2\,y\,dxdy=c\int\limits_0^2\int\limits_0^2 x^2 y+2xy+y\,dxdy$

$=c\int\limits_0^2\left[\frac{1}{3}x^3 y+x^2 y+xy\right]_0^2 dy=c\int\limits_0^2\frac{8}{3}y+4y+2y\,dy=c\int\limits_0^2\frac{26}{3}y\,dy$

$=c\left[\frac{26}{6}y^2\right]_0^2=c\frac{104}{6}=1$

$\Rightarrow c=\frac{3}{52}$

Außerdem: Mit $c>0$ sind sämtliche Faktoren der Funktion positiv, so dass die Funktionswerte immer positiv sind.

b) $\frac{3}{52}\int\limits_1^2\int\limits_0^1(x+1)^2 y\,dxdy=\frac{3}{52}\int\limits_1^2\int\limits_0^1 x^2 y+2xy+y\,dxdy$

$=\frac{3}{52}\int\limits_1^2\left[\frac{1}{3}x^3 y+x^2 y+xy\right]_0^1 dy=\frac{3}{52}\int\limits_1^2\frac{1}{3}y+y+y=\int\limits_1^2\frac{7}{52}y\,dy=\left[\frac{7}{104}y^2\right]_1^2$

$=\frac{28}{104}-\frac{7}{104}=\frac{21}{104}=0,2019$

c) $f_y(y)=\int\limits_0^2\frac{3}{52}(x+1)^2 y\,dx=\frac{3}{52}\int\limits_0^2 x^2 y+2xy+y\,dx=\frac{3}{52}\left[\frac{1}{3}x^3 y+x^2 y+xy\right]_0^2$

$=\frac{3}{52}\left(\frac{8}{3}y+4y+2y\right)=\frac{1}{2}y$

$$E(Y) = \int\limits_0^2 yf(y)dy = \int\limits_0^2 \frac{1}{2}y^2 dy = \left[\frac{1}{6}y^3\right]_0^2 = \frac{8}{6}$$

$$V(Y) = \int\limits_0^2 y^2 f(y)dy - \mu_y^2 = \int\limits_0^2 \frac{1}{2}y^3 dy - \left(\frac{8}{6}\right)^2 = \left[\frac{1}{8}y^4\right]_0^2 - \left(\frac{8}{6}\right)^2 = 2 - \left(\frac{8}{6}\right)^2 = \frac{2}{9}$$

d) $C(X,Y) = E(XY) - E(X)E(Y)$

$$E(XY) = \frac{3}{52}\int\limits_0^2\int\limits_0^2 x^3 y^2 + 2x^2 y^2 + xy^2 dxdy = \frac{3}{52}\int\limits_0^2 \left[\frac{1}{4}x^4 y^2 + \frac{2}{3}x^3 y^2 + \frac{1}{2}x^2 y^2\right]_0^2 dy$$

$$= \frac{3}{52}\int\limits_0^2 4y^2 + \frac{16}{3}y^2 + 2y^2 dx = \int\limits_0^2 \frac{34}{52}y^2 dy = \left[\frac{34}{156}y^3\right]_0^2 = \frac{272}{156} = \frac{68}{39}$$

$$C(X,Y) = \frac{68}{39} - \frac{17}{13}\cdot\frac{8}{6} = 0$$

Aufgabe 131

a) X = Richtige Zahlen; $X \sim H(6;6;49)$

$$f(3) = \frac{\binom{6}{3}\binom{43}{3}}{\binom{49}{6}} = 0,0177$$

b) X = Zahl der Gewinne; $X \sim B(10;0,05)$

i) $f(0) = \binom{10}{0}0,05^0 0,95^{10} = 0,5987$

ii) $P(X \geq 1) = 1 - P(X < 1) = 1 - f(0) = 1 - 0,5987 = 0,4013$

c) X = Zahl der Gewinner pro Monat; $X \sim P(25)$

i) $f(30) = \frac{25^{30}}{30!}e^{-25} = 0,045$

ii) $P(X \geq 1) = 1 - P(X < 1) = 1 - f(0) \approx 1$

Aufgabe 132

a) Der durchschnittliche Gewinn bei Variante 1 beträgt 2 €, bei Variante 2 dagegen nur 0,5 €. Bei einem Einsatz von 1 €/Spiel macht man bei Variante 1 also langfristig einen Gewinn, bei Variante 2 einen Verlust. Daher ist Variante 1 vorzuziehen.

b) $Z_1 \sim N(20;16)$, $Z_2 \sim N(10;20)$

$P(7 \leq Z_1 \leq 12) = P(-3,25 \leq Z \leq -2) = P(Z \leq 3,25) - P(Z \leq 2) = 1 - 0,9772 = 0,0228$

$P(7 \leq Z_2 \leq 12) = P(-0,7 \leq Z \leq 0,4) = P(Z \leq 0,4) - [1 - P(Z \leq 0,7)]$

$$= 0,6554 - 0,242 = 0,4134$$

c) $E(\overline{X}) = 100$; $V(\overline{X}) = \dfrac{100}{n}$

i) Verwendung der Tschebyscheff-Ungleichung mit $V(\overline{X}) = \dfrac{100}{16}$

$$P(|\overline{X} - \mu| \geq 3) = P(|\overline{X} - \mu| \geq 1,2 \cdot \sigma) \leq \dfrac{1}{1,2^2} = 0,69\overline{4}$$

ii) Zentraler Grenzwertsatz: $\overline{X} \sim N\left(100; \dfrac{100}{64}\right)$

$$P(|\overline{X} - \mu| \geq 3) = P(\overline{X} \leq 97) + P(\overline{X} \geq 103) = P(Z \leq -2,4) + P(Z \geq 2,4)$$

$$= 1 - P(Z \leq 2,4) + 1 - P(Z \leq 2,4) = 2 - 2 \cdot 0,9918 = 0,0164$$

Aufgabe 133

a) Erwartungstreue:

$$E(\hat{\pi}_1) = E\left(\dfrac{x}{n}\right) = \dfrac{1}{n}E(x) = \dfrac{1}{n}n\pi = \pi$$

Der Schätzer ist erwartungstreu

$$E(\hat{\pi}_2) = E\left(\dfrac{x}{n+1}\right) = \dfrac{1}{n+1}E(x) = \dfrac{n}{n+1}\pi$$

Der Schätzer ist nicht erwartungstreu.

$$\lim_{n\to\infty} E(\hat{\pi}_2) = \pi$$

Der Schätzer ist aber asymptotisch erwartungstreu.

Konsistenz:

Beide Schätzer sind mindestens asymptotisch erwartungstreu.

$$V(\hat{\pi}_1) = V\left(\dfrac{x}{n}\right) = \dfrac{1}{n^2}V(x) = \dfrac{1}{n^2}n\pi(1-\pi) = \dfrac{\pi(1-\pi)}{n}$$

$$\lim_{n\to\infty} V\left(\dfrac{x}{n}\right) = 0$$

Der Schätzer ist konsistent.

$$V(\hat{\pi}_2) = V\left(\dfrac{x}{n+1}\right) = \dfrac{1}{(n+1)^2}V(x) = \dfrac{n}{(n+1)^2}\pi(1-\pi)$$

$$\lim_{n\to\infty} V(\hat{\pi}_2) = 0$$

Der Schätzer ist konsistent.

b) $P\left(p - z\sqrt{\dfrac{pq}{n-1}} \le \pi \le p + z\sqrt{\dfrac{pq}{n-1}}\right) = 1 - \alpha$

$P\left(0{,}6 - 1{,}96\sqrt{\dfrac{0{,}6 \cdot 0{,}4}{99}} \le \pi \le 0{,}6 + 1{,}96\sqrt{\dfrac{0{,}6 \cdot 0{,}4}{99}}\right) = 0{,}95$

$\Rightarrow 0{,}503 \le \pi \le 0{,}697$

Aufgabe 134

a) Hypothesen: $H_0 : \pi_1 = \pi_2$ $H_1 : \pi_1 \ne \pi_2$

Prüfgröße: $T = \dfrac{p_1 - p_2}{\sqrt{p(1-p)\left(\dfrac{1}{n_1} + \dfrac{1}{n_2}\right)}}$

$$p = \dfrac{n_1 p_1 + n_2 p_2}{n_1 + n_2}$$

$$= \dfrac{6.000.000 \cdot 0{,}45 + 8.000.000 \cdot 0{,}43}{14.000.000} = 0{,}4386$$

$$T = \dfrac{0{,}45 - 0{,}43}{\sqrt{0{,}4386 \cdot 0{,}5614\left(\dfrac{1}{6.000.000} + \dfrac{1}{8.000.000}\right)}} = 74{,}63$$

Kritischer Wert: $C = 1{,}96$

Entscheidung: H_0 ablehnen, es besteht ein signifikanter Unterschied

b) Hypothesen: $H_0 : \pi \le 0{,}5$ $H_1 : \pi_1 > 0{,}5$

Prüfgröße: $T = \dfrac{p - \pi}{\sqrt{\dfrac{\pi(1-\pi)}{n}\dfrac{N-n}{N-1}}} = \dfrac{0{,}42 - 0{,}5}{\sqrt{\dfrac{0{,}5 \cdot 0{,}5}{6.000.000}\dfrac{4.000.000}{9.999.999}}} = -619{,}68$

Kritischer Wert: $C = 1{,}6449$

Entscheidung: H_0 annehmen, Aussage der Partei kann nicht gestützt werden.

c) 1%Stichprobe entspricht 100.000 Personen

Optimale Aufteilung: $n_k = n\dfrac{N_k \sigma_k}{\sum N_k \sigma_k}$

$n_A = 100.000 \dfrac{4.500.000 \cdot 10}{4.500.000 \cdot 10 + 4.200.000 \cdot 10 + 800.000 \cdot 5 + 500.000 \cdot 5}$

$\qquad = 100.000 \dfrac{45.000.000}{93.500.000} \approx 48.128$

$n_B = 100.000 \dfrac{42.000.000}{93.500.000} \approx 44.920$

$n_C = 100.000 \dfrac{4.000.000}{93.500.000} \approx 4.278$

$$n_D = 100.000 \frac{2.500.000}{93.500.000} \approx 2.674$$

Aufgabe 135

a)

i) Variation mit Wiederholung; $n = 3$, $i = 11$

$$V_W = n^i = 3^{11} = 177.147$$

ii) Mögliche Ereignisse: s.o.

günstige Ereignisse (= falsch getippt): $V_W = 2^{11} = 2048$

$$\Rightarrow \text{Wkt.} = \frac{2048}{177147} = 0{,}01156$$

oder mit Binomialverteilung $X \sim B\left(11; \frac{1}{3}\right)$

$$P(X = 0) = \binom{11}{0}\left(\frac{1}{3}\right)^0\left(\frac{2}{3}\right)^{11} = 0{,}01156$$

b)

i) $E(X) = a \cdot 0 + b \cdot 1 + 2b \cdot 2 + 0{,}4 \cdot 3 = 2$

$$\Rightarrow 5b = 2 - 1{,}2 = 0{,}8$$

$$\Rightarrow b = 0{,}16 \text{ und } a = 1 - 0{,}16 - 2 \cdot 0{,}16 - 0{,}4 = 0{,}12$$

ii) $F(x) = \begin{cases} 0 & x < 0 \\ 0{,}12 & 0 \le x < 1 \\ 0{,}28 & 1 \le x < 2 \\ 0{,}6 & 2 \le x < 3 \\ 1 & x \ge 3 \end{cases}$

Aufgabe 136

a)

i) $P(B) = \dfrac{P(A \cap B)}{P(A|B)} = \dfrac{0{,}3}{0{,}6} = 0{,}5$

$$P(A) = P(A \cup B) - P(B) + P(A \cap B) = 0{,}9 - 0{,}5 + 0{,}3 = 0{,}7$$

ii) $\overline{(A \cup \overline{B})} \cup \overline{(\overline{A} \cup \overline{B})} = B$

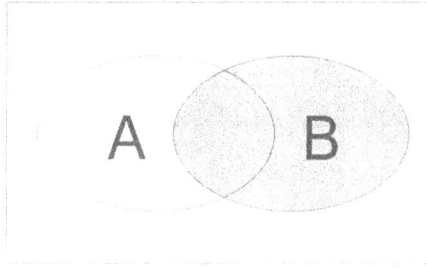

A   B

b)

i) $\int_0^a \frac{3}{8}x^2\,dx = \frac{1}{8}x^3\Big|_0^a = \frac{1}{8}a^3 = 1 \Rightarrow a^3 = 8 \Rightarrow a = 2$

$\Rightarrow f(x) = \begin{cases} \frac{1}{8}x^2 & 0 \le x \le 2 \\ 0 & \text{sonst} \end{cases}$

ii) $P(1{,}5 \le X \le 1{,}8) = \int_{1,5}^{1,8} \frac{1}{8}x^2\,dx = \left[\frac{1}{24}x^3\right]_{1,5}^{1,8} = \frac{1}{24}(5{,}832 - 3{,}375) = 0{,}1024$

Aufgabe 137

a)

z	0	1	2	3	4
f(z)	0	0,24	0,46	0,26	0,04

b) $V(Z_1) = V(X - Y) = V(X) + V(Y) = 0{,}41 + 0{,}24 = 0{,}65$

$V(Z_2) = V(2X) = 4V(X) = 4 \cdot 0{,}41 = 1{,}64$

c) $C(X, Y) = 0$ wegen Unabhängigkeit

d) $P(2 \le X \le 3 | Y = 0) = P(2 \le X \le 3) = 0{,}5 + 0{,}1 = 0{,}6$

Aufgabe 138

a) Tschebyscheff Ungleichung: $P(|X - \mu| > t \cdot \sigma) \le \frac{1}{t^2}$

$P(|X - 100| \ge 2 \cdot 5) \le \frac{1}{2^2} = 0{,}25$

b)

i) Schichten sollten in sich möglichst homogen sein, daher Schichtung mit den kleineren Schichtenvarianzen (Vorschlag 1) wählen.

ii) $V(\overline{X})_{prop} = \frac{1}{n}\sum\frac{N_k}{N}\sigma_k^2 = \frac{1}{50}(0,5\cdot100+0,3\cdot64+0,2\cdot25) = 1,484$

$V(\overline{X})_{prop} = \frac{1}{50}(0,7\cdot256+0,2\cdot225+0,1\cdot81) = 4,646$

Meinung bestätigt sich, Varianz ist bei 1. Vorschlag kleiner, Schichtung ist also sinnvoller

Aufgabe 139

a) $L(p) = p(1-p)^2 p(1-p)pp(1-p) = p^4(1-p)^4$

$\frac{dL(p)}{dp} = 4p^3(1-p)^4 - 4p^4(1-p)^3 = 0$

$\Leftrightarrow (1-p)-p = 0 \Rightarrow 2p = 1 \Rightarrow \hat{p} = 0,5$

b)

i) Wenn man den gesuchten Parameter aus allen denkbaren Stichproben schätzt, aus diesen Schätzungen einen Mittelwert bildet und dann der Wert des wahren Parameters herauskommt, dann nennt man eine Schätzung erwartungstreu.

ii) <u>Erwartungstreue</u>

$E(\hat{\mu}_1) = \frac{1}{n}\sum E(X_i) = \frac{1}{n}n\mu = \mu$

Der Schätzer ist erwartungstreu

$E(\hat{\mu}_2) = E\left(\frac{1}{n-4}\sum_{i=3}^{n-2}X_i\right) = \frac{1}{n-4}(n-4)\mu = \mu$

Der Schätzer ist erwartungstreu

<u>Konsistenz</u>

Beide Schätzer sind erwartungstreu.

$V(\hat{\mu}_1) = \frac{1}{n^2}\sum V(X) = \frac{1}{n^2}n\sigma^2 = \frac{\sigma^2}{n}$

$\lim_{n\to\infty} V(\hat{\mu}_1) = 0$

Der Schätzer ist konsistent

$V(\hat{\mu}_2) = V\left(\frac{1}{n-4}\sum_{i=3}^{n-2}X_i\right) = \frac{1}{(n-4)^2}(n-4)\sigma^2 = \frac{\sigma^2}{n-4}$

$\lim_{n\to\infty} V(\hat{\mu}_2) = 0$

Der Schätzer ist konsistent

Für $n > 4$ ist $V(\hat{\mu}_1) < V(\hat{\mu}_2)$. Somit ist $\hat{\mu}_1$ effizienter.

Aufgabe 140

a) X_A, X_B = Kurse der Aktien A und B; $X_A \sim N(40;16)$; $X_B \sim N(50;4)$

i) $P(X_A < 36) = P(Z < -1) = 1 - P(Z < 1) = 1 - 0,8413 = 0,1587$

ii) $P(45 < X_B < 60) = P(Z < 5) - P(Z < -2,5) = 1 - (1 - 0,9938) = 0,9938$

iii) Da die Kurse der beiden Aktien unabhängig sind, gilt:

$P(X_A > 48 | X_B < 40) = P(X_A > 48) = 1 - P(X_A < 48)$

$= 1 - P(z < 2) = 1 - 0,9772 = 0,0228$

b) Y = Wert des Depots; $Y = 20 X_A + 50 X_B \sim N(\mu_Y; \sigma_Y^2)$

$\mu_Y = 20 \cdot 40 + 50 \cdot 50 = 3300$

$\sigma_Y^2 = 400 \cdot 16 + 2500 \cdot 4 = 16400$

$P(3000 < Y < 3300) = P(-2,3 < Z < 0) = 0,5 - (1 - 0,9893) = 0,4893$

Aufgabe 141

a) X_A, X_B = Kurse der Aktien A und B; $X_A \sim N(40;16)$; $X_B \sim N(50;4)$

$P(32 \leq X_A \leq 48) = P\left(\frac{32 - 40}{4} \leq Z \leq \frac{48 - 40}{4}\right) = P(-2 \leq Z \leq 2) = 0,9545$

b) $\sigma_{AC} = -0,8 \cdot 4 \cdot 7 = -22,4$; $\sigma_{BC} = 0,5 \cdot 2 \cdot 7 = 7$

$Y = 20 \cdot X_A + 50 \cdot X_B + 20 \cdot X_C \sim N(\mu_Y; \sigma_Y^2)$

$\mu_Y = 20 \cdot 40 + 50 \cdot 50 + 20 \cdot 70 = 4700$

$\sigma_Y^2 = 400 \cdot 16 + 2500 \cdot 4 + 400 \cdot 49 - 2 \cdot 20 \cdot 20 \cdot 22,4 + 2 \cdot 50 \cdot 20 \cdot 7 = 32.080$

$P(Y > 5000) = P(Z > 1,7) = 1 - P(Z < 1,7) = 1 - 0,9594 = 0,0406$

c) Die Aktien des Depots werfen langfristig keine positive Rendite ab (konstanter Mittelwert) und sind daher als Altersvorsorge ungeeignet.

Aufgabe 142

a) $\mu = 10$; $\sigma^2 = 5$

$\mu = \frac{b + a}{2} = 10 \Rightarrow b = 20 - a$

$\sigma^2 = \frac{(b - a)^2}{12} = 5$

$\sigma^2 = (20 - a - a)^2 = 60$

$20 - 2a = \sqrt{60}$

$\Rightarrow a = 10 - \sqrt{15}$ und $b = 10 + \sqrt{15}$

$$\Rightarrow f(x) = \begin{cases} \dfrac{1}{2\sqrt{15}} & 10 - \sqrt{15} < x < 10 + \sqrt{15} \\ 0 & \text{sonst} \end{cases}$$

$$P(X < 8) = \int_{10-\sqrt{15}}^{8} \frac{1}{2\sqrt{15}} dx = \left[\frac{1}{2\sqrt{15}} x\right]_{10-\sqrt{15}}^{8}$$

$$= \frac{8 - (10 - \sqrt{15})}{2\sqrt{15}} \approx 0,24$$

b) $\mu = n\pi = 10 \Rightarrow n = \dfrac{10}{\pi}$

$\sigma^2 = n\pi(1-\pi) = 5$

$\dfrac{10}{\pi}\pi(1-\pi) = 5 \Rightarrow \pi = 0,5$

$n = \dfrac{10}{0,5} = 20$

$\Rightarrow X \sim B(20;0,5)$

$P(X < 8) = P(X \le 7) = 0,1316$

Aufgabe 143

a) Die ML-Methode schätzt einen unbekannten Parameter θ einer Grundgesamtheit so, dass die Wahrscheinlichkeit für eine konkret vorliegende, aus dieser Grundgesamtheit stammende Stichprobe maximal wird. Formal wird zunächst die Likelihood-Funktion $L(\theta|x_1,...,x_n) = \prod_{i=1}^{n} f(x_i)$ aufgestellt und diese bezüglich des Parameters θ maximiert.

b) $L(\pi) = \pi(1-\pi)\pi(1-\pi) = \pi^2(1-\pi)^2$

$\dfrac{dL}{d\pi} = 2\pi(1-\pi)^2 - 2\pi^2(1-\pi) = 0$

$(1-\pi) - \pi = 0$

$\hat{\pi} = 0,5$

Da die Wahrscheinlichkeit einer richtigen Antwort (geschätzt) 0,5 ist, lautet ein ML-Schätzer für die Zahl der Antwortmöglichkeiten 2.

Aufgabe 144

Erwartungstreue

$$E(\hat{\mu}_1) = E\left(\frac{X_1 + X_2}{2}\right) = \frac{1}{2}\left[E(X_1) + E(X_2)\right] = \frac{1}{2}2\mu = \mu$$

$\hat{\mu}_1$ ist erwartungstreu

$$E(\hat{\mu}_2) = E(2X_1 - X_n) = 2E(X_1) - E(X_n) = 2\mu - \mu = \mu$$

$\hat{\mu}_2$ ist erwartungstreu

Konsistenz

Beide Schätzer sind erwartungstreu

$$V(\hat{\mu}_1) = V\left(\frac{X_1 + X_2}{2}\right) = \frac{1}{4}\left[V(X_1) + V(X_2)\right] = \frac{1}{4}\cdot 2\cdot\sigma^2 = \frac{\sigma^2}{2}$$

$$\lim_{n\to\infty} V(\hat{\mu}_1) = \frac{\sigma^2}{2} \neq 0$$

$\hat{\mu}_1$ ist nicht konsistent

$$V(\hat{\mu}_2) = V(2X_1 - X_n) = 4V(X_1) + V(X_n) = 4\sigma^2 + \sigma^2 = 5\sigma^2$$

$$\lim_{n\to\infty} V(\hat{\mu}_2) = 5\sigma^2 \neq 0$$

$\hat{\mu}_2$ ist nicht konsistent

Effizienz

Wegen $V(\hat{\mu}_1) < V(\hat{\mu}_2)$ ist $\hat{\mu}_1$ effizienter. Allerdings ist auch dieser Schätzer wegen der fehlenden Konsistenz nicht für eine Anwendung zu empfehlen.

Aufgabe 145

		richtig	falsch
1	Eine Dichtefunktion kann größer als eins werden.	X	
2	Bei einer geschichteten Stichprobe sind die proportionale und die optimale Aufteilung niemals gleich.		X
3	Die Tschebyscheff Ungleichung kann als Grenzverteilung der Normalverteilung verstanden werden.		X
4	Die geometrische Verteilung ist die analytische Darstellung des geometrischen Wahrscheinlichkeitsbegriffs.		X
5	Die Kolmogoroffschen Axiome der Nichtnegativität und der Volladditivität stellen die Erwartungstreue des arithmetischen Mittels als Schätzer für den Erwartungswert μ sicher.		X
6	Disjunkte Ereignisse sind immer abhängig.	X	

			X	
7	Normalverteilte Zufallsvariablen mit einem Korrelationskoeffizienten von null sind unabhängig.		X	
8	Das Bayes'sche Theorem gilt nicht, wenn es sich bei den Ereignissen C_i um Elementarereignisse handelt.			X

X = Anzahl der richtigen Antworten; $X \sim B(8;0,5)$

$$P(X > 5) = 1 - P(X \le 5) = 1 - 0,8555 = 0,1445$$

Aufgabe 146

a) Subjektiver Wahrscheinlichkeitsbegriff

b)

	Z	$\bar{Z}$	Σ
G	0,2	0,2	0,4
$\bar{G}$	0,5	0,1	0,6
Σ	0,7	0,3	1

i) $P(\bar{G} \cap \bar{Z}) = 0,1$

ii) $1 - P(G \cap Z) = 1 - 0,2 = 0,8$

c)

i)

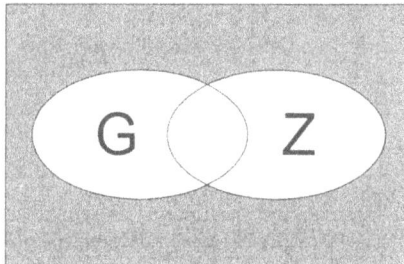

ii)

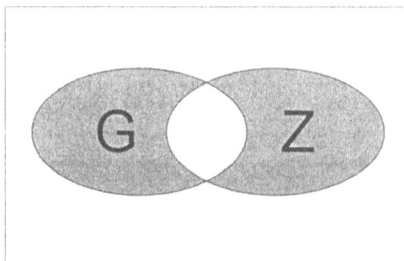

d) Für Unabhängigkeit muss gelten: $P(A \cap B) = P(A) \cdot P(B)$

   Hier ist aber: $P(G \cap Z) = 0{,}2 \neq P(G) \cdot P(Z) = 0{,}4 \cdot 0{,}7 = 0{,}28$

Aufgabe 147

a) $Y = X_1 + X_2$

i)

Stichprobe	Geldsumme	Wahrscheinlichkeit
(1;1)	2	$\frac{1}{3} \cdot \frac{1}{3} = \frac{1}{9}$
(1;2); (2;1)	3	$2 \cdot \frac{1}{3} \cdot \frac{1}{2} = \frac{1}{3}$
(1;5); (5;1)	6	$2 \cdot \frac{1}{3} \cdot \frac{1}{6} = \frac{1}{9}$
(2;2)	4	$\frac{1}{2} \cdot \frac{1}{2} = \frac{1}{4}$
(2;5); (5;2)	7	$2 \cdot \frac{1}{2} \cdot \frac{1}{6} = \frac{1}{6}$
(5;5)	10	$\frac{1}{6} \cdot \frac{1}{6} = \frac{1}{36}$

$$f(y) = \begin{cases} \frac{1}{9} & y = 2 \\ \frac{1}{3} & y = 3 \\ \frac{1}{4} & y = 4 \\ \frac{1}{9} & y = 6 \\ \frac{1}{6} & y = 7 \\ \frac{1}{36} & y = 10 \\ 0 & \text{sonst} \end{cases}$$

ii)

Stichprobe	Geldsumme	Wkt.
(1;1)	2	$\dfrac{1}{3}\cdot\dfrac{1}{5}=\dfrac{1}{15}$
(1;2)	3	$\dfrac{1}{3}\cdot\dfrac{3}{5}=\dfrac{3}{15}$
(2;1)	3	$\dfrac{3}{6}\cdot\dfrac{2}{5}=\dfrac{6}{30}$
(1;5)	6	$\dfrac{1}{3}\cdot\dfrac{1}{5}=\dfrac{1}{15}$
(5;1)	6	$\dfrac{1}{6}\cdot\dfrac{2}{5}=\dfrac{2}{30}$
(2;2)	4	$\dfrac{1}{2}\cdot\dfrac{2}{5}=\dfrac{2}{10}$
(2;5)	7	$\dfrac{1}{2}\cdot\dfrac{1}{5}=\dfrac{1}{10}$
(5;2)	7	$\dfrac{1}{6}\cdot\dfrac{3}{5}=\dfrac{3}{30}$

$$f(y)=\begin{cases}\dfrac{1}{15} & y=2\\[4pt]\dfrac{2}{5} & y=3\\[4pt]\dfrac{1}{5} & y=4\\[4pt]\dfrac{2}{15} & y=6\\[4pt]\dfrac{1}{5} & y=7\\[4pt]0 & \text{sonst}\end{cases}$$

b) Verlauf ist möglich, da das schwache Gesetz nur sagt, dass die Annäherung zwischen relativen Häufigkeiten und Wahrscheinlichkeiten mit Wahrscheinlichkeit erfolgt (also nicht sicher ist).

Aufgabe 148

a) Proportionale Aufteilung: $n_k = n\dfrac{N_k}{N}$

$$n_{Mini} = \frac{1}{6} \cdot 60 = 10$$

$$n_{Normal} = \frac{1}{3} \cdot 60 = 20$$

$$n_{Maxi} = \frac{1}{3} \cdot 60 = 20$$

$$n_{Jumbo} = \frac{1}{3} \cdot 60 = 10$$

b) Optimale Aufteilung: $n_k = n \cdot \dfrac{N_k \sigma_k}{\sum N_k \sigma_k}$

$$n_{Mini} = 60 \cdot \frac{\frac{N}{6} \cdot 4}{\frac{N}{6} \cdot 4 + \frac{N}{3} \cdot 4 + \frac{N}{3} \cdot 5 + \frac{N}{6} \cdot 5} = 60 \cdot \frac{\frac{4}{6}}{4,5} = 8,9 \approx 9$$

$$n_{Normal} = 60 \cdot \frac{\frac{4}{3}}{4,5} = 17,8 \approx 18$$

$$n_{Maxi} = 60 \cdot \frac{\frac{5}{3}}{4,5} = 22,2 \approx 22$$

$$n_{Jumbo} = 60 \cdot \frac{\frac{5}{6}}{4,5} = 11,1 \approx 11$$

c) Die Aufteilung erfolgt so, dass die Varianz des Schätzers minimiert wird.

$$V(\bar{x}) \to min \text{ u.d.R. } \sum n_i = n$$

Aufgabe 149
Erwartungstreue

$$E(\hat{\pi}_1) = E\left[\frac{1}{2}\left(\frac{x_1}{n_1} + \frac{x_2}{n_2}\right)\right] = \frac{1}{2}\left[E\left(\frac{x_1}{n_1}\right) + E\left(\frac{x_2}{n_2}\right)\right] = \frac{1}{2}\left[\frac{1}{n_1}E(x_1) + \frac{1}{n_2}E(x_2)\right]$$

$$= \frac{1}{2}\left(\frac{1}{n_1}n_1\pi + \frac{1}{n_2}n_2\pi\right) = \frac{2\pi}{2} = \pi$$

Der Schätzer ist erwartungstreu

$$E(\hat{\pi}_2) = E\left(\frac{x_1 + x_2}{n_1 + n_2}\right) = E\left(\frac{x_1 + x_2}{n}\right) = \frac{1}{n}(E(x_1) + E(x_2))$$

$$= \frac{1}{n}(n_1\pi + n_2\pi) = \frac{1}{n}(n_1 + n_2)\pi = \frac{1}{n}n\pi = \pi$$

Der Schätzer ist erwartungstreu

Konsistenz

Beide Schätzer sind erwartungstreu.

$$V(\hat{\pi}_1) = V\left[\frac{1}{2}\left(\frac{x_1}{n_1} + \frac{x_2}{n_2}\right)\right] = \frac{1}{4}\left[V\left(\frac{x_1}{n_1}\right) + V\left(\frac{x_2}{n_2}\right)\right]$$

$$= \frac{1}{4}\left[\frac{1}{n_1^2}V(x_1) + \frac{1}{n_2^2}V(x_2)\right] = \frac{1}{4}\left(\frac{1}{n_1^2}n_1\pi(1-\pi) + \frac{1}{n_2^2}n_2\pi(1-\pi)\right)$$

$$= \frac{1}{4}\pi(1-\pi)\frac{n_1 + n_2}{n_1 n_2}$$

Wenn $n_1, n_2 > 1$ strebt der Nenner des Bruchs schneller gegen unendlich als der Zähler, also ist $\lim_{n\to\infty} V(\hat{\pi}_1) = 0$

Der Schätzer ist konsistent.

$$V(\hat{\pi}_2) = V\left(\frac{x_1 + x_2}{n_1 + n_2}\right) = \frac{1}{n^2}V(x_1 + x_2) = \frac{1}{n^2}[n_1\pi(1-\pi) + n_2\pi(1-\pi)]$$

$$= \frac{1}{n^2}(n_1 + n_2)\pi(1-\pi) = \frac{\pi(1-\pi)}{n}$$

$$\lim_{n\to\infty} V(\hat{\pi}_2) = 0$$

Der Schätzer ist konsistent.

Aufgabe 150

a) $L(\hat{N}) = \frac{1}{\hat{N}} \cdot \frac{1}{\hat{N}}$

$\hat{N}$	1	2	3	4	5	6	7
$L(\hat{N})$	0	0	0	1/16	1/25	1/36	1/49

Die Likelihoodfunktion ist für $\hat{N} \geq 4$ streng monoton fallend. Daher lautet der ML-Schätzer $\hat{N} = 4$.

b) Kombination mit Wiederholung

$$K_w = \binom{n+i-1}{i} = \binom{7+2-1}{2} = \binom{8}{2} = \frac{8!}{2! \cdot 6!} = 28$$

Folgende Dominosteine haben eine Augensumme größer acht:

(3;6), (4;5), (4;6), (5;5), (5;6), (6;6)

Die Wahrscheinlichkeit ist also $\dfrac{6}{28} = 0{,}214$

Aufgabe 151

$P(V) = 0{,}1$, $P(S|V) = 0{,}6$

a) $P(S) = P(S|V) = 0{,}6$ (wegen Unabhängigkeit)

$P(\overline{S} \cap V) = P(\overline{S}) \cdot P(V) = 0{,}4 \cdot 0{,}1 = 0{,}04$

$P(V\backslash S) = P(\overline{S} \cap V) = 0{,}04$

b) X = Anzahl der verspäteten LKW; $X \sim B(10;0{,}1)$

$P(X = 0) = \dbinom{10}{0} 0{,}1^0 \cdot 0{,}9^{10} = 0{,}3487$

X = Zahl der pünktlichen LKW vor dem ersten verspäteten; $X \sim G(0{,}1)$

$P(X \geq 4) = 1 - P(X \leq 3) = 1 - \left(1 - 0{,}9^4\right) = 0{,}6561$

Aufgabe 152

a) $K = \dbinom{3}{2}\dbinom{2}{1} = 3 \cdot 2 = 6$

b)

Stichprobe	$\bar{x}$	$P(\bar{x})$
(4; 5; 12)	7	1/6
(4; 6; 12)	7 1/3	1/6
(5; 6; 12)	7 2/3	1/6
(4; 5; 14)	7 2/3	1/6
(4; 6; 14)	8	1/6
(5; 6; 14)	8 1/3	1/6

$$f(\bar{x}) = \begin{cases} \dfrac{1}{6} & \text{für } \bar{x} = 7 \\[4pt] \dfrac{1}{6} & \text{für } \bar{x} = 7\dfrac{1}{3} \\[4pt] \dfrac{1}{3} & \text{für } \bar{x} = 7\dfrac{2}{3} \\[4pt] \dfrac{1}{6} & \text{für } \bar{x} = 8 \\[4pt] \dfrac{1}{6} & \text{für } \bar{x} = 8\dfrac{1}{3} \\[4pt] 0 & \text{sonst} \end{cases}$$

c) Für die Schichten der Grundgesamtheit gilt:

$\mu_1 = 5$; $\mu_2 = 13$; $\sigma_1^2 = 0,\overline{6}$; $\sigma_2^2 = 0,25$

__Proportionale Aufteilung:__ $n_k = n\dfrac{N_k}{N}$

$n_1 = 3 \cdot \dfrac{3}{5} = \dfrac{9}{5} \approx 2$

$n_2 = 3 \cdot \dfrac{2}{5} = \dfrac{6}{5} \approx 1$

__Optimale Aufteilung:__ $n_k = n\dfrac{N_k \sigma_k}{\sum N_k \sigma_k}$

$n_1 = 3 \cdot \dfrac{3 \cdot 0,\overline{6}}{3 \cdot 0,\overline{6} + 2 \cdot 0,25} = 2,4 \approx 2$

$n_2 = 3 \cdot \dfrac{2 \cdot 0,25}{3 \cdot 0,\overline{6} + 2 \cdot 0,25} = 0,6 \approx 1$

Aufgabe 153

a) $\mu = 20$; $\sigma^2 = 9$

$$P(17,3 \le X \le 22,7) = P(20 - 0,9 \cdot 3 \le X \le 20 + 0,9 \cdot 3) \ge 1 - \dfrac{1}{0,9^2} = -0,2346$$

b) Tschebyscheff gibt nur einen Mindestwert und keine „echte" Wahrscheinlichkeit an. Die Aussage „Wkt. beträgt mindestens -0,2346" besagt soviel wie „Wkt. liegt zwischen 0 und 1" und ist daher nichts wert.

c) $P(17,3 \le X \le 22,7) = P\left(\dfrac{17,3 - 20}{3} \le Z \le \dfrac{22,7 - 20}{3} \right) = P(-0,9 \le Z \le 0,9) = 0,6319$

d) $E(X) = \dfrac{b + a}{2} = 20 \Rightarrow b = 40 - a$

$$V(X) = \frac{(b-a)^2}{12} = 9$$

$$\Rightarrow (40 - 2a)^2 = 108$$

$$40 - 2a = \sqrt{108}$$

$$\Rightarrow a = \frac{40 - \sqrt{108}}{2}; b = \frac{40 + \sqrt{108}}{2}$$

$$f(x) = \begin{cases} \dfrac{1}{\sqrt{108}} & \dfrac{40 - \sqrt{108}}{2} \leq x \leq \dfrac{40 + \sqrt{108}}{2} \\ 0 & \text{sonst} \end{cases}$$

Aufgabe 154

a) $L(\pi|x_1,\ldots,x_n) = \binom{132}{36} \pi^{36}(1-\pi)^{96}$

$$\frac{dL}{d\pi} = \binom{132}{36} 36\pi^{35}(1-\pi)^{96} - \binom{132}{36} 96\pi^{36}(1-\pi)^{95} = 0$$

$$\Leftrightarrow 3(1-\pi) - 8\pi = 0$$

$$\Leftrightarrow 3 - 3\pi - 8\pi = 0$$

$$\Leftrightarrow 11\pi = 3$$

$$\Leftrightarrow \hat{\pi} = \frac{3}{11} = 0,\overline{27}$$

b)

i) $E[\eta\overline{X}_1 + (1-\eta)\overline{X}_2] = \eta E(\overline{X}_1) + (1-\eta)E(\overline{X}_2) = \eta\mu + (1-\eta)\mu = \mu$

Schätzer ist erwartungstreu

ii) $V[\eta\overline{X}_1 + (1-\eta)\overline{X}_2] = \eta^2 V(\overline{X}_1) + (1-\eta)^2 V(\overline{X}_2) = \eta^2 \dfrac{\sigma^2}{n_1} + (1-\eta)^2 \dfrac{\sigma^2}{n_2}$

$$= \frac{n_2\eta^2 + n_1(1-\eta)^2}{n_1 n_2} \sigma^2$$

Aufgabe 155

		richtig	falsch
1	Eine Dichtefunktion kann größer als eins werden.	X	
2	Die negative Kovarianz zwischen zwei Zufallsvariablen führt dazu, dass in einem Zweistichprobentest die Nullhypothese mit der Wahrscheinlichkeit α fälschlicherweise abgelehnt wird.		X
3	Der Mittlere quadratische Fehler (MSE) lässt sich in die		X

	Varianz des Schätzers $\hat{\theta}$ und den quadrierten Bias zerlegen. Gemäß dieser Zerlegung teilt man <u>nicht</u>-erwartungstreue Schätzer in „varianzverzerrt" und „biasverzerrt" ein.		
4	Bei einem Test gilt für α und β, also für die Wahrscheinlichkeiten einen Fehler 1. bzw. 2. Art zu begehen, immer: $\alpha \leq \beta$		X
5	Die Kolmogoroffschen Axiome der Nichtnegativität und der Volladditivität stellen die Erwartungstreue des arithmetischen Mittels als Schätzer für den Erwartungswert μ sicher.		X
6	Disjunkte Ereignisse sind immer abhängig.	X	
7	Der Erwartungswert der t-Verteilung ist immer $E(X) = 0$.	X	
8	Der Schichtungseffekt bei einer geschichteten Stichprobe (ZmZ) ist maximal, wenn in jeder Schicht nur ein Element vertreten ist.	X	
9	Sind n Zufallsvariablen normalverteilt, dann sind auch ihre Differenzen normalverteilt.	X	
10	Eine Maximum-Likelihood-Schätzung kann nicht mit der Hypergeometrischen Verteilung durchgeführt werden, weil diese nicht reproduktiv ist.		X

- zu Frage 2: Das ist nun wirklich totaler Blödsinn.

- zu Frage 3: Natürlich ist $MSE = E(\hat{\theta} - \theta)^2 = [B(\hat{\theta})]^2 + V(\theta)$ (mit B = Bias), die Einteilung ist aber frei erfunden.

- zu Frage 4: Es kann $\alpha \leq \beta$ gelten, muss aber nicht.

- zu Frage 5: vgl. Anmerkung zu Frage 2

- zu Frage 8: Das ist der Fall, weil dann die Schichten in sich perfekt homogen sind, das heißt dass die Schichtenvarianzen alle null sind.

- zu Frage 10: Natürlich kann man auch mit der Hypergeometrischen Verteilung eine ML-Schätzung durchgeführt werden.

Aufgabe 156

a) $f(x) = \begin{cases} \dfrac{1}{6} & x = 1,\dots,6 \\ 0 & \text{sonst} \end{cases}$

$$E(X) = \sum x f(x) = (1+2+3+4+5+6) \cdot \frac{1}{6} = \frac{21}{6} = 3{,}5$$

$$V(X) = \sum x^2 f(x) - \mu^2 = (1^2 + 2^2 + 3^2 + 4^2 + 5^2 + 6^2) \cdot \frac{1}{6} - 3{,}5^2 = \frac{91}{6} - 3{,}5^2 = 2{,}91\overline{6}$$

b) $V(X_1 + X_2 + X_3) = V(X_1) + V(X_2) + V(X_3) = 2{,}91\overline{6} + 2{,}91\overline{6} + 2{,}91\overline{6} = 8{,}75$

$$V(3X) = 9V(X) = 9 \cdot 2{,}91\overline{6} = 26{,}25$$

Richtig ist das erste Ergebnis.

Aufgabe 157

a)

  i) X = Inhalt einer Flasche; $X \sim N(0{,}5;0{,}01)$

$$P(X > 0{,}52) = 1 - P(X \le 0{,}52)$$

$$= 1 - P\left(Z \le \frac{0{,}52 - 0{,}5}{0{,}1}\right) = 1 - P(Z \le 0{,}2) = 1 - 0{,}5793 = 0{,}4207$$

  ii) Y = Inhalt eines Kastens; $Y_K = Y_1 + Y_2 + \ldots + Y_{20} \sim N(10;0{,}128)$

$$P(Y_K \le 10{,}36) = P\left(Z \le \frac{10{,}36 - 10}{\sqrt{0{,}128}}\right) = P(Z \le 1) = 0{,}8413$$

  iii) W = Durchschnittlicher Inhalt der Flaschen zweier unterschiedlicher Kästen;

$$W = \frac{1}{2}\left(\frac{1}{20}\sum_{i=1}^{20} X_i + \frac{1}{20}\sum_{i=1}^{20} Y_i\right) \sim N(0{,}5;\sigma_W^2)$$

$$\sigma_W^2 = V\left(\frac{1}{2}\left(\frac{1}{20}\sum_{i=1}^{20} X_i + \frac{1}{20}\sum_{i=1}^{20} Y_i\right)\right)$$

$$= \frac{1}{4}\left[\frac{20}{400}\sigma_x^2 + \frac{20}{400}\sigma_y^2\right] = \frac{1}{4}\left(\frac{1}{20}0{,}01 + \frac{1}{20}0{,}0064\right) = 0{,}000205$$

$$P(W > 0{,}51) = 1 - P(W \le 0{,}51) = 1 - P\left(Z \le \frac{0{,}51 - 0{,}5}{\sqrt{0{,}000205}}\right)$$

$$= 1 - P(Z \le 0{,}7) = 1 - 0{,}758 = 0{,}242$$

b) X = Anzahl der Flaschen, die zu Bruch gehen; $X \sim B(40;0{,}01)$

$$P(X \le 1) = \binom{40}{0}0{,}01^0 \cdot 0{,}99^{40} + \binom{40}{1}0{,}01^1 \cdot 0{,}99^{39} = 0{,}9393$$

Aufgabe 158

a) X = Zahl der Polizeibesuche; $X \sim P(0{,}2)$

$$P(X \le 1) = 0{,}9825$$

b) $P\left(p - z\sqrt{\dfrac{pq}{n-1}} \le \pi \le p + z\sqrt{\dfrac{pq}{n-1}}\right)$

$$= P\left(\frac{2}{3} - 2{,}31\sqrt{\frac{\frac{2}{3} \cdot \frac{1}{3}}{8}} \le \pi \le \frac{2}{3} + 2{,}31\sqrt{\frac{\frac{2}{3} \cdot \frac{1}{3}}{8}} \right)$$

$$\Rightarrow 0{,}282 \le \pi \le 1{,}052 \text{ bzw. } 0{,}282 \le \pi \le 1$$

c) Hypothesen: $\quad H_0: \mu = 1 \qquad H_1: \mu \ne 1$

Prüfgröße: $\qquad T = \dfrac{\bar{x} - \mu}{\dfrac{\hat{\sigma}}{\sqrt{n}}} = \dfrac{0{,}98 - 1}{\dfrac{0{,}1}{5}} = -1$

Kritischer Wert: $\quad C = \pm 2{,}06$ (t-Verteilung mit 24 Freiheitsgraden)

Entscheidung: $\quad H_0$ kann nicht abgelehnt weden

Aufgabe 159

a)

i) $\quad \bar{x} = \dfrac{480{,}4 + 519{,}6}{2} = 500$

$$e = z \frac{\sigma}{\sqrt{n}}$$

$$500 - 480{,}4 = 1{,}96 \cdot \frac{\sigma}{10} \Rightarrow \sigma = \frac{19{,}6}{1{,}96} \cdot 10 = 100$$

$$\Rightarrow \sigma^2 = 10.000$$

ii) $\quad n \ge \dfrac{z^2 \sigma^2}{e^2} = \dfrac{1{,}96^2 \cdot 100^2}{5^2} = 1536{,}64$ also mindestens 1537

b) Wert der Likelihood-Funktion für Schalterstellung A:

$$L = \frac{1}{3} \cdot \frac{1}{3} \cdot \frac{1}{3} \cdot \frac{1}{3} = \frac{1}{3^4} = 0{,}0123$$

Wert der Likelihood-Funktion für Schalterstellung B:

$$L = 0{,}6 \cdot 0{,}1 \cdot 0{,}6 \cdot 0{,}3 = 0{,}0108$$

Also: Wert der Likelihood-Funktion für Schalterstellung A ist größer. Schätzer für Schalterstellung ist also „A"

Aufgabe 160

a) <u>Erwartungstreue</u>

$$E(\hat{\mu}_1) = E\left[\frac{1}{4}(X_1 + X_4 + 2X_6)\right] = \frac{1}{4}[E(X_1) + E(X_4) + 2E(X_6)] = \frac{\mu + \mu + 2\mu}{4} = \frac{4\mu}{4} = \mu$$

Der Schätzer ist erwartungstreu.

$$E(\hat{\mu}_2) = E[X_1 - X_2 + X_3] = E(X_1) - E(X_2) + E(X_3) = \mu - \mu + \mu = \mu$$

Der Schätzer ist erwartungstreu.

<u>Konsistenz</u>

Beide Schätzer sind erwartungstreu

$$V(\hat{\mu}_1) = V\left[\frac{1}{4}(X_1 + X_4 + 2X_6)\right]$$

$$\frac{1}{16}[V(X_1) + V(X_4) + 4V(X_6)] = \frac{1}{16}(\sigma^2 + \sigma^2 + 4\sigma^2) = \frac{6}{16}\sigma^2 = \frac{3}{8}\sigma^2$$

$$\lim_{n\to\infty} V(\hat{\mu}_1) = \frac{3}{8}\sigma^2 \neq 0$$

Der Schätzer ist nicht konsistent.

$$V(\hat{\mu}_2) = V(X_1 - X_2 + X_3) = V(X_1) + V(X_2) + V(X_3) = 3 \cdot \sigma^2$$

$$\lim_{n\to\infty} V(\hat{\mu}_2) = 3 \cdot \sigma^2 \neq 0$$

Der Schätzer ist nicht konsistent.

b) Der Schätzer $\hat{\mu}_1$ hat die kleinere Varianz und ist somit effizienter (allerdings wegen fehlender Konsistenz für eine praktische Anwendung auch nicht zu empfehlen).

Aufgabe 161

		richtig	falsch
1	Eine Dichtefunktion kann größer als eins werden.	X	
2	Die Varianz einer relativen Häufigkeit p beträgt $\sigma_p^2 = \dfrac{\pi(1-\pi)}{n}$	X	
3	Der Mittlere quadratische Fehler (MSE) lässt sich in die Varianz des Schätzers $\hat{\theta}$ und den quadrierten Bias zerlegen. Gemäß dieser Zerlegung teilt man <u>nicht</u>-erwartungstreue Schätzer in „varianzverzerrt" und „biasverzerrt" ein.		X
4	Es seien die Zufallsvariablen $X_1,...,X_n$ binomialverteilt, $X_{n+1},...,X_m$ hypergeometrisch verteilt und $X_{m+1},...,X_{100}$ geometrisch verteilt. Außerdem seien alle Zufallsvariablen unabhängig. Dann ist $\sum_{i=1}^{100} X_i$ approximativ normalverteilt.	X	
5	Eine Potenzmenge kann eine Sigma-Algebra sein. Umgekehrt kann eine Sigma-Algebra aber niemals eine Potenzmenge sein.		X
6	Unabhängige Ereignisse sind niemals disjunkt.	X	

7	Das Kolmogoroff'sche Axiom der Volladditivität gilt nicht, wenn für den Stichprobenraum Ω eine vollständige Zerlegung vorliegt.		X
8	Die Wahrscheinlichkeit β einen Fehler 2. Art zu begehen ist umso größer, je näher H_0 und H_1 beisammen liegen.	X	
9	Sind zwei Zufallsvariablen normalverteilt, dann ist auch ihr Produkt normalverteilt.		X
10	Gilt für die k Schichten einer Grundgesamtheit $\mu_1 = \mu_2 = ... = \mu_k$, dann tritt beim Ziehen einer geschichteten Stichprobe kein Schichtungseffekt ein.	X	

- zu Frage 3: Natürlich ist $MSE = E(\hat{\theta} - \theta)^2 = [B(\hat{\theta})]^2 + V(\theta)$ (mit B = Bias), die Einteilung ist aber frei erfunden.

- zu Frage 5: Potenzmenge und Sigma-Algebra können identisch sein.

- zu Frage 7: Blödsinn!

- zu Frage 10: Der Schichtungseffekt ist umso kleiner je homogener die Schichten untereinander sind. Hier herrscht eine perfekte Homogenität, also auch kein Schichtungseffekt.

Aufgabe 162

a) 1. Dichte ist immer positiv:

Für den ersten Abschnitt sowieso gegeben. Für den zweiten Abschnitt auch, weil von dem Wert $\frac{10}{25}$ immer ein Wert abgezogen wird, der kleiner ist.

2. Integral muss gleich eins sein

$$\int_0^5 \frac{1}{10} dx + \int_5^{10} \frac{10}{25} - \frac{1}{25} x\, dx = \left[\frac{1}{10} x\right]_0^5 + \left[\frac{10}{25} x - \frac{1}{50} x^2\right]_5^{10}$$

$$= \frac{5}{10} + \frac{100}{25} - \frac{100}{50} - \frac{50}{25} + \frac{25}{50}$$

$$= 0{,}5 + 4 - 2 - 2 + 0{,}5 = 1$$

b) $E(X) = \int x f(x) dx = \int_0^5 \frac{1}{10} x\, dx + \int_5^{10} \frac{10}{25} x - \frac{1}{25} x^2 dx = \left[\frac{1}{20} x^2\right]_0^5 + \left[\frac{10}{50} x^2 - \frac{1}{75} x^3\right]_5^{10}$

$$= \frac{25}{20} + \frac{1000}{50} - \frac{1000}{75} - \frac{250}{50} + \frac{125}{75} = 1{,}25 + 20 - \frac{40}{3} - 5 + \frac{5}{3} = 4{,}58\overline{3}$$

iii) $\int_3^5 \frac{1}{10} dx + \int_5^6 \frac{10}{25} - \frac{1}{25} x\, dx = \left[\frac{1}{10} x\right]_3^5 + \left[\frac{10}{25} x - \frac{1}{50} x^2\right]_5^6$

$$= \frac{5}{10} - \frac{3}{10} + \frac{60}{25} - \frac{36}{50} - \frac{50}{25} + \frac{25}{50} = 0,5 - 0,3 + 2,4 - 0,72 - 2 + 0,5 = 0,38$$

Aufgabe 163

a)

i) Wahrscheinlichkeit für sechs Richtige: $\dfrac{1}{\binom{49}{6}} = \dfrac{1}{13.083.816}$

Wahrscheinlichkeit für richtige Superzahl: $\dfrac{1}{10}$

Insgesamt: $\dfrac{1}{\binom{49}{6}} \cdot \dfrac{1}{10} = \dfrac{1}{13.983.816} \cdot \dfrac{1}{10} = 0,000000007151$

ii) Für drei Richtige: $X \sim H(6,6,49)$

$$P(X=3) = \frac{\binom{6}{3}\binom{43}{3}}{\binom{49}{6}} = \frac{20 \cdot 12341}{13983816} = 0,0177$$

Für Zusatzzahl: $X \sim H(1;3;43)$

$$P(X=1) = \frac{\binom{3}{1}\binom{40}{0}}{\binom{43}{1}} = \frac{3}{43} = 0,0698$$

Insgesamt: $0,0177 \cdot 0,0698 = 0,00124$

b) $L(\pi|x_1,...x_n) = f(x) = \binom{5}{2}\pi^2(1-\pi)^3 = 10\pi^2(1-\pi)^3 \to \max$

$$\frac{df(x)}{d\pi} = 10 \cdot 2\pi(1-\pi)^3 - 10 \cdot 3\pi^2(1-\pi)^2 = 0$$

$\Leftrightarrow 2(1-\pi) - 3\pi = 0$

$\Leftrightarrow 2 - 2\pi - 3\pi = 0$

$\Leftrightarrow 5\pi = 2$

$\Leftrightarrow \hat{\pi} = 0,4$

Aufgabe 164

a)

i) Für beide Geschlechter Kombination ohne Wiederholung, also

$$K = \binom{100}{4}\binom{50}{2} = \frac{100!}{4!96!} \cdot \frac{50!}{2!48!} = 3.921.225 \cdot 1.225 = 4.803.500.625$$

ii) Für Männer mit Exklusion, für Frauen mit Inklusion

$$K = \binom{99}{3}\binom{42}{2} = \frac{99!}{3!\cdot96!} \cdot \frac{42!}{2!\cdot40!} = 156.849 \cdot 861 = 135.046.989$$

iii) Ereignis B_1: B wird im ersten Zug gezogen

Ereignis B_2: B wird im zweiten Zug gezogen

Ereignis B: B darf mit

$$P(B) = P(B_1) + P(B_2|\overline{B_1}) \cdot P(\overline{B_1}) = \frac{1}{6} + \frac{5}{6} \cdot \frac{1}{5} = \frac{1}{3}$$

b) i) 1. Antwort richtig

ii) 3. Antwort richtig

iii) 1. Antwort richtig

Aufgabe 165

a) X = Zahl der ausgefallenen Triebwerke

i) $P(S|A) = P(x \le 1|A) = 1 - P(x = 2|A) = 1 - \left(\frac{1}{1000}\right)^2 = 0,999999$

ii) $X \sim B(4;0,01)$

$$P(S|B) = P(x = 0|B) = \binom{4}{0} \cdot 0,01^0 \cdot 0,99^4 = 0,9606$$

iii) $P(S) = P(S|A) \cdot P(A) + P(S|B) \cdot P(B) = 0,999999 \cdot 0,7 + 0,9606 \cdot 0,3 = 0,988$

b) $P(N|E) = 0,8$; $P(E) = P(\overline{E}) = 0,5$; $P(E \cup \overline{N}) = 0,7$

$P(N \cap E) = P(N|E)P(E) = 0,8 \cdot 0,5 = 0,4$

$P(E \cup \overline{N}) = P(E) + P(\overline{N}) - P(E \cap \overline{N}) = P(E) + P(\overline{N}) - [P(E) - P(E \cap N)]$

$\Rightarrow P(\overline{N}) = P(E \cup \overline{N}) - P(E \cap N) = 0,7 - 0,4 = 0,3$

	N	$\overline{N}$	Σ
E	0,4	0,1	0,5
$\overline{E}$	0,3	0,2	0,5
Σ	0,7	0,3	1

i) $P(\overline{N} \cap \overline{E}) = 0,2$ (vgl. Tabelle)

ii) $P(N|\overline{E}) = \dfrac{P(N \cap \overline{E})}{P(\overline{E})} = \dfrac{0,3}{0,5} = 0,6$

Aufgabe 166

i)

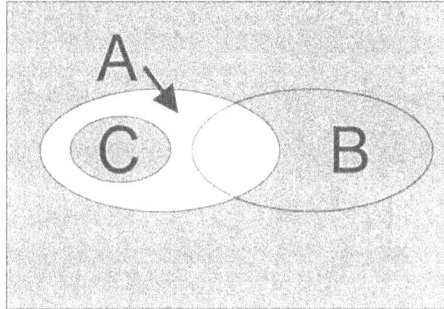

ii)

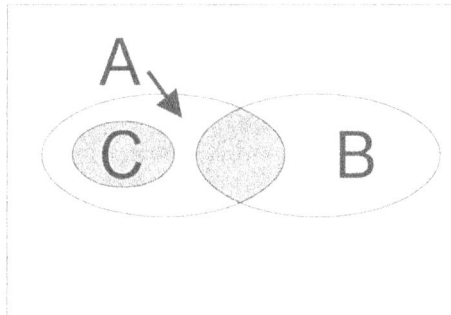

iii) leere Menge, da ja bereits $B \cap C$ nicht existiert.

b) $P(B|N) = 0,7$; $P(B|\overline{N}) = 0,2$; $P(N) = 0,3$

$$P(N|B) = \frac{P(B|N) \cdot P(N)}{P(B|N) \cdot P(N) + P(B|\overline{N}) \cdot P(\overline{N})} = \frac{0,7 \cdot 0,3}{0,7 \cdot 0,3 + 0,2 \cdot 0,7} = \frac{0,21}{0,35} = 0,6$$

Aufgabe 167

a) $\displaystyle\int_0^3 \int_0^3 \frac{1}{k} x^2 y^2 \, dx \, dy$

$$= \int_0^3 \left[\frac{1}{k} \frac{1}{3} x^3 y^2 \right]_0^3 dy = \int_0^3 \frac{1}{k} 9 y^2 dy = \left[\frac{1}{k} 3 y^3 \right]_0^3 = \frac{1}{k} 81 = 1$$

$\Rightarrow k = 81$

b) $f(x) = \int_0^3 \frac{1}{81} x^2 y^2 dy = \left[\frac{1}{243} x^2 y^3\right]_0^3 = \frac{27}{243} x^2 = \frac{1}{9} x^2$

$E(X) = \int_0^3 \frac{1}{9} x^3 dx = \left[\frac{1}{36} x^4\right]_0^3 = 2,25$

c) Wegen der Symmetrie der Verteilung ist $f(y) = \frac{1}{9} y^2$

$f(x) \cdot f(y) = \frac{1}{9} x^2 \cdot \frac{1}{9} y^2 = \frac{1}{81} x^2 y^2 = f(x, y)$

$\Rightarrow$ X und Y sind unabhängig

d) $P(1 \le X \le 2 | Y \ge 2) = P(1 \le X \le 2)$ (wegen Unabhängigkeit)

$P(1 \le X \le 2) = \int_1^2 \frac{1}{9} x^2 dx = \frac{1}{27} x^3 \Big|_1^2 = \frac{8}{27} - \frac{1}{27} = \frac{7}{27}$

Aufgabe 168

a) $f(x) = \frac{dF(x)}{dx} = x - 0,5$, also $f(x) = \begin{cases} x - 0,5 & 1 \le x \le 2 \\ 0 & \text{sonst} \end{cases}$

Für eine Dichtefunktion muss gelten:

1. $f(x) \ge 0$

Gegeben, da $x > 0,5$.

2. $\int f(x) dx = 1$

$\int_1^2 x - 0,5 dx = \left[\frac{1}{2} x^2 - 0,5x\right]_1^2 = 2 - 1 - \frac{1}{2} + \frac{1}{2} = 1 \rightarrow$ auch erfüllt

$\Rightarrow$ f(x) ist also tatsächlich eine Dichtefunktion

b) Wegen $f(x)f(y) = 2x^2 y = f(x, y)$ sind X und Y offensichtlich unabhängig sind. Also ist $\rho_{xy} = 0$.

c) $U \sim N(-1; 25)$

$P(-2 \le U \le 1) = P\left(\frac{-2+1}{5} \le Z \le \frac{1+1}{5}\right) = P(-0,2 \le Z \le 0,4)$

$= P(Z \le 0,4) - [1 - P(Z \le 0,2)] = 0,6554 - 1 + 0,5793 = 0,2347$

Aufgabe 169

a)

i) X = Anzahl der richtig beantworteten Fragen mit $X \sim B(10; 0,2)$

$$P(X = 10) = \binom{10}{10}0,2^{10}0,8^0 = \frac{1}{9765625}$$

ii) X = Anzahl der richtig beantworteten Fragen vor der ersten falsch beantworteten Frage; $X \sim G(0,8)$

$$E(X) = \frac{1 - \pi}{\pi} = 0,25$$

iii) X = Anzahl der Sportfragen; $X \sim P(0,05)$ wegen $\lambda = n\pi = 10 \cdot \frac{5}{1000} = 0,05$

$$P(X \geq 1) = 1 - P(X = 0) = 1 - \frac{0,05^0}{0!}e^{-0,05} = 1 - 0,9512 = 0,0488$$

iv) Es gibt insgesamt

$$K = \binom{1000}{10} = \frac{1000!}{10! \cdot 990!} = \frac{991 \cdot 992 \cdot 993 \cdot 994 \cdot 995 \cdot 996 \cdot 997 \cdot 998 \cdot 999 \cdot 1000}{10!}$$

$= 2,634 \cdot 10^{23}$ verschiedene Fragenblöcke. Die Wahrscheinlichkeit ist also $3,796 \cdot 10^{-24}$ und somit doch recht gering.

b) Die dritte Aussage beinhaltet den subjektiven Wahrscheinlichkeitsbegriff.

   Anmerkung: Die letzte Aussage stimmt nicht. Die Wahrscheinlichkeit für einen Royal Flush liegt bei 0,00001986 (ohne Kartentauschen), aber das war ja hier nicht die Frage.

Aufgabe 170

a) $L(\pi|x_1,...,x_n) = \binom{50}{37}\pi^{37}(1 - \pi)^{13}$

$$\frac{dL(\pi)}{d\pi} = \binom{50}{37} \cdot 37\pi^{36}(1 - \pi)^{13} - \binom{50}{37} \cdot 13\pi^{37}(1 - \pi)^{12} = 0$$

$$\Leftrightarrow 37(1 - \pi) - 13\pi = 0$$

$$\Leftrightarrow 37 - 37\pi - 13\pi = 0$$

$$\Leftrightarrow 50\pi = 37 \Rightarrow \hat{\pi} = \frac{37}{50}$$

b) Jörn gewinnt, wenn sich folgende Züge ergeben (1. + 3. Zug Jörn, 2. + 4. Zug Hein): (SBS), (SWS), (BSS), (WSS). Daraus ergibt sich die folgende Wahrscheinlichkeit für einen Gewinn von Jörn:

$$P(J) = \underbrace{\frac{1}{2} \cdot \frac{1}{3} \cdot \frac{1}{2}}_{SBS} + \underbrace{\frac{1}{2} \cdot \frac{1}{3} \cdot \frac{1}{2}}_{SWS} + \underbrace{\frac{1}{4} \cdot \frac{2}{3} \cdot \frac{1}{2}}_{WSS} + \underbrace{\frac{1}{4} \cdot \frac{2}{3} \cdot \frac{1}{2}}_{BSS} = \frac{1}{12} + \frac{1}{12} + \frac{1}{12} + \frac{1}{12} = \frac{1}{3}$$

Damit ist die Gewinnchance für Hein $P(H) = \frac{2}{3}$. Das Spiel ist nicht fair.

Nur zur Ergänzung: Hein gewinnt mit den Kombinationen (SS), (SBWS), (SWBS), (BSWS), (BWSS), (WBSS), (WSBS). Es gibt also insgesamt 11 mögliche Kombinationen um das Spiel zu beenden, die aber nicht alle gleich wahrscheinlich sind. Es ist $P(SS) = \frac{1}{6}$ und für den Rest $P(\ ) = \frac{1}{12}$.

Aufgabe 171

a) X = Anzahl der direkt verwandelten Ecken; $X \sim B(n; 0,1)$

$$P(X \geq 1) = 1 - P(X = 0) = 1 - \binom{n}{0} 0,1^0 \cdot 0,9^n = 0,99$$

$\Leftrightarrow 0,9^n = 0,01$

$\Leftrightarrow n \cdot \ln 0,9 = \ln 0,01$

$\Rightarrow n = \dfrac{\ln 0,01}{\ln 0,9} = 43,7 \approx 44$

b) Hypothesen: $H_0 : \pi = 0,1$ $H_1 : \pi < 0,1$

Prüfgröße: $T = \dfrac{p - \pi}{\sqrt{\dfrac{\pi(1-\pi)}{n}}} = \dfrac{0,08 - 0,1}{\sqrt{\dfrac{0,1 \cdot 0,9}{125}}} = -0,745$

Kritischer Wert: $C = -1,2816$

Entscheidung: H_0 kann nicht abgelehnt werden.

Einen Fehler zweiter Art zu begehen heißt, anzunehmen, Elfer sei in Form, obwohl er es in Wirklichkeit nicht ist.

Die Kritische Grenze für p ist:

$$\frac{p - 0,1}{\sqrt{\dfrac{0,1 \cdot 0,9}{125}}} = -1,2816 \Rightarrow p_c = -1,2816 \cdot \sqrt{\frac{0,1 \cdot 0,9}{125}} + 0,1 = 0,0656$$

Wahrscheinlichkeit für einen Fehler 2. Art:

$$P(p > 0,0656 | H_1) = P\left(Z > \frac{0,0656 - 0,07}{\sqrt{\dfrac{0,07 \cdot 0,93}{125}}} \right) = P(Z > -0,2) = P(Z \leq 0,2) = 0,5793$$

Aufgabe 172

a)

	Ereignis	Wahrscheinlichkeit
1	Der grüne Würfel zeigt eine sechs, aber nicht der blaue.	5/36
2	Mindestens einer der Würfel zeigt eine sechs.	$0,30\overline{5}$
3	Der blaue Würfel zeigt eine gerade, der grüne Würfel eine ungerade Zahl.	1/4
4	Die Summe der beiden Würfe beträgt sieben.	1/6
5	Die Summe der Würfe beträgt mindestens sieben, wenn der blaue Würfel eine fünf zeigt.	5/36

b)

Aussage	richtig	falsch
Ein statistischer Test sollte immer so durchgeführt werden, dass die Wahrscheinlichkeiten für einen Fehler 1. und 2. Art minimal sind.		X
Der Bias eines Schätzers bestimmt dessen Grad an Konsistenz, d.h ein Schätzer mit einem großen Bias ist weniger konsistent als ein solcher mit einem kleinen Bias.		X
Die Verteilungsfunktion einer diskreten Variable ist streng monoton steigend.		X
Wenn eine Verteilungsfunktion F(x) für $n \rightarrow \infty$ gegen eine andere Funktion konvergiert, dann ist diese andere Funktion immer ebenfalls eine Verteilungsfunktion.		X
Für die Dichtefunktion einer stetigen Variablen f(x) könnte u.a. gelten f(-2) = 0,5 und f(2) = 1,3.	X	

Aufgabe 173

a)

i)

ii)

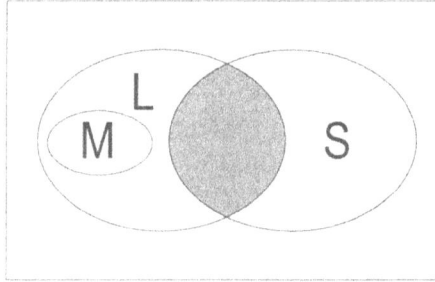

iii)

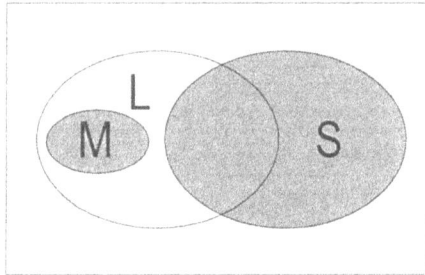

b) Das Konfidenzintervall lautet: $P\left(p - z\sqrt{\dfrac{p \cdot q}{n-1}} \leq \pi \leq p - z\sqrt{\dfrac{p \cdot q}{n-1}}\right) = 1 - \alpha$

Es ist $p = \dfrac{0{,}231 + 0{,}269}{2} = 0{,}25$

Also ist

$0{,}25 - 1{,}96\sqrt{\dfrac{0{,}25 \cdot 0{,}75}{n-1}} = 0{,}231$

$\Leftrightarrow 1{,}96\sqrt{\dfrac{0{,}25 \cdot 0{,}75}{n-1}} = 0{,}019$

$\Leftrightarrow 1{,}96^2 \dfrac{0{,}25 \cdot 0{,}75}{n-1} = 0{,}019^2$

$\Leftrightarrow 1{,}96^2 \cdot 0{,}25 \cdot 0{,}75 = 0{,}019^2 n - 0{,}019^2$

$\Leftrightarrow 0{,}019^2 n = 0{,}720661$

$\Rightarrow n = 1996{,}3 \approx 1996$

Aufgabe 174

In allen Fällen handelt es sich um eine Kombination ohne Wiederholung.

a) Deskriptive: $K = \dbinom{80}{12} = \dfrac{80!}{12! \cdot 68!} = 6{,}02466 \cdot 10^{17}$

Induktive: $K = \dbinom{94}{12} = \dfrac{94!}{12! \cdot 82!} = 4{,}7754 \cdot 10^{14}$

b) $K = \dbinom{174}{12} = \dfrac{174!}{12! \cdot 162!} = 1{,}09086 \cdot 10^{18}$

c) $K = \dbinom{80}{6} \cdot \dbinom{94}{6} = 300.500.200 \cdot 814.216.767 = 2{,}44672 \cdot 10^{17}$

Teil 5

Symbolverzeichnis
Formelsammlung
Tabellen

Symbolverzeichnis

Symbol	Thema	Bedeutung
b_i	Klassierte Verteilungen	Klassenbreite
B_{yx}	Regressionsanalyse	Bestimmtheitsmaß
$B(n;\pi)$	Spezielle Verteilungen	Binomialverteilung mit den Parametern n und π
D_G	Disparität	Gini-Koeffizient
e	Konfidenzintervalle	absoluter Fehler (= halbe Breite des KI)
$G(\pi)$	Spezielle Verteilungen	Geometrische Verteilung mit dem Parameter π
$h^{\cdot}$	Klassierte Verteilungen	$h^{\cdot} = \dfrac{h_i}{b_i}$
$H(n,M,N)$	Spezielle Verteilungen	Hypergeometrische Verteilung mit den Parametern n, M und N
K	Kombinatorik	Kombination ohne Wiederholung
K_W	Kombinatorik	Kombination mit Wiederholung
m_i	Klassierte Verteilungen	Klassenmitte
M	Hypergeometrische Verteilung	Erfolge in der Grundgesamtheit
μ	Wahrscheinlichkeitsverteilungen	Erwartungswert E(X)
n		Stichprobenumfang
N		Grundgesamtheitsumfang
$N(\mu;\sigma^2)$	Spezielle Verteilungen	Normalverteilung mit den Parametern μ und σ^2
p	Konfidenzintervalle/Tests	Anteil der Erfolge in der Stichprobe
P	Kombinatorik	Permutation ohne Wiederholung
P_W	Kombinatorik	Permutation mit Wiederholung
$P(\lambda)$	Spezielle Verteilungen	Poissonverteilung mit dem Parameter λ
π	Spezielle Verteilungen	Erfolgswahrscheinlichkeit

$\overset{\cdot}{\pi}$	Konfidenzintervalle	angenommenes π
q	Konfidenzintervalle/Tests	Anteil der Misserfolge in der Stichprobe
$Q_{0,25}$	Streuungsmaße	Quartilsabstand
r_t	Wachstumsraten, -faktoren	Wachstumsrate
r_{xy}	Zweidimensionale Verteilungen	Korrelationskoeffizient
R	Streuungsmaße	Spannweite
ρ_{xy}	Mehrdimensionale Wahrscheinlichkeitsverteilungen	Korrelationskoeffizient
s	Streuungsmaße	Standardabweichung
s^2	Streuungsmaße	Varianz
s_{xy}	Zweidimensionale Verteilungen	Kovarianz
S_G	Streuungsmaße	Ginis Dispersionsmaß
σ^2	Wahrscheinlichkeitsverteilungen	Varianz V(X)
σ_{xy}	Mehrdimensionale Wahrscheinlichkeitsverteilungen	Kovarianz
t_ν	Schätzen, Testen	t-Verteilung mit ν Freiheitsgraden
V	Kombinatorik	Variation ohne Wiederholung
V_W	Kombinatorik	Variation mit Wiederholung
w_t	Wachstumsraten, -faktoren	Wachstumsfaktor
$\overset{\cdot}{x_k}$	Klassierte Verteilungen (Interpolation eines Quantils)	Untergrenze der Klasse, in die das gesuchte Quantil fällt
$\bar{x}_M$	Lagemaße	Modus
$\tilde{x}_{0,5}$	Lagemaße	Median
$\tilde{x}_p$	Lagemaße	p-tes Quantil
$\bar{x}$	Mittelwerte	arithmetisches Mittel
$\bar{x}_G$	Mittelwerte	geometrisches Mittel
$\bar{x}_H$	Mittelwerte	harmonisches Mittel
$\tilde{y}_t$	Zeitreihenanalyse	gleitende Durchschnitte
y_t^P	Zeitreihenanalyse	Prognosewert
Z	Normalverteilung	$Z \sim N(0;1)$

Deskriptive Statistik

Häufigkeitsverteilungen:

Absolute Häufigkeit: $\quad n_i = n(x_i)$ mit $\sum n_i = n$

Relative Häufigkeit: $\quad h_i = h(x_i) = \dfrac{n_i}{n}$ mit $0 \le h_i \le 1$ und $\sum h_i = 1$

Absolute Summenhäufigkeit: $\quad N_i = N(x_i) = n(X \le x_i) = \sum_{j=1}^{i} n_j$

Relative Summenhäufigkeit: $\quad H_i = H(x_i) = h(X \le x_i) = \sum_{j=1}^{i} h_j = \dfrac{N_i}{n}$

Lagemaße:

Arithmetisches Mittel: $\quad \bar{x} = \dfrac{1}{n}\sum_{i=1}^{n} x_i n_i = \sum_{i=1}^{n} x_i h_i$

Geometrisches Mittel: $\quad \bar{x}_G = \left(\prod_{i=1}^{n} x_i\right)^{\frac{1}{n}}$ (nur Einzelbeobachtungen)

Harmonisches Mittel: $\quad \bar{x}_H = \dfrac{n}{\sum_{i=1}^{n} \dfrac{n_i}{x_i}}$

Median: $\quad \tilde{x}_{0,5} = \begin{cases} x_{\left(\frac{n+1}{2}\right)} & \text{falls n ungerade} \\ \dfrac{1}{2}\left(x_{\left(\frac{n}{2}\right)} + x_{\left(\frac{n}{2}+1\right)}\right) & \text{falls n gerade} \end{cases}$

Median für klassierte Daten: $\quad \tilde{x}_{0,5} = x_k' + b_k \dfrac{0,5 - H_{k-1}}{h_k}$

$\qquad$ k = Medianklasse

$\qquad$ x' = Klassenuntergrenze

$\qquad$ b_k = Klassenbreite

Quantil: $\quad \tilde{x}_p = \begin{cases} x_{([np+1])} & \text{falls np nicht ganzzahlig} \\ \dfrac{1}{2}\left(x_{(np)} + x_{(np+1)}\right) & \text{falls np ganzzahlig} \end{cases}$

Quantil für klassierte Daten: $\quad \tilde{x}_p = x_k' + b_k \dfrac{p - H_{k-1}}{h_k}$

$\qquad$ k = Klasse des p-ten Quantils

| Modus: | $\bar{x}_M = x_i$ mit $h(x_i) = \max$ |
| Modus für klassierte Daten: | $\bar{x}_M = m_i$ mit $h^*(x_i) = \max$ (m_l = Klassenmitte) |

Streuungsmaße

Varianz:

$$s^2 = \frac{1}{n}\sum_{i=1}^{n}(x_i - \bar{x})n_i$$

$$s^2 = \frac{1}{n}\sum_{i=1}^{n}x_i^2 n_i - \bar{x}^2 \text{ (Verschiebungssatz)}$$

Standardabweichung: $s = +\sqrt{s^2}$

Variationskoeffizient: $V = \dfrac{s}{\bar{x}}$

Streuungszerlegungssatz: $s^2 = \underbrace{\dfrac{1}{n}\sum_{i=1}^{n}(\bar{x}_i - \bar{x})n_i}_{s_{ext}^2} + \underbrace{\dfrac{1}{n}\sum_{i=1}^{n}s_i^2 n_i}_{s_{int}^2}$

Spannweite: $R = x_{(n)} - x_{(1)}$

Quartilsabstand: $Q_{0,25} = \tilde{x}_{0,75} - \tilde{x}_{0,25}$

Ginis Dispersionsmaß: $S_G = \dfrac{2}{n(n-1)}\sum_{i<j}|x_i - x_j|n_{ij}$

Schiefemaße

Momentschiefe: $SK_M = \dfrac{z_3}{s^3}$ mit z_3 = 3. Zentrales Moment

$SK_M > 0$	linkssteil
$SK_M > 0$	rechtssteil
$SK_M = 0$	symmetrisch

Fechnersche Lageregel:	$\bar{x}_M < \tilde{x}_{0,5} < \bar{x}$	linkssteil
	$\bar{x}_M > \tilde{x}_{0,5} > \bar{x}$	rechtssteil
	$\bar{x}_M = \tilde{x}_{0,5} = \bar{x}$	symmetrisch

Disparitätsmaße

Gini-Koeffizient: $D_G = \sum_{i=1}^{n}(H_i + H_{i-1})q_i - 1 = 1 - \sum_{i=1}^{n}(Q_i + Q_{i-1})h_i$

Steigung der Lorenzkurve: $\quad s_i = \dfrac{q_i}{h_i} = \dfrac{x_i}{\bar{x}}$

Zweidimensionale Häufigkeitsverteilungen

Absolute Häufigkeiten: $\quad n_{ij} = n(X = x_i; Y = y_j)$ mit $\displaystyle\sum_i \sum_j n_{ij} = n$

Relative Häufigkeiten: $\quad h_{ij} = h(X = x_i; Y = y_j) = \dfrac{n_{ij}}{n}$

Randverteilungen: $\quad h_{i.} = h(X = x_i) = \displaystyle\sum_{j=1}^{k} h_{ij}$

$\quad h_{.j} = h(Y = y_j) = \displaystyle\sum_{i=1}^{m} h_{ij}$

Bedingte Verteilungen: $\quad h(x|Y = y_j) = \dfrac{h_{ij}}{h_{.j}}$

$\quad h(y|X = x_i) = \dfrac{h_{ij}}{h_{i.}}$

Empirische Unabhängigkeit: $\quad$ liegt vor, wenn $\dfrac{n_{i.} \cdot n_{.j}}{n} = n_{ij}$ für alle i,j

Kovarianz: $\quad s_{xy} = \dfrac{1}{n} \displaystyle\sum_{i=1}^{m} \sum_{j=1}^{k} (x_i - \bar{x})(y_j - \bar{y}) h_{ij}$

$\quad s_{xy} = \dfrac{1}{n} \displaystyle\sum_{i=1}^{m} \sum_{j=1}^{k} x_i y_j n_{ij} - \bar{x} \cdot \bar{y}$ (Verschiebungssatz)

Korrelationskoeffizient: $\quad r_{xy} = \dfrac{s_{xy}}{s_x \cdot s_y}$

Regressionsanalyse (einfache, lineare Regression)

Regressionsgerade: $\quad \hat{y}_i = a + b x_i$

Steigung: $\quad b = \dfrac{s_{xy}}{s_x^2}$

Achsenabschnitt: $\quad a = \bar{y} - b\bar{x}$

Varianzzerlegung: $\quad \underbrace{\dfrac{1}{n} \sum (y_i - \bar{y})^2}_{\substack{\text{Gesamt varianz} \\ s_y^2}} = \underbrace{\dfrac{1}{n} \sum (\hat{y}_i - \bar{y})^2}_{\substack{\text{erklärte Varianz} \\ s_{\hat{y}}^2}} + \underbrace{\dfrac{1}{n} \sum (y_i - \hat{y}_i)^2}_{\substack{\text{Re sidual varianz} \\ s_u^2}}$

| Bestimmtheitsmaß: | $B_{yx} = \dfrac{s_{\hat{y}}^2}{s_y^2} = r_{xy}^2$ mit $0 \le B_{yx} \le 1$ |

Wachstumsraten, Messzahlen

Wachstumsrate (diskrete Zeit): $r_t = \dfrac{y_t - y_{t-1}}{y_{t-1}}$

Wachstumsfaktor: $w_t = \dfrac{y_t}{y_{t-1}} = r_t + 1$

Wachstumsrate (stetige Zeit): $r(t) = \dfrac{y'(t)}{y(t)}$

Messzahlen: $m_{0t} = \dfrac{y_t}{y_0}$

Indexzahlen

Preisindex nach Laspeyres: $P_{0t}^L = \dfrac{\sum p_t q_0}{\sum p_0 q_0} = \sum \dfrac{p_t}{p_0} \cdot \dfrac{p_0 q_0}{\sum p_0 q_0}$

Preisindex nach Paasche: $P_{0t}^P = \dfrac{\sum p_t q_t}{\sum p_0 q_t}$

Mengenindex nach Laspeyres: $Q_{0t}^L = \dfrac{\sum p_0 q_t}{\sum p_0 q_0} = \sum \dfrac{q_0}{q_t} \cdot \dfrac{p_0 q_0}{\sum p_0 q_0}$

Mengenindex nach Paasche: $Q_{0t}^P = \dfrac{\sum p_t q_t}{\sum p_t q_0}$

Wertindex: $W_{0t} = \dfrac{\sum p_t q_t}{\sum p_0 q_0} = P_{0t}^L Q_{0t}^P = P_{0t}^P Q_{0t}^L$

Zeitreihenanalyse

Gleitende Durchschnitte über p Perioden:

$$\tilde{y}_t = \frac{1}{p} \sum_{h=-k}^{k} y_{t+h} \text{, wenn p ungerade } (p = 2k+1)$$

$$\tilde{y}_t = \frac{1}{p} \sum_{h=-(k-1)}^{k-1} y_{t+h} + \frac{y_{t-k} + y_{t+k}}{2} \text{, wenn p gerade } (p = 2k)$$

Trendberechnung mit KQ-Methode:

Trendgerade: $\hat{y}_t = a + b \cdot t$

Steigung:
$$b = \frac{s_{ty}}{s_t^2}$$

Achsenabschnitt:
$$a = \bar{y} - b\bar{t}$$

Ist $t^* = ..., -3, -2, -1, 0, 1, 2, 3, ...$, so dass $\sum t^* = 0$, dann gilt:

Steigung:
$$b = \frac{\sum t^* \cdot y_t}{\sum (t^*)^2}$$

Achsenabschnitt:
$$a = \frac{\sum y_t}{n}$$

Exponentielles Glätten:

a) $y_{t+1}^P = \alpha y_t + (1-\alpha)y_t^P$ mit y^P = prognostiziert

b) $y_{t+1}^P = \sum_{i=0}^{n} \alpha(1-\alpha)^i y_{t-i} + (1-\alpha)^{n+1} y_{t-n}^P$

c) $y_{t+1}^P = y_t^P + \alpha(y_t - y_t^P)$

Induktive Statistik

Kombinatorik

Permutation ohne Wdh.: $\qquad P = n!$

Permutation mit Wdh.: $\qquad P_w = \dfrac{n!}{\prod\limits_{i=1}^{m} n_i!}$

Variation ohne Wdh.: $\qquad V = \dfrac{n!}{(n-i)!}$

Variation mit Wdh.: $\qquad V_w = n^i$

Kombination ohne Wdh.: $\qquad K = \dbinom{n}{i}$

Kombination mit Wdh.: $\qquad K_w = \dbinom{n+i-1}{i}$

Wahrscheinlichkeit von Ereignissen

Additionssätze: $\qquad P(A \cup B) = P(A) + P(B) - P(A \cap B)$

$$P(A \cup B \cup C) = P(A) + P(B) + P(C) - P(A \cap B)$$
$$-P(A \cap C) - P(B \cap C) + P(A \cap B \cap C)$$

Bedingte Wahrscheinlichkeit: $\quad P(A|B) = \dfrac{P(A \cap B)}{P(B)}$

$$P(B|A) = \dfrac{P(A \cap B)}{P(A)}$$

Stochastische Unabhängigkeit: Liegt vor, wenn $P(A \cap B) = P(A) \cdot P(B)$

oder wenn $P(A|B) = P(A|\overline{B}) = P(A)$

Multiplikationssatz: $\qquad P(A \cap B) = P(A|B) \cdot P(B) = P(B|A) \cdot P(A)$

Totale Wahrscheinlichkeit: $\qquad P(A) = \sum\limits_i P(A|C_i) P(C_i)$ mit C_i = Elementarereignisse

Bayes'sches Theorem: $\qquad P(C_i|A) = \dfrac{P(A|C_i) \cdot P(C_i)}{\sum\limits_i P(A|C_i) \cdot P(C_i)}$

Eindimensionale Wahrscheinlichkeitsverteilungen

1. Diskrete Zufallsvariablen

Wahrscheinlichkeitsfunktion: $\quad f(x_i) = P(X = x_i)$

Verteilungsfunktion: $\quad F(x_i) = P(X \leq x_i) = \sum_{j=1}^{i} f(x_j)$

Erwartungswert: $\quad E(X) = \mu = \sum_{i=1}^{n} x_i \cdot f(x_i)$

Varianz: $\quad V(X) = \sigma^2 = \sum_{i=1}^{n} x_i^2 \cdot f(x_i) - \mu^2$

2. Stetige Zufallsvariablen

Dichtefunktion: $\quad f(x) = \begin{cases} f(x) & a \leq x \leq b \\ 0 & \text{sonst} \end{cases}$

Verteilungsfunktion: $\quad F(x_i) = P(X \leq x_i) = \int_{-\infty}^{x_i} f(u)\,du$

Erwartungswert: $\quad E(X) = \mu = \int xf(x)\,dx$

Varianz: $\quad V(X) = \sigma^2 = \int x^2 f(x)\,dx - \mu^2$

Mehrdimensionale Wahrscheinlichkeitsverteilungen

Wahrscheinlichkeitsfunktion: $\quad f(x_i; y_j) = P(X = x_i; Y = y_j)$

Dichtefunktion: $\quad f(x,y) = \begin{cases} f(x,y) & a \leq x \leq b; c \leq y \leq d \\ 0 & \text{sonst} \end{cases}$

Verteilungsfunktion (diskret): $\quad F(x_i; y_j) = P(X \leq x_i; Y \leq y_j) = \sum_{k=1}^{i}\sum_{m=1}^{j} f(x_k; y_m)$

Verteilungsfunktion (stetig): $\quad F(x; y) = P(X \leq x; Y \leq y) = \int_{-\infty}^{x}\int_{-\infty}^{y} f(u,v)\,du\,dv$

Randverteilungen (diskret): $\quad f(x) = \sum_y f(x,y)$

$\qquad\qquad\qquad\qquad\quad f(y) = \sum_x f(x,y)$

Randverteilungen (stetig): $\quad f(x) = \int f(x,y)\,dy$

$\qquad\qquad\qquad\qquad\quad f(y) = \int f(x,y)\,dx$

Bedingte Verteilungen:

$$f(x|y) = \frac{f(x,y)}{f(y)}$$

$$f(y|x) = \frac{f(x,y)}{f(x)}$$

Stochastische Unabhängigkeit: Liegt vor, wenn $f(x,y) = f(x) \cdot f(y)$

oder wenn $f(x|y) = f(x)$

Kovarianz (diskret):

$$\sigma_{xy} = \sum_{i=1}^{n} \sum_{j=1}^{m} x \cdot y \cdot f(x,y) - E(X) \cdot E(Y)$$

Kovarianz (stetig):

$$\sigma_{xy} = \int \int x \cdot y \cdot f(x,y) dx dy - E(X) \cdot E(Y)$$

Korrelationskoeffizient:

$$\rho_{xy} = \frac{\sigma_{xy}}{\sigma_x \cdot \sigma_y}$$

Spezielle Verteilungen

1. Binomialverteilung

Variable: Anzahl der Erfolge in der Stichprobe

Urnenmodell: Ziehen mit Zurücklegen

Parameter: n = Stichprobenumfang; π = Erfolgswahrscheinlichkeit

Wahrscheinlichkeitsfunktion: $f(x) = \binom{n}{x} \pi^x (1-\pi)^{n-x}$

Erwartungswert: $E(X) = \mu = n \cdot \pi$

Varianz: $V(X) = \sigma^2 = n \cdot \pi \cdot (1-\pi)$

Approximation durch Normalverteilung, wenn $n\pi(1-\pi) \geq 9$

Approximation durch Poissonverteilung, wenn $n \geq 100$ und $\pi \leq 0,05$

2. Hypergeometrische Verteilung

Variable: Anzahl der Erfolge in der Stichprobe

Urnenmodell: Ziehen ohne Zurücklegen

Parameter: n = Stichprobenumfang; M = Erfolge in der Grundgesamtheit; N = Umfang der Grundgesamtheit

Wahrscheinlichkeitsfunktion: $f(x) = \dfrac{\binom{M}{x}\binom{N-M}{n-x}}{\binom{N}{n}}$

Erwartungswert:	$E(X) = \mu = n \cdot \dfrac{M}{N}$
Varianz:	$V(X) = \sigma^2 = n \cdot \dfrac{M}{N} \cdot \left(1 - \dfrac{M}{N}\right) \cdot \dfrac{N-n}{N-1}$

Approximation durch Binomialverteilung, wenn $N \geq 2000$ und $\dfrac{n}{N} < 0{,}1$

Approximation durch Normalverteilung, wenn $n \cdot \dfrac{M}{N} \geq 4$

3. Geometrische Verteilung

Variable:	Anzahl der Misserfolge vor dem ersten Erfolg
Urnenmodell:	Ziehen mit Zurücklegen
Parameter:	π = Erfolgswahrscheinlichkeit
Wahrscheinlichkeitsfunktion:	$f(x) = \pi(1 - \pi)^x$
Verteilungsfunktion:	$F(x) = 1 - (1 - \pi)^{x+1}$
Erwartungswert:	$E(X) = \mu = \dfrac{1 - \pi}{\pi}$
Varianz:	$V(X) = \sigma^2 = \dfrac{1 - \pi}{\pi^2}$

4. Poissonverteilung

Variable:	Anzahl der Erfolge in der Stichprobe bei einem seltenen Ereignis
Urnenmodell:	Ziehen mit Zurücklegen
Parameter:	$\lambda = n\pi = $ const.
Wahrscheinlichkeitsfunktion:	$f(x) = \dfrac{\lambda^x}{x!} e^{-\lambda}$
Erwartungswert:	$E(X) = \mu = \lambda$
Varianz:	$V(X) = \sigma^2 = \lambda$

5. Rechteckverteilung (stetige Gleichverteilung)

Parameter:	a, b = Intervallgrenzen
Dichtefunktion:	$f(x) = \dfrac{1}{b-a}$ für $a \leq x \leq b$
Verteilungsfunktion:	$F(x) = \dfrac{x-a}{b-a}$ für $a \leq x \leq b$
Erwartungswert:	$E(X) = \mu = \dfrac{a+b}{2}$

Varianz:	$V(X) = \sigma^2 = \dfrac{(b-a)^2}{12}$

6. Normalverteilung

Parameter:	$\mu,\ \sigma^2$
Dichtefunktion:	$f(x) = \dfrac{1}{\sigma\sqrt{2\pi}}\, e^{-\frac{1}{2}\left(\frac{x-\mu}{\sigma^2}\right)}$
Erwartungswert:	$E(X) = \mu$
Varianz:	$V(X) = \sigma^2$
Besonderheit:	$Z = \dfrac{X-\mu}{\sigma^2} \sim N(0;1)$, wenn $X \sim N(\mu;\sigma^2)$

Tschebyscheff Ungleichung

Mindestwahrscheinlichkeit	$P\big(|X-\mu| < \varepsilon\big) \geq 1 - \dfrac{\sigma^2}{\varepsilon^2}$
	$P\big(|X-\mu| < t\cdot\sigma\big) \geq 1 - \dfrac{1}{t^2}$
Höchstwahrscheinlichkeit	$P\big(|X-\mu| \geq \varepsilon\big) < \dfrac{\sigma^2}{\varepsilon^2}$
	$P\big(|X-\mu| \geq t\cdot\sigma\big) < \dfrac{1}{t^2}$

Konfidenzintervalle

1. Für Anteilswerte

Ziehen mit Zurücklegen:	$P\left(p - z\sqrt{\dfrac{pq}{n-1}} \leq \pi \leq p + z\sqrt{\dfrac{pq}{n-1}}\right) = 1 - \alpha$
Ziehen ohne Zurücklegen:	$P\left(p - z\sqrt{\dfrac{pq}{n-1}\cdot\dfrac{N-n}{N}} \leq \pi \leq p + z\sqrt{\dfrac{pq}{n-1}\cdot\dfrac{N-n}{N}}\right) = 1 - \alpha$

2. Für Mittelwerte

ZmZ, bekannte Varianz:	$P\left(\bar{x} - z\dfrac{\sigma}{\sqrt{n}} \leq \mu \leq \bar{x} + z\dfrac{\sigma}{\sqrt{n}}\right) = 1 - \alpha$
ZmZ, unbekannte Varianz:	$P\left(\bar{x} - z\dfrac{\hat{\sigma}}{\sqrt{n}} \leq \mu \leq \bar{x} + z\dfrac{\hat{\sigma}}{\sqrt{n}}\right) = 1 - \alpha$
ZoZ, bekannte Varianz:	$P\left(\bar{x} - z\dfrac{\sigma}{\sqrt{n}}\sqrt{\dfrac{N-n}{N}} \leq \mu \leq \bar{x} + z\dfrac{\sigma}{\sqrt{n}}\sqrt{\dfrac{N-n}{N}}\right) = 1 - \alpha$

ZoZ, unbekannte Varianz:	$$P\left(\bar{x} - z\frac{\hat{\sigma}}{\sqrt{n}}\sqrt{\frac{N-n}{N}} \le \mu \le \bar{x} + z\frac{\hat{\sigma}}{\sqrt{n}}\sqrt{\frac{N-n}{N}}\right) = 1 - \alpha$$

Stichprobenverteilung: Für alle Fälle gilt:

$Z \sim N(0;1)$ bei bekannter Varianz

$Z \sim t_{n-1}$ bei unbekannter Varianz

$Z \sim N(0;1)$ bei unbekannter Varianz und $n > 30$

Ein-Stichproben-Tests

1. Für Anteilswerte

Ziehen mit Zurücklegen:
$$\frac{p - \pi}{\sqrt{\dfrac{\pi(1-\pi)}{n}}}$$

Ziehen ohne Zurücklegen:
$$\frac{p - \pi}{\sqrt{\dfrac{\pi(1-\pi)}{n} \cdot \dfrac{N-n}{N-1}}}$$

Beide Tests nur für große Stichproben, da dann $T \sim N(0;1)$

2. Für Mittelwerte

ZmZ, bekannte Varianz:
$$\frac{\bar{X} - \mu}{\dfrac{\sigma}{\sqrt{n}}}$$

ZmZ, unbekannte Varianz:
$$\frac{\bar{X} - \mu}{\dfrac{\hat{\sigma}}{\sqrt{n}}}$$

ZoZ, bekannte Varianz:
$$\frac{\bar{X} - \mu}{\dfrac{\sigma}{\sqrt{n}}\sqrt{\dfrac{N-n}{N-1}}}$$

ZmZ, unbekannte Varianz:
$$\frac{\bar{X} - \mu}{\dfrac{\hat{\sigma}}{\sqrt{n}}\sqrt{\dfrac{N-n}{N-1}}}$$

Stichprobenverteilung: $Z \sim N(0;1)$ bei bekannter Varianz

$Z \sim t_{n-1}$ bei unbekannter Varianz

$Z \sim N(0;1)$ bei unbekannter Varianz und $n > 30$

Zwei-Stichproben-Tests

1. Für Anteilswerte

$$\frac{p_1 - p_2}{\sqrt{p(1-p)\left(\dfrac{1}{n_1} + \dfrac{1}{n_2}\right)}}$$

$$\text{mit: } p = \frac{p_1 n_1 + p_2 n_2}{n_1 + n_2}$$

Approximativ normalverteilt für große Stichproben

2. Für Mittelwerte (nur ZmZ)

bekannte, gleiche Varianzen

$$\frac{\overline{X}_1 - \overline{X}_2}{\sigma\sqrt{\dfrac{1}{n_1} + \dfrac{1}{n_2}}}$$

bekannte, ungleiche Varianzen

$$\frac{\overline{X}_1 - \overline{X}_2}{\sqrt{\dfrac{\sigma_1^2}{n_1} + \dfrac{\sigma_2^2}{n_2}}}$$

In beiden Fällen ist $T \sim N(0;1)$

unbekannte, gleiche Varianzen

$$\frac{\overline{X}_1 - \overline{X}_2}{\hat{\sigma}} \sqrt{\frac{n_1 n_2}{n_1 + n_2}}$$

$$\text{mit } \hat{\sigma} = \frac{n_1 s_1^2 + n_2 s_2^2}{n - 2}$$

t-verteilt mit $n - 2$ Freiheitsgraden; approximativ normalverteilt bei $n_1, n_2 > 30$

unbekannte, ungleiche Varianzen

$$\frac{\overline{X}_1 - \overline{X}_2}{\sqrt{\dfrac{\hat{\sigma}_1^2}{n_1} + \dfrac{\hat{\sigma}_2^2}{n_2}}}$$

t-verteilt mit $\dfrac{\left(\dfrac{\hat{\sigma}_1^2}{n_1} + \dfrac{\hat{\sigma}_2^2}{n_2}\right)^2}{\dfrac{\left(\hat{\sigma}_1^2/n_1\right)^2}{n_1 - 1} + \dfrac{\left(\hat{\sigma}_2^2/n_2\right)^2}{n_2 - 1}}$ Freiheitsgraden; approximativ normalverteilt bei $n_1, n_2 > 30$

Stichprobentheorie

1. Notwendiger Stichprobenumfang

Im homograden Fall:

$$n \geq \frac{z^2 \pi^*\left(1 - \pi^*\right)}{e^2}$$

Im heterogenen Fall:

$$n^* \geq \frac{z^2 \sigma^2}{e^2}$$

2. Geschichtete Stichproben

Proportionale Aufteilung:

$$n_k = n \cdot \frac{N_k}{N}$$

$$V(\overline{X})_{prop} = \frac{1}{n} \sum \frac{N_k}{N} \sigma_k^2$$

Optimale Aufteilung:

$$n_k = \frac{n_k \sigma_k}{\sum n_i \sigma_i}$$

$$V(\overline{X})_{opt} = \frac{1}{n} \left(\sum \frac{N_k}{N} \sigma_k \right)^2$$

Wichtige Signifikanzschranken

$1-\alpha$	einseitig	zweiseitig
90%	1,2816	1,6449
95%	1,6449	1,96
99%	2,3263	2,5758
99,9%	3,0902	3,291

Tabelle 1 Binomialverteilung

π		0,1		0,2		0,3		0,4		0,5	
n	x	f(x)	F(x)	f(x)	F(x)	f(x)	F(x)	f(x)	F(x)	f(x)	F(x)
1	0	0,9000	0,9000	0,8000	0,8000	0,7000	0,7000	0,6000	0,6000	0,5000	0,5000
	1	0,1000	1,0000	0,2000	1,0000	0,3000	1,0000	0,4000	1,0000	0,5000	1,0000
2	0	0,8100	0,8100	0,6400	0,6400	0,4900	0,4900	0,3600	0,3600	0,2500	0,2500
	1	0,1800	0,9900	0,3200	0,9600	0,4200	0,9100	0,4800	0,8400	0,5000	0,7500
	2	0,0100	1,0000	0,0400	1,0000	0,0900	1,0000	0,1600	1,0000	0,2500	1,0000
3	0	0,7290	0,7290	0,5120	0,5120	0,3430	0,3430	0,2160	0,2160	0,1250	0,1250
	1	0,2430	0,9720	0,3840	0,8960	0,4410	0,7840	0,4320	0,6480	0,3750	0,5000
	2	0,0270	0,9990	0,0960	0,9920	0,1890	0,9730	0,2880	0,9360	0,3750	0,8750
	3	0,0010	1,0000	0,0080	1,0000	0,0270	1,0000	0,0640	1,0000	0,1250	1,0000
4	0	0,6561	0,6561	0,4096	0,4096	0,2401	0,2401	0,1296	0,1296	0,0625	0,0625
	1	0,2916	0,9477	0,4096	0,8192	0,4116	0,6517	0,3456	0,4752	0,2500	0,3125
	2	0,0486	0,9963	0,1536	0,9728	0,2646	0,9163	0,3456	0,8208	0,3750	0,6875
	3	0,0036	0,9999	0,0256	0,9984	0,0756	0,9919	0,1536	0,9744	0,2500	0,9375
	4	0,0001	1,0000	0,0016	1,0000	0,0081	1,0000	0,0256	1,0000	0,0625	1,0000
5	0	0,5905	0,5905	0,3277	0,3277	0,1681	0,1681	0,0778	0,0778	0,0313	0,0313
	1	0,3281	0,9185	0,4096	0,7373	0,3602	0,5282	0,2592	0,3370	0,1563	0,1875
	2	0,0729	0,9914	0,2048	0,9421	0,3087	0,8369	0,3456	0,6826	0,3125	0,5000
	3	0,0081	0,9995	0,0512	0,9933	0,1323	0,9692	0,2304	0,9130	0,3125	0,8125
	4	0,0005	1,0000	0,0064	0,9997	0,0284	0,9976	0,0768	0,9898	0,1563	0,9688
	5	0,0000	1,0000	0,0003	1,0000	0,0024	1,0000	0,0102	1,0000	0,0313	1,0000

π		0,1		0,2		0,3		0,4		0,5	
n	x	f(x)	F(x)	f(x)	F(x)	f(x)	F(x)	f(x)	F(x)	f(x)	F(x)
6	0	0,5314	0,5314	0,2621	0,2621	0,1176	0,1176	0,0467	0,0467	0,0156	0,0156
	1	0,3543	0,8857	0,3932	0,6554	0,3025	0,4202	0,1866	0,2333	0,0938	0,1094
	2	0,0984	0,9842	0,2458	0,9011	0,3241	0,7443	0,3110	0,5443	0,2344	0,3438
	3	0,0146	0,9987	0,0819	0,9830	0,1852	0,9295	0,2765	0,8208	0,3125	0,6563
	4	0,0012	0,9999	0,0154	0,9984	0,0595	0,9891	0,1382	0,9590	0,2344	0,8906
	5	0,0001	1,0000	0,0015	0,9999	0,0102	0,9993	0,0369	0,9959	0,0938	0,9844
	6	0,0000	1,0000	0,0001	1,0000	0,0007	1,0000	0,0041	1,0000	0,0156	1,0000
7	0	0,4783	0,4783	0,2097	0,2097	0,0824	0,0824	0,0280	0,0280	0,0078	0,0078
	1	0,3720	0,8503	0,3670	0,5767	0,2471	0,3294	0,1306	0,1586	0,0547	0,0625
	2	0,1240	0,9743	0,2753	0,8520	0,3177	0,6471	0,2613	0,4199	0,1641	0,2266
	3	0,0230	0,9973	0,1147	0,9667	0,2269	0,8740	0,2903	0,7102	0,2734	0,5000
	4	0,0026	0,9998	0,0287	0,9953	0,0972	0,9712	0,1935	0,9037	0,2734	0,7734
	5	0,0002	1,0000	0,0043	0,9996	0,0250	0,9962	0,0774	0,9812	0,1641	0,9375
	6	0,0000	1,0000	0,0004	1,0000	0,0036	0,9998	0,0172	0,9984	0,0547	0,9922
	7	0,0000	1,0000	0,0000	1,0000	0,0002	1,0000	0,0016	1,0000	0,0078	1,0000
8	0	0,4305	0,4305	0,1678	0,1678	0,0576	0,0576	0,0168	0,0168	0,0039	0,0039
	1	0,3826	0,8131	0,3355	0,5033	0,1977	0,2553	0,0896	0,1064	0,0313	0,0352
	2	0,1488	0,9619	0,2936	0,7969	0,2965	0,5518	0,2090	0,3154	0,1094	0,1445
	3	0,0331	0,9950	0,1468	0,9437	0,2541	0,8059	0,2787	0,5941	0,2188	0,3633
	4	0,0046	0,9996	0,0459	0,9896	0,1361	0,9420	0,2322	0,8263	0,2734	0,6367
	5	0,0004	1,0000	0,0092	0,9988	0,0467	0,9887	0,1239	0,9502	0,2188	0,8555

n	x	π=0.1 f(x)	F(x)	π=0.2 f(x)	F(x)	π=0.3 f(x)	F(x)	π=0.4 f(x)	F(x)	π=0.5 f(x)	F(x)
8	6	0,0000	1,0000	0,0011	0,9999	0,0100	0,9987	0,0413	0,9915	0,1094	0,9648
	7	0,0000	1,0000	0,0001	1,0000	0,0012	0,9999	0,0079	0,9993	0,0313	0,9961
	8	0,0000	1,0000	0,0000	1,0000	0,0001	1,0000	0,0007	1,0000	0,0039	1,0000
9	0	0,3874	0,3874	0,1342	0,1342	0,0404	0,0404	0,0101	0,0101	0,0020	0,0020
	1	0,3874	0,7748	0,3020	0,4362	0,1556	0,1960	0,0605	0,0705	0,0176	0,0195
	2	0,1722	0,9470	0,3020	0,7382	0,2668	0,4628	0,1612	0,2318	0,0703	0,0898
	3	0,0446	0,9917	0,1762	0,9144	0,2668	0,7297	0,2508	0,4826	0,1641	0,2539
	4	0,0074	0,9991	0,0661	0,9804	0,1715	0,9012	0,2508	0,7334	0,2461	0,5000
	5	0,0008	0,9999	0,0165	0,9969	0,0735	0,9747	0,1672	0,9006	0,2461	0,7461
	6	0,0001	1,0000	0,0028	0,9997	0,0210	0,9957	0,0743	0,9750	0,1641	0,9102
	7	0,0000	1,0000	0,0003	1,0000	0,0039	0,9996	0,0212	0,9962	0,0703	0,9805
	8	0,0000	1,0000	0,0000	1,0000	0,0004	1,0000	0,0035	0,9997	0,0176	0,9980
	9	0,0000	1,0000	0,0000	1,0000	0,0000	1,0000	0,0003	1,0000	0,0020	1,0000
10	0	0,3487	0,3487	0,1074	0,1074	0,0282	0,0282	0,0060	0,0060	0,0010	0,0010
	1	0,3874	0,7361	0,2684	0,3758	0,1211	0,1493	0,0403	0,0464	0,0098	0,0107
	2	0,1937	0,9298	0,3020	0,6778	0,2335	0,3828	0,1209	0,1673	0,0439	0,0547
	3	0,0574	0,9872	0,2013	0,8791	0,2668	0,6496	0,2150	0,3823	0,1172	0,1719
	4	0,0112	0,9984	0,0881	0,9672	0,2001	0,8497	0,2508	0,6331	0,2051	0,3770
	5	0,0015	0,9999	0,0264	0,9936	0,1029	0,9527	0,2007	0,8338	0,2461	0,6230
	6	0,0001	1,0000	0,0055	0,9991	0,0368	0,9894	0,1115	0,9452	0,2051	0,8281
	7	0,0000	1,0000	0,0008	0,9999	0,0090	0,9984	0,0425	0,9877	0,1172	0,9453

n	x	π=0.1 f(x)	π=0.1 F(x)	π=0.2 f(x)	π=0.2 F(x)	π=0.3 f(x)	π=0.3 F(x)	π=0.4 f(x)	π=0.4 F(x)	π=0.5 f(x)	π=0.5 F(x)
10	8	0,0000	1,0000	0,0001	1,0000	0,0014	0,9999	0,0106	0,9983	0,0439	0,9893
	9	0,0000	1,0000	0,0000	1,0000	0,0001	1,0000	0,0016	0,9999	0,0098	0,9990
	10	0,0000	1,0000	0,0000	1,0000	0,0000	1,0000	0,0001	1,0000	0,0010	1,0000
11	0	0,3138	0,3138	0,0859	0,0859	0,0198	0,0198	0,0036	0,0036	0,0005	0,0005
	1	0,3835	0,6974	0,2362	0,3221	0,0932	0,1130	0,0266	0,0302	0,0054	0,0059
	2	0,2131	0,9104	0,2953	0,6174	0,1998	0,3127	0,0887	0,1189	0,0269	0,0327
	3	0,0710	0,9815	0,2215	0,8389	0,2568	0,5696	0,1774	0,2963	0,0806	0,1133
	4	0,0158	0,9972	0,1107	0,9496	0,2201	0,7897	0,2365	0,5328	0,1611	0,2744
	5	0,0025	0,9997	0,0388	0,9883	0,1321	0,9218	0,2207	0,7535	0,2256	0,5000
	6	0,0003	1,0000	0,0097	0,9980	0,0566	0,9784	0,1471	0,9006	0,2256	0,7256
	7	0,0000	1,0000	0,0017	0,9998	0,0173	0,9957	0,0701	0,9707	0,1611	0,8867
	8	0,0000	1,0000	0,0002	1,0000	0,0037	0,9994	0,0234	0,9941	0,0806	0,9673
	9	0,0000	1,0000	0,0000	1,0000	0,0005	1,0000	0,0052	0,9993	0,0269	0,9941
	10	0,0000	1,0000	0,0000	1,0000	0,0000	1,0000	0,0007	1,0000	0,0054	0,9995
	11	0,0000	1,0000	0,0000	1,0000	0,0000	1,0000	0,0000	1,0000	0,0005	1,0000
12	0	0,2824	0,2824	0,0687	0,0687	0,0138	0,0138	0,0022	0,0022	0,0002	0,0002
	1	0,3766	0,6590	0,2062	0,2749	0,0712	0,0850	0,0174	0,0196	0,0029	0,0032
	2	0,2301	0,8891	0,2835	0,5583	0,1678	0,2528	0,0639	0,0834	0,0161	0,0193
	3	0,0852	0,9744	0,2362	0,7946	0,2397	0,4925	0,1419	0,2253	0,0537	0,0730
	4	0,0213	0,9957	0,1329	0,9274	0,2311	0,7237	0,2128	0,4382	0,1208	0,1938
	5	0,0038	0,9995	0,0532	0,9806	0,1585	0,8822	0,2270	0,6652	0,1934	0,3872

n	x	π=0,1 f(x)	π=0,1 F(x)	π=0,2 f(x)	π=0,2 F(x)	π=0,3 f(x)	π=0,3 F(x)	π=0,4 f(x)	π=0,4 F(x)	π=0,5 f(x)	π=0,5 F(x)
12	6	0,0005	0,9999	0,0155	0,9961	0,0792	0,9614	0,1766	0,8418	0,2256	0,6128
	7	0,0000	1,0000	0,0033	0,9994	0,0291	0,9905	0,1009	0,9427	0,1934	0,8062
	8	0,0000	1,0000	0,0005	0,9999	0,0078	0,9983	0,0420	0,9847	0,1208	0,9270
	9	0,0000	1,0000	0,0001	1,0000	0,0015	0,9998	0,0125	0,9972	0,0537	0,9807
	10	0,0000	1,0000	0,0000	1,0000	0,0002	1,0000	0,0025	0,9997	0,0161	0,9968
	11	0,0000	1,0000	0,0000	1,0000	0,0000	1,0000	0,0003	1,0000	0,0029	0,9998
	12	0,0000	1,0000	0,0000	1,0000	0,0000	1,0000	0,0000	1,0000	0,0002	1,0000
13	0	0,2542	0,2542	0,0550	0,0550	0,0097	0,0097	0,0013	0,0013	0,0001	0,0001
	1	0,3672	0,6213	0,1787	0,2336	0,0540	0,0637	0,0113	0,0126	0,0016	0,0017
	2	0,2448	0,8661	0,2680	0,5017	0,1388	0,2025	0,0453	0,0579	0,0095	0,0112
	3	0,0997	0,9658	0,2457	0,7473	0,2181	0,4206	0,1107	0,1686	0,0349	0,0461
	4	0,0277	0,9935	0,1535	0,9009	0,2337	0,6543	0,1845	0,3530	0,0873	0,1334
	5	0,0055	0,9991	0,0691	0,9700	0,1803	0,8346	0,2214	0,5744	0,1571	0,2905
	6	0,0008	0,9999	0,0230	0,9930	0,1030	0,9376	0,1968	0,7712	0,2095	0,5000
	7	0,0001	1,0000	0,0058	0,9988	0,0442	0,9818	0,1312	0,9023	0,2095	0,7095
	8	0,0000	1,0000	0,0011	0,9998	0,0142	0,9960	0,0656	0,9679	0,1571	0,8666
	9	0,0000	1,0000	0,0001	1,0000	0,0034	0,9993	0,0243	0,9922	0,0873	0,9539
	10	0,0000	1,0000	0,0000	1,0000	0,0006	0,9999	0,0065	0,9987	0,0349	0,9888
	11	0,0000	1,0000	0,0000	1,0000	0,0001	1,0000	0,0012	0,9999	0,0095	0,9983
	12	0,0000	1,0000	0,0000	1,0000	0,0000	1,0000	0,0001	1,0000	0,0016	0,9999
	13	0,0000	1,0000	0,0000	1,0000	0,0000	1,0000	0,0000	1,0000	0,0001	1,0000

Tabelle 2 Poissonverteilung

λ	0,1		0,2		0,3		0,4		0,5	
x	f(x)	F(x)	f(x)	F(x)	f(x)	F(x)	f(x)	F(x)	f(x)	F(x)
0	0,9048	0,9048	0,8187	0,8187	0,7408	0,7408	0,6703	0,6703	0,6065	0,6065
1	0,0905	0,9953	0,1637	0,9825	0,2222	0,9631	0,2681	0,9384	0,3033	0,9098
2	0,0045	0,9998	0,0164	0,9989	0,0333	0,9964	0,0536	0,9921	0,0758	0,9856
3	0,0002	1,0000	0,0011	0,9999	0,0033	0,9997	0,0072	0,9992	0,0126	0,9982
4			0,0001	1,0000	0,0003	1,0000	0,0007	0,9999	0,0016	0,9998
5							0,0001	1,0000	0,0002	1,0000

λ	0,6		0,7		0,8		0,9		1	
x	f(x)	F(x)	f(x)	F(x)	f(x)	F(x)	f(x)	F(x)	f(x)	F(x)
0	0,5488	0,5488	0,4966	0,4966	0,4493	0,4493	0,4066	0,4066	0,3679	0,3679
1	0,3293	0,8781	0,3476	0,8442	0,3595	0,8088	0,3659	0,7725	0,3679	0,7358
2	0,0988	0,9769	0,1217	0,9659	0,1438	0,9526	0,1647	0,9371	0,1839	0,9197
3	0,0198	0,9966	0,0284	0,9942	0,0383	0,9909	0,0494	0,9865	0,0613	0,9810
4	0,0030	0,9996	0,0050	0,9992	0,0077	0,9986	0,0111	0,9977	0,0153	0,9963
5	0,0004	1,0000	0,0007	0,9999	0,0012	0,9998	0,0020	0,9997	0,0031	0,9994
6			0,0001	1,0000	0,0002	1,0000	0,0003	1,0000	0,0005	0,9999
7									0,0001	1,0000

λ	1,5		2		3		4		5	
x	f(x)	F(x)	f(x)	F(x)	f(x)	F(x)	f(x)	F(x)	f(x)	F(x)
0	0,2231	0,2231	0,1353	0,1353	0,0498	0,0498	0,0183	0,0183	0,0067	0,0067
1	0,3347	0,5578	0,2707	0,4060	0,1494	0,1991	0,0733	0,0916	0,0337	0,0404
2	0,2510	0,8088	0,2707	0,6767	0,2240	0,4232	0,1465	0,2381	0,0842	0,1247
3	0,1255	0,9344	0,1804	0,8571	0,2240	0,6472	0,1954	0,4335	0,1404	0,2650
4	0,0471	0,9814	0,0902	0,9473	0,1680	0,8153	0,1954	0,6288	0,1755	0,4405
5	0,0141	0,9955	0,0361	0,9834	0,1008	0,9161	0,1563	0,7851	0,1755	0,6160
6	0,0035	0,9991	0,0120	0,9955	0,0504	0,9665	0,1042	0,8893	0,1462	0,7622
7	0,0008	0,9998	0,0034	0,9989	0,0216	0,9881	0,0595	0,9489	0,1044	0,8666
8	0,0001	1,0000	0,0009	0,9998	0,0081	0,9962	0,0298	0,9786	0,0653	0,9319
9			0,0002	1,0000	0,0027	0,9989	0,0132	0,9919	0,0363	0,9682
10					0,0008	0,9997	0,0053	0,9972	0,0181	0,9863
11					0,0002	0,9999	0,0019	0,9991	0,0082	0,9945
12					0,0001	1,0000	0,0006	0,9997	0,0034	0,9980
13							0,0002	0,9999	0,0013	0,9993
14							0,0001	1,0000	0,0005	0,9998
15									0,0002	0,9999
16									0,0000	1,0000

Tabelle 3 Standardnormalverteilung

z	F(x)	$P(-z \leq Z \leq +z)$
0	0,5000	0,0000
0,1	0,5398	0,0797
0,2	0,5793	0,1585
0,3	0,6179	0,2358
0,4	0,6554	0,3108
0,5	0,6915	0,3829
0,6	0,7257	0,4515
0,7	0,7580	0,5161
0,8	0,7881	0,5763
0,9	0,8159	0,6319
1	0,8413	0,6827
1,1	0,8643	0,7287
1,2	0,8849	0,7699
1,3	0,9032	0,8064
1,4	0,9192	0,8385
1,5	0,9332	0,8664
1,6	0,9452	0,8904
1,7	0,9554	0,9109
1,8	0,9641	0,9281
1,9	0,9713	0,9426
2	0,9772	0,9545
2,1	0,9821	0,9643
2,2	0,9861	0,9722
2,3	0,9893	0,9786
2,4	0,9918	0,9836
2,5	0,9938	0,9876
2,6	0,9953	0,9907
2,7	0,9965	0,9931
2,8	0,9974	0,9949
2,9	0,9981	0,9963
3	0,9987	0,9973

Tabelle 4 Quantile der t-Verteilung mit r Freiheitsgraden

r	0,9	0,95	0,975	0,99	0,995
1	3,08	6,31	12,71	31,82	63,66
2	1,89	2,92	4,30	6,96	9,92
3	1,64	2,35	3,18	4,54	5,84
4	1,53	2,13	2,78	3,75	4,60
5	1,48	2,02	2,57	3,36	4,03
6	1,44	1,94	2,45	3,14	3,71
7	1,41	1,89	2,36	3,00	3,50
8	1,40	1,86	2,31	2,90	3,36
9	1,38	1,83	2,26	2,82	3,25
10	1,37	1,81	2,23	2,76	3,17
11	1,36	1,80	2,20	2,72	3,11
12	1,36	1,78	2,18	2,68	3,05
13	1,35	1,77	2,16	2,65	3,01
14	1,35	1,76	2,14	2,62	2,98
15	1,34	1,75	2,13	2,60	2,95
16	1,34	1,75	2,12	2,58	2,92
17	1,33	1,74	2,11	2,57	2,90
18	1,33	1,73	2,10	2,55	2,88
19	1,33	1,73	2,09	2,54	2,86
20	1,33	1,72	2,09	2,53	2,85
21	1,32	1,72	2,08	2,52	2,83
22	1,32	1,72	2,07	2,51	2,82
23	1,32	1,71	2,07	2,50	2,81
24	1,32	1,71	2,06	2,49	2,80
25	1,32	1,71	2,06	2,49	2,79
26	1,31	1,71	2,06	2,48	2,78
27	1,31	1,70	2,05	2,47	2,77
28	1,31	1,70	2,05	2,47	2,76
29	1,31	1,70	2,05	2,46	2,76
30	1,31	1,70	2,04	2,46	2,75
40	1,30	1,68	2,02	2,42	2,70
60	1,30	1,67	2,00	2,39	2,66
80	1,29	1,66	1,99	2,37	2,64
100	1,29	1,66	1,98	2,36	2,63